LERNEN IST WIE ATMEN

herausgegeben von:

Gudrun Totschnig
Sigrid Haubenberger-Lamprecht
Alexandra Terzic-Auer

Herausgeberinnen: Gudrun Totschnig,
Sigrid Haubenberger-Lamprecht, Alexandra Terzic-Auer
Grafik: Laura Sperl, www.buttergrafik.com
Schriftzug Cover: Christina Limberk
Lektorat: David Weinfeld, Susanne Sommer,
Heidrun Krisa, Sonja Samesch

Gedruckt in Melk/Österreich von gugler*
Mit giftfreien Farben und Substanzen, die vollständig
in den biologischen Kreislauf rückgeführt werden können,
ausgenommen Umschlag und Bindung.

Höchster Standard für Ökoeffektivität.
Cradle to Cradle™ zertifizierte
Druckprodukte innovated by gugler*.
Bindung ausgenommen

1. Auflage 2017

www.lernen-ist-wie-atmen.net

ISBN 978-3-200-05414-1

Für alle Kinder –
auch unser inneres Kind

INHALTSVERZEICHNIS

VORWORT

Lernen aus Begeisterung ist das Natürlichste, Normalste und auch Einfachste, weil es einfach passiert. Wir brauchen uns keine Gedanken darüber zu machen – Lernen findet einfach statt!

Es ist so selbstverständlich wie Atmen, Lachen, Schlafen, Träumen… So sehe und spüre ich es täglich.

Ja, jede/r kann es!

Wenn wir unseren Gedanken freien Lauf lassen, neugierig die Welt entdecken und einfach wach sind, dann findet es immer und überall statt. Ich möchte sogar sagen: Wir können nicht nicht lernen.

Jede noch so kleine Wahrnehmung, Erfahrung, Entdeckung macht etwas mit uns und wird in unseren Zellen gespeichert. Sie beeinflusst unser Tun und Denken in der Zukunft.

In diesem Prozess wirkt Begeisterung wie „Dünger“, um es mit Gerald Hüther zu sagen.

Also:

Versuche, das, was du schon weißt, hinter dir zu lassen! Öffne dich für neue Erfahrungen, lasse dich ein auf Ungewohntes. Lasse dich mitreißen und spüre selbst, wie Lernen aus Begeisterung fließt.

HEIDRUN KRISA

DER BEGINN EINER REISE

Die Geburt meines Sohnes

Hier lagen wir nun. Das Baby und ich. Ein Wunder war geschehen und ich war ein Teil davon. Ungeahnte Höhenflüge, ein Glücksgefühl, das unvergleichlich und wundervoll war, hatte vollkommen von mir Besitz ergriffen. Ich schwebte auf Wolke Sieben, war zu hundert Prozent im Flow.

Mein erstes Kind. Wir kennen uns noch nicht und haben uns doch schon erkannt. Ich kann nicht wegschauen, muss diesem Wesen, meinem Kind beim Atmen zuschauen. Sauge alles in mich auf, jedes kleine Detail dieses perfekten Gesichts, das so einzigartig und vollkommen ist. Der Schwung der langen Wimpern, der helle Flaum auf den winzigen Ohren, die rosigen Lippen, die gerade noch Schmatzgeräusche gemacht haben. Diese Augen, so tief und allwissend. Die kleinen Fäuste, der Brustkorb, der sich schnell hebt und senkt. Mein Lebenssinn ist es, von jetzt bis in alle Ewigkeit diesen kleinen Jungen zu schützen.

Ich: jung, unsicher und unerfahren. Noch nie war ich so für etwas verantwortlich gewesen. Ich bekomme Angst: Würde ich der Aufgabe gewachsen sein? Alles liegt an mir – ein Leben hängt von mir ab. Ich muss alles in den Griff bekommen, muss die Gewalt über mich zurückgewinnen. Ich bin die Mutter. Ohne mich ist dieses Kind verloren! Ich kann nicht schlafen, die Gedanken drehen sich im Kreis. Langsam sinke ich in eine Art Dämmerzustand. Ringsum ist Nacht. Alles ist still. Ich höre mein Herz und das regelmäßige Atmen meines Mannes, des Vaters. Unser Sohn gibt seltsame knarrende Geräusche von sich. Ich reagiere auf jede Winzigkeit, mein ganzer Körper scheint auf diesen neuen, drei Kilo leichten Menschen eingestimmt zu sein.

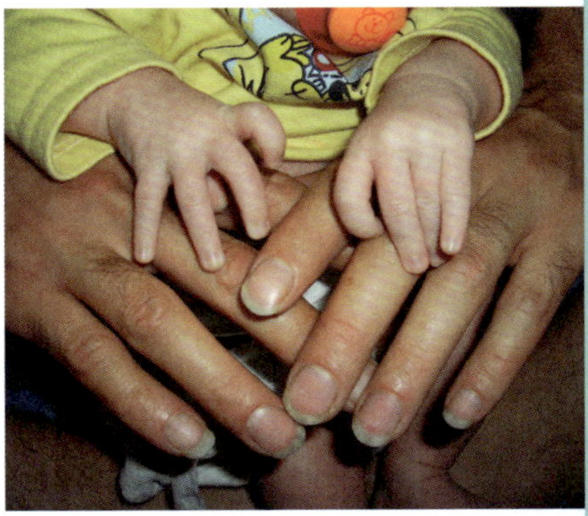

Ich fahre hoch. Hilfe – was ist das? Ich bin eingeschlafen, es muss so sein. Mein allwissender Körper hat sich im Schlaf zu diesem Neugeborenen gedreht, hat es vollkommen umschlossen wie die Muschel eine Perle. Instinktiv hat mein Körper das getan. Ganz allein und ohne mich. Aber wie ist das Kind da in meine Arme gekommen? Es liegt so nah an mir, kein Lichtstrahl passt mehr zwischen uns. Es muss das ganz allein getan haben, es ist zu mir gekommen, gekrochen, gerutscht, gekrabbelt mit jeder Faser seines scheinbar hilflosen Körpers. Mein Kind ist nicht hilflos! Es bahnt sich seinen Weg, es findet seinen Ort, seinen Raum, wo es hingehört. Es weiß schon, was es will, es tut schon alles, was nötig ist. Ganz von allein. Und es braucht mich! Anders als ich gedacht habe. Es braucht mich und ich lasse es. Von einem Moment auf den anderen weiß ich, dass ich diesem meinem Kind absolut vertrauen kann.

> **Wenn wir vollkommen an unser Kind glauben, vertrauen wir darauf, dass es in jedem Augenblick sein Allerbestes tut – seinem Alter, seiner Erfahrung und den Umständen entsprechend. Es ist diese Art von Vertrauen, die ich meine, wenn ich davon spreche, dass Eltern auf der Seite ihres Kindes stehen...**
>
> *Jan Hunt, amerikanische Psychologin, Autorin, Freilerner-Mutter*

DAS ENT-BUNDENE VERTRAUEN

Die Geburt meiner Tochter

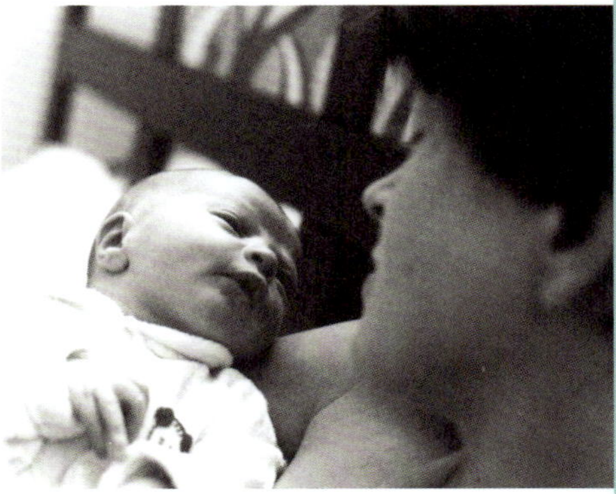

Grelles Licht – gerichtet auf ein kleines, zartes Geschöpf, das geborgen war in einer wohligen, warmen Höhle, gefüllt mit Wasser, und das nun in unser Weltenlicht stolpert. Umgeben von einem Notarztteam und Hebammen – ins Leben geholt mit einer Saugglocke. So hatte ich mir die Ent-Bindung meiner Tochter Elisabeth absolut nicht gewünscht. Ich halte Elisabeth nach all den Abenteuern in meinen Armen. Ihre rehbraunen Augen erzählen mir Geschichten über meine Empfindungen, über meine Gefühle in diesen Augenblicken nach ihrer Geburt, die mich wie schaumgekrönte, tosende Wellen des Ozeans überrollen, mir den Boden noch immer unter den Füßen wegziehen, mich an den Strand spülen wie ein loses Stück Treibholz, mit dem sie spielen... Ich ringe nach Luft und schaue in diese Augen, die mir Hoffnung geben, die mich freisprechen von der Selbstanklage, dass ich an allem, was in den letzten Stunden geschehen ist, schuld sei, die mich freisprechen von meinem schlechten Gewissen, weil ich die Verantwortung vollständig in die Hände der Hebammen gelegt hatte, da doch eine Geburt im Geburtshaus Nussdorf selbstverständlich eine sanfte Geburt bedeutete...

Diese unendliche Tiefe von Elisabeths Augen – sie schenken mir in diesen Sekunden Wertschätzung, Liebe und Vertrauen: Vertrauen in das Leben – in mein Leben – Vertrauen in mich. Elisabeth hat mir in Erinnerung gerufen, wie Vertrauen geschenkt werden kann, jedem Menschen: durch einen Augen-Blick – ohne Worte und Gesten. Auch jetzt, wenn ich meiner Tochter begegne, zeigt sich in ihren Augen die Tiefe ihres Wesens – das ungebrochene, unerschütterliche Vertrauen in die Menschen, in die Welt! Vertrauen ist für mich seit dieser Erfahrung das Basismaterial für das Schiff des Lebens, um alle Brisen und Stürme zu überdauern. Vertrauen zu schenken erlöst.

TAUCHGANG

Ein Gedicht

Ich tauche ein.
Wasser. Stille. Im Bauch meiner Mutter.

Nach neun Monaten. Das erste Mal Atmen.
Trinken. Schlafen. Lieben. Verehren. Abhängigkeit.

Neun Jahre später.
Mathematik. Grammatik.
5 mal 792. Substantiv. Nomen.
Wo ist meine Luft geblieben?

Neun Jahre später.
Atemnot.
In meinem Kopf schreit eine Stimme.
Geld regiert die Welt.
Die Luft wird immer dünner.

Das Leben ist schwer.
Mir wurde das Lernen verlernt.
STOP. Ich halte den Atem an.

Die Stille kehrt wieder.
Eine Erinnerung taucht auf.
Meine Seele spricht sanft:
„Freu dich am Leben.
Lerne zu verzeihen.
Freu dich am Lernen.
Sei mutig. Sei Schöpfer."

Ich beginne zu atmen.
Atmen ist Lernen.
Atmen ist Leben.

WÄRE FREILERNEN EINE ALTERNATIVE FÜR UNS?

Eine vierfache Mutter erzählt von ihren Erfahrungen

Der Alltag als berufstätige dreifache Mama mit zwei Schulkindern und einem Vorschulkind ist gar nicht so leicht zu meistern. Das fängt schon in der Früh an, wenn es heißt, das Haus pünktlich zu verlassen und alle sieben Sachen beieinander zu haben. Mein Kopf war meist voller Gedanken... Haben wir eh nichts vergessen? Mist, das Frühstück geht sich nicht mehr aus! Sachen bleiben liegen... Wieder was vergessen. Stress!!

So, geschafft, alle aus dem Haus. Ich fühle noch die Anspannung und mache mich selbst auf den Weg in die Arbeit. Meine Gedanken kreisen noch eine Weile um den täglichen Morgenwahnsinn. Ich checke nochmals alles kurz ab und überlege, was wir besser machen könnten. Dann atme ich endlich durch und stelle mich auf meine Arbeit ein. Vorfreude stellt sich bei mir ein. Ich liebe meine Arbeit als Kindergruppenbetreuerin. Mein Alltag als Mama schwindet, und ich bin ganz für meine Kindergruppenkinder, Kollegen und Eltern da. Ich fühle mich gut. Alles ist so, wie ich es mir vorstelle. Die Zeit vergeht wie im Flug und es geht wieder ab nach Hause. Ich lasse den Arbeitstag in der Schnellbahn noch ausklingen. Schaue verträumt aus dem Fenster und merke, dass ich ganz schön müde bin.

Ich freue mich jetzt schon auf meine Kinder, überlege, was wir heute noch Schönes machen könnten. Pause kann ich keine machen, sonst wird uns der Tag zu kurz. Je nach Tagesverfassung von uns allen kann so ein Nachmittag wunderschön sein oder total in die Hose gehen. Verläuft er nicht so toll, beginne ich wie so oft, an mir selbst zu zweifeln. Ärgere mich, dass ich anscheinend mit „fremden" Kindern besser klarkomme als mit meinen eigenen. Dabei möchte ich ihnen doch die gleiche respektvolle Haltung und Aufmerksamkeit entgegenbringen. Ich fühle mich oft zerrissen zwischen meiner Arbeit, die ich liebe, und meiner Familie.

Die Kinder kommen ebenfalls müde nach Hause. Wie war ihr Tag wohl in der Schule und im Kindergarten? Einkaufen, Hausübungen machen, noch kochen... gesund soll es sein... Selbst am Wochenende kommen wir nicht zur Ruhe, denn die nächsten Tests und Schularbeiten stehen vor der Tür. Alles dreht sich nur noch um die Schule. Wir alle versuchen zu funktionieren, aber die Tage sind einfach zu dicht. Die Lehrer sind unzufrieden und rufen mich an. Die Kinder sind angeblich zu verspielt und verträumt. Hausübungen fehlen! Gefährdung unterschreiben... Ich versuche mein Bestes, aber mein Bestes reicht anscheinend nicht. Wie denn auch, die Zeit ist viel zu knapp.

Die Kinder stehen unter Druck, sogar unsere Jüngste möchte plötzlich nicht mehr in den Kindergarten gehen. Ich sehne mich nach Veränderung. Ist Freilernen eine Alternative für uns? Ich selbst war keine gute Schülerin. Als Lehrerin sehe ich mich nicht. Kann das dann funktionieren? Halte ich es den ganzen Tag zu Hause aus? Wird mir meine Arbeit nicht fehlen? Kann sich das finanziell ausgehen? Fragen über Fragen, für die ich keine Antworten habe. Schließlich ist der Leidensdruck so groß, dass wir ins kalte Wasser springen und es als Freilerner versuchen. Was kann schon Schlimmeres passieren, als dass es doch nichts für uns ist und die Kinder wieder zurück in die Schule gehen.

Mittlerweile liegt unsere Entscheidung zwei Jahre zurück und wir haben viele wichtige Erfahrungen gemacht. Es gab immer wieder schöne Momente und Überraschungen, mit welchen ich nicht gerechnet habe. Eines der ersten schönen Erlebnisse war rund um Weihnachten. Elena war damals sechs Jahre alt und hat den Anfang gemacht, indem sie kurz vor Weihnachten nicht mehr in den Kindergarten gehen wollte. Wir nahmen ihren Wunsch ernst und ließen sie zu Hause. In der ersten Zeit hat sie sich viel zurückgezogen und sich die meiste Zeit allein beschäftigt. Am liebsten hat sie mit ihrem Stoffhündchen gespielt und viele Bilder von Hunden gezeichnet. Sie selbst meinte: „Mama, ich bin so glücklich, weil ich den ganzen Tag mit meinen Stoffhunden spielen kann!"

Schon bald wurde ich das erste Mal überrascht von der frisch gebackenen Freilernerin. Wortlos nahm sich Elena ein paar Bohnen aus der Küche und verschwand damit im Kinderzimmer. Nach ein paar Tagen war der Bohneneintopf, den wir zusammen gekocht hatten, längst vergessen. Umso erstaunter war ich, als Elena mit leuchtenden Augen auf mich zukam. In ihren kleinen Händen hielt sie eine Pflanze mit zarten grünen Blättern. Voller Freude erzählte sie mir, dass sie Bohnen gepflanzt hatte. Ich war überwältigt von diesem Moment. Wir waren beide so fasziniert und glücklich. Es war, als hätten wir das Wunder des Lebens entdeckt. Niemals hätte uns dieses Erlebnis so erfüllen können, wenn ein Erwachsener den Vorschlag gemacht und sie angeleitet hätte, eine Bohne richtig zu ziehen. Es hätte nicht die gleiche Wertigkeit gehabt.

Aus dieser neuen Entdeckung entstand eine Leidenschaft für Pflanzen aller Art. Elena schnappte sich Kartoffeln aus der Küche und setzte sie in einem großen Kochtopf ein. Wieder war es ein kleines Geheimnis, von dem ich nichts ahnte. Die Kartoffeln trieben aus und schlugen Wurzeln. Voller Stolz präsentierte sie ihr neues Projekt. Ich war wie schon beim ersten Mal erstaunt und überrascht. Diesmal hatte sie die Neugier so richtig gepackt.

Sie grub die Kartoffel immer wieder vorsichtig aus, weil sie die Wurzeln betrachten wollte. Auch ich war wie verzaubert, hatte ich doch selbst noch nie die Wurzeln einer Kartoffel gesehen. Ich wäre gar nicht auf die Idee gekommen, die Kartoffel immer wieder auszugraben, um ihr Wachstum auch unter der Erde beobachten zu können.

Trotz der vielen Ausgrabungen wurde aus der Kartoffel schon bald eine kräftige Pflanze und der Kochtopf wurde zu klein. Elena nahm ihre geliebte Pflanze und brachte sie an einem sonnigen Frühlingstag in unseren Garten. Sie wählte sorgfältig ein geeignetes Plätzchen aus, grub ein passendes Loch und setzte achtsam die Kartoffel in die Erde. Jetzt hieß es abwarten. Die Kartoffel durfte weiter wachsen und gedeihen. Elena schaute zwar regelmäßig nach ihrer Pflanze, aber sie hatte nicht mehr das Bedürfnis, immer wieder nachzusehen, was sich unter der Erde tat. Irgendwann kam der Tag, an dem das Kartoffelkraut schlapp am Boden lag. Ganz traurig und welk sah ihre geliebte Pflanze aus. Ein kurzer Schock, doch dann fanden wir bald heraus, dass dies das Zeichen für die Ernte sein sollte. Elena nahm ihre Gartenschaufel und grub vorsichtig die Kartoffel aus. Sie machte eine wunderbare Entdeckung: Die Mutterkartoffel war zwar ganz matschig geworden, hatte aber für viele Nachkommen gesorgt. So konnte Elena einen ganzen Topf Kartoffeln ernten. Wir alle waren begeistert von ihrer großen Ernte.

Bis heute liebt Elena Pflanzen, betrachtet sie genau, hegt und pflegt sie. So ist es ihr auch gelungen, eine von mir schon längst aufgegebene Topfpflanze wieder zum Erblühen zu bringen. Solche Erlebnisse bestärken mich als Mutter, den Weg des Freilernens weiter zu gehen. Sie sind zutiefst erfüllend für Elena selbst, aber auch für den Rest der Familie. Ihre Begeisterung steckt uns förmlich an und wir lernen durch sie neue Sichtweisen. Elena hat für ihre Interessen unbegrenzt Zeit und kann sich ohne Druck mit den Dingen, die ihr wichtig sind, beschäftigen. So lange, bis sie satt ist und sich ihrem nächsten Projekt widmet.

Bevor eine neue Idee geboren wird, verstreicht für mich oft eine gefühlte Ewigkeit. Das war neu für mich. In der Schule sind die Kinder ständig mit neuem Stoff konfrontiert. Sie haben jeden Tag die unterschiedlichsten Fächer, und in jedem einzelnen Fach ändert sich der Stoff bereits nach wenigen Einheiten. Jetzt aber beobachten wir, dass Elena manchmal monatelang hauptsächlich einer Tätigkeit, die sie begeistert, nachgeht, wie Rollenspielen, Höhle bauen oder dem Zeichnen von Hunden. Niemand kann wissen, was sie beim Spielen alles erfährt und lernt. Durch die Freiheit und den Raum, den wir Eltern ihr schenken, entdeckt Elena, auch wenn es manchmal Wochen oder Monate dauert, immer wieder neue Interessen, denen sie ausgiebig folgt. Hat eine

Sache sie einmal gepackt, beschäftigt sie sich dementsprechend lange damit. So sind viele weitere Projekte entstanden, wie zum Beispiel das Erforschen unserer heimischen Vögel, das Sitten von Hund und Katze und vieles mehr.

Was mich immer wieder sehr erstaunt, ist, dass die alten Leidenschaften nicht verschwinden, sondern erhalten bleiben. Es findet eher eine Vertiefung statt. Von Ersetzen oder Abschluss eines Themas ist niemals die Rede. Alle ihre selbst gewählten Interessen sind ständige Wegbegleiter. Außerdem habe ich den Eindruck, dass durch die Selbstbestimmung ein gutes Eigengefühl entsteht, ob etwas für sie passend ist oder nicht. Sie sagt ganz klar, was sie möchte und was nicht. Darum durfte sie mich auch bei der Geburt ihrer kleinen Schwester als Zweithebamme unterstützen.

Meine vierte Schwangerschaft und die erste Babyzeit waren durch das Freilernen sehr besonders gewesen. Die Kinder waren immer rund um mich und haben die Veränderungen, die Vorbereitungen und die Arzttermine intensiv mitbekommen. Diesmal haben wir uns für eine Hausgeburt entschieden. Alle waren sehr bemüht, dass es zu Hause gemütlich und schön ist. Unsere Hebamme kam uns alle paar Wochen besuchen. Wir haben uns jedes Mal um den Tisch gesetzt und miteinander geplaudert. Die Kinder haben uns zugehört, so lange sie wollten. So wie immer, wenn ein lieber Gast zu Besuch ist. Elena hat für sich entschieden, dass sie bei der Geburt dabei sein möchte.

Für Erik, ihren zwölfjährigen Bruder, war klar, dass er zwar zu Hause, aber nicht im gleichen Raum sein möchte, wenn das Baby kommt. Emely, sechzehn Jahre alt, wollte auf keinen Fall anwesend sein, sondern lieber anderswo hingehen, wenn es losgehen sollte. Alle Wünsche wurden angehört und respektiert. Ob Elena bei der Geburt tatsächlich dabei sein sollte, wollte ich mir noch offen lassen. Was, wenn es ihr zu viel werden würde? Was, wenn ich mich dabei unwohl fühlte? Fragen, die ich nicht im Vorhinein beantworten konnte. Also blieb mir nichts anderes übrig, als die Situation an mich herankommen zu lassen und spontan zu entscheiden, wie es für uns beide am besten wäre. Unsere Hebamme Karin stellte sich ganz auf unsere Bedürfnisse ein, sie hatte schon gute Erfahrungen gemacht mit Geschwistern, die bei der Geburt live dabei waren. Die letzten Tage vor der Geburt haben Elena und ich oft in Zweisamkeit verbracht. Sie wollte mit mir allein sein. Wir sind viel im Wald spazieren gewesen, haben Vögel gefüttert. Es war ein wunderschöner Herbst, warm und bunt. Wir beide waren uns ganz nah und haben die Zeit miteinander genossen.

In einer Novembernacht war es dann so weit, die Wehen hatten begonnen. Ich wusste, es konnte sich nur noch um ein paar Stunden handeln. Alle schliefen tief und fest. Es war ganz still in unserer Wohnung, nur die Küchenuhr tickte. Ich wollte die friedliche Stimmung nicht stören und begab mich deshalb ins Wohnzimmer. Mein kleines Reich, wo schon alles liebevoll vorbereitet war. Ich machte es mir bequem. Schaltete leise meine Lieblingsmusik ein und lauschte den sanften Tönen. Ich atmete bewusst in meinen Bauch und war mit meiner ganzen Liebe und Aufmerksamkeit bei meinem Baby. Jetzt war es Zeit, Karin anzurufen. Sie machte sich schnell auf den Weg und war bereits nach einer halben Stunde bei mir. Karin war wunderbar. Sie setzte sich zu mir und unterbrach die heilige Atmosphäre nicht, indem sie einfach still in meiner Nähe blieb und über mich wachte.

Um sechs Uhr stand Emely auf, so wie jeden Tag, um sich für ihr Ballett-training fertig zu machen. Sie wunderte sich, als sie plötzlich Karin bei mir im Wohnzimmer sitzen sah. Wie ein kleiner Wasserfall plapperte sie munter darauf los. Meine geliebte Stille war dahin. Ich fühlte mich abgelenkt und war froh, als sich Emely aus dem Haus machte. Wahrscheinlich war sie auch aufgeregt und die Situation kam ihr nicht ganz geheuer vor. So wie es ihr Wunsch gewesen war, fuhr sie in die Ballettschule, wo sie gut aufgehoben war. Kaum war sie weg, kehrte die Stille zurück und ich war wieder ganz bei mir. Zwei Stunden später stand Erik plötzlich im Wohnzimmer. Er begrüßte Karin und mich ganz freundlich und fragte, ob er uns einen Tee kochen sollte. Ich freute mich über diese Frage und war erleichtert, dass er völlig ausgeglichen und ruhig wirkte. Schon bald zog er sich wie angekündigt ins Kinderzimmer zurück. Er spielte mit seinem Handy und verhielt sich ganz leise. Wieder verging eine Stunde. Es war jetzt neun Uhr.

Ich weckte Michi, meinen Mann, und Elena, sonst würden sie die Geburt womöglich noch verpassen. Die beiden waren sofort hellwach und erstaunt, dass die Geburt schon knapp bevorstand. Ich fragte Elena noch einmal, ob sie sicher sei, dass sie dabei sein möchte. Oder ob sie nicht doch lieber zu Erik ins Kinderzimmer gehen wolle. Aber sie war felsenfest entschlossen, bei mir zu bleiben. Zu meiner Verwunderung suchte sie sich den besten Platz, direkt neben der Hebamme aus. Sie wollte es anscheinend genau wissen. Ich schaute immer wieder in ihr Gesicht. Da Elena ganz gesammelt und bodenständig auf mich wirkte, hatte ich mit ihrer Anwesenheit kein Problem. Im Gegenteil, ich fühlte mich sogar bestärkt.

Elena erfüllte mir jeden Wunsch. Sie brachte mir Wasser, denn ich hatte mächtigen Durst. Sie kühlte mich mit kalten Tüchern, denn mir war schrecklich heiß. Sie legte ein Handtuch in das Backrohr und wärmte es an für unser kleines Babylein. Ich war hin und weg! Schlicht begeistert von ihrer Unterstützung. Dann setzten die Presswehen ein. Elena setzte sich erneut neben die Hebamme, um ihr Geschwisterchen empfangen zu können. Da platzte auf einmal die Fruchtblase. Karin und Elena sind beide kurz erschrocken, dann wurde gelacht und weiter ging es.

Das Köpfchen ließ sich blicken, und schwuppdiwupp war das Schwesterchen geboren. Elena lief in die Küche und holte das angewärmte Handtuch für das Baby.

Erik kam aus dem Kinderzimmer. Wir waren alle sehr glücklich und erfüllt. Mir ging es wunderbar. Elena und Michi machten ein leckeres Frühstück für uns alle. Ich lag auf der Couch mit meinem Baby und beobachtete aus der Ferne, wie Karin, Michi und die Kinder gemeinsam am Tisch saßen und frühstückten. Es war so beglückend, meine Lieben um mich zu haben. Alles ganz natürlich und fein. Wir gaben unserem kleinen Mädchen den Namen Elisa. Die nächsten vierzig Tage wollte ich zu Hause bleiben. So wie es in alten Zeiten üblich war. Michi und die Kinder schupften den Haushalt allein. Nur sehr wenige ausgewählte Gäste durften uns besuchen und brachten uns ein gutes Essen vorbei.

Es war Vorweihnachtszeit, die Zeit, wenn in den Einkaufsstraßen die große Hektik ausbricht. Zum ersten Mal seit langem haben wir davon nichts mitbekommen. So wie ursprünglich vorgesehen, war es eine stille, besinnliche Zeit für uns. Elena hat Guten-Morgen- und Gute-Nacht-Lieder komponiert und uns damit den Tag versüßt. Sie war überhaupt sehr achtsam und hat uns liebevoll umsorgt. Manchmal hat sie uns Blumen gebracht oder frisches Obst und Tee hingestellt. Ich war jedes Mal ganz entzückt über ihre Fürsorge. Erik war ebenfalls sehr interessiert, besonders wenn es darum ging, Elisa zu hegen und zu pflegen. Er hielt sie oft lange ihm Arm und trug sie liebevoll durch unsere Wohnung.

So liebe Geschwister kann man sich nur wünschen. Ich war schwer beeindruckt von so viel Einsatz und so guter Teamarbeit. Die 40 Tage vergingen wie im Flug. Es war eine ganz besondere Zeit, die ich nicht missen möchte. Alles war entschleunigt und wie eingehüllt in eine rosa Wolke. Ich bin überzeugt, dass die Kinder in dieser Zeit enorm viel an Achtsamkeit und Fürsorge gelernt haben. Wer weiß, was sie sich aus den gesammelten Erfahrungen für ihr weiteres Leben mitnehmen werden? Mit Sicherheit haben sie viele Dinge gelernt, die nicht im Schulbuch stehen, und praktische Erfahrungen gemacht. Ich bin dankbar, dass wir uns diese Zeit genommen haben.

Heute ist Elena acht Jahre alt. Da das Spielen und Forschen bei uns vorrangig ist und kein echter „häuslicher Unterricht" stattfindet, liegt sie im Vergleich zu einem braven Schulkind vor allem beim Rechnen wahrscheinlich weit hinten. Diese Form des Lernens ist einfach anders. Ähnlich wie bei den Bohnen findet viel im Geheimen statt und kommt dann explosionsartig ans Tageslicht. Oft habe ich den Eindruck, es tut sich nichts Neues, doch plötzlich schreibt oder liest Elena ganz von allein. Zwischendurch haben mich oft Ängste geplagt, weil die Schulkinder schon besser schreiben, lesen und rechnen konnten. Ich kam dann in Versuchung, Elena zum Schreiben oder Rechnen zu bewegen. Manchmal tat sie mir den Gefallen und hat sich mit mir hingesetzt und gelernt. Aber das war bei Weitem nicht so befriedigend. Mittlerweile habe ich erkannt, dass sich Elena, sobald sie dazu bereit ist, die Dinge mit einer enormen Geschwindigkeit aneignet. Am liebsten schreibt sie Briefe an ihre Freundin, die ebenfalls Freilernerin ist, ohne die Schreibschrift vorher lange geübt zu haben. Bei den Zahlen kommt sie bis zur Zahl 31. Mehr Zahlen waren für sie bis jetzt nicht von Bedeutung. Denn eine Zeit lang hat sie täglich mehrere Kalenderblätter angefertigt, und dafür waren nicht mehr als 31 Zahlen erforderlich.

Juni 2016. Wir erleben gerade eine tolle Zeit in unserem Garten. Schon seit einer Woche schlafen wir täglich im kleinen Gartenhäuschen und kommen immer sehr spät ins Bett. Der Grund dafür: Es wird erst dann so richtig spannend, denn Elena hat Bekanntschaft mit Familie Fuchs gemacht. Sobald es dämmert, kommen die Füchse aus ihren Verstecken. Elena geht dann auf „Fuchsjagd". Sie schleicht die Wege entlang, robbt und kriecht am Boden, stellt sich tot, ahmt die Füchse mit Gesten und Lauten nach, so dass sie sich ziemlich nah an sie heranwagen oder ihr Antwort geben.

Es ist mir jede Nacht ein Vergnügen, sie dabei zu beobachten. Ich glaube, die Füchse kennen sie schon. Ein Fuchs kommt neuerdings in den Garten und treibt ordentlich Schabernack! Er hat Emelys Schuh bei Nacht angebissen und in Nachbars Garten verschleppt. Einen Tag später hat er uns wieder besucht und am späten Nachmittag vor meinen Augen meinen Schuh gestohlen. Der ist allerdings nicht mehr aufgetaucht. Auch ein Gartenhandschuh musste daran glauben. Für Elena natürlich das Abenteuer pur! Darum hat sie jetzt begonnen, den Fuchs mit Katzenfutter anzulocken, und tatsächlich ist er gekommen. Wir konnten ihn beim Fressen beobachten. Nicht viel später war plötzlich auch noch ein Igel bei dem Teller und hat friedlich vor sich hingeschmatzt. Das war dann überhaupt die Sensation, weil wir schon seit Jahren keine Igel mehr auf der Schmelz gesichtet haben. So lieb, wie er mit seinem Näschen geschnüffelt und beim Fressen laut geschmatzt hat! Natürlich sind wir nie vor ein Uhr morgens ins Bett gekommen. Denn dann kam ja auch noch der Marder…

Was soll ich sagen, das Freilernen ist gerade die Wucht! Würde Elena in die Schule gehen, müsste ich sie schon vor Einbruch der Dunkelheit ins Bett schicken, und das wäre doch wirklich schade! Ach ja, und eine kleine Meise hat sie auch schon wieder aus dem Maul einer Katze gerettet. Und dann gibt es natürlich noch die Hausmäuschen, die sie fängt und wieder in unserem Garten freilässt, sowie zig Fledermäuse… Und das Alles mitten in der Stadt im fünfzehnten Bezirk.

Mit den vorgesehenen Prüfungen lässt sich das Freilernen, wie wir es leben, nicht vereinbaren. Darum haben wir uns gegen die Prüfung am Jahresende entschieden. Die Konsequenz daraus ist, dass wir immer wieder mit Behörden in Kontakt sind. Ein neues Terrain für mich, wo ich ebenfalls in einem Lernprozess bin. Manchmal schleichen sich immer noch Sorgen und Ängste ein. Besonders dann, wenn ich den Behörden oder anderen Mitmenschen beweisen zu müssen glaube, dass unsere Kinder sich sehr wohl selbst bilden können. Umso schöner ist es für mich, wenn ich mich mit anderen Freilernerfamilien austauschen kann und – wieder aufgerichtet – die positiven Seiten der freien Bildung sehe, die mit viel mehr Spaß und Freude verbunden sind. Denn wir als Familie fühlen uns seit dem Sprung ins kalte Wasser bei Weitem glücklicher und enger verbunden denn je.

Postskriptum Juli 2016: Das Freilernerjahr ist schon fast wieder um. Rückblickend ist mit den Behörden alles gut verlaufen. Wir haben insgesamt zwei Verwaltungsstrafen pro Kind für dieses Jahr erhalten. Wegen unseres geringen Einkommens sind sie sogar herabgesetzt worden. Frau E. vom Jugendamt hat uns zweimal besucht. Gestern war sie wieder bei uns und hat mit uns gemütlich geplaudert. Im Gegensatz zu ihrem ersten Besuch gab es viel weniger offene Fragen. Sie ist auf jeden Fall auf unserer Seite und sieht auch keine Kindeswohlgefährdung. Sie freut sich, dass es uns gut geht, und ist selber neugierig, wie sich alles weiter entwickeln wird. Sollte sich was Neues ergeben, würde sie sich freuen, davon zu erfahren.

> **Ein Kind, das durch selbstständige Experimente etwas erreicht, erwirbt ein ganz andersartiges Wissen als eines, dem die Lösung fertig geboten wird.**
>
> *Emmi Pikler (1902-1984), ungarische Kinderärztin*

LERNEN GESCHIEHT IMMER

Beobachtungen an Kleinkindern im Spielraum

Man kann Lernen nicht verhindern, meint Gerald Hüther. Der Mensch lernt immer. Das ist feines Wissen, denn es erlaubt uns, den Bedürfnissen der Kinder zu folgen.

Ich zeige einem Mädchen von etwa zweieinhalb Jahren, wie es sich die Hände in einer Schüssel waschen kann. Diese Übung ist komplex. In der Regel sind die Kinder fast drei Jahre alt, wenn sie sich dafür zu interessieren beginnen. (Am Waschbecken ist das sehr wohl früher der Fall, wenn das Waschbecken in ihrer Höhe ist.) Dieses Mädchen ist ungewöhnlich selbstständig und geschickt. Sie ist begeistert und will sofort einen zweiten Durchgang beginnen. Beim dritten Durchgang bemerke ich plötzlich, dass sie anfängt, sich auszuziehen. Sie beginnt ihre Arme zu waschen, die Haare, das Gesicht, zieht sich dann die Hose aus und wäscht sich die Füße. Tisch und Boden sind nass. Ich greife nicht ein. Ihre Konzentration ist viel wichtiger. Sie wird nachher alles aufwischen und sich Hilfe holen, wenn sie es allein nicht schafft. Das kann sie lautstark und effektiv. Ich darf unter keinen Umständen eingreifen! Sie ist an die fünfzig Minuten beschäftigt. Ich muss ihre Konzentration und ihre Entwicklung schützen: Sie hat soeben eine Abstraktion vollbracht, indem sie die Idee des Händewaschens auf den ganzen Körper ausgeweitet hat. Und das, obwohl sie diese Tätigkeit so zum ersten Mal durchgeführt hat. Diese Abstraktion ist Intelligenzentwicklung! Sie ist nur möglich, wenn wir solche Momente zulassen.

Derartige Entwicklungsschübe können nur stattfinden, wenn wir die Bedürfnisse der Kinder respektieren. Sie müssen ihren eigenen Interessen folgen dürfen. Nicht unseren Plänen und ausgefeilten Ideen. Wir erleben solche Konzentration normalerweise nicht. Nicht, weil sie nicht möglich wäre, sondern weil sie nicht er-möglicht wird. Die konkrete Auseinandersetzung mit der Materie der Erde ermöglicht die Entwicklung unserer Intelligenz, sagt Joseph Chilton Pearce. Das geschieht aber nicht, wenn das Kind mit Schnuller im Mund im Kinderwagen sitzt. Es braucht Möglichkeiten, die Dinge anzufassen, sie zu verändern, mit ihnen zu hantieren. Und zwar beliebig oft und beliebig lange.

Wenn die Kinder im Kinderhaus ankommen, verabschieden sie sich vor der Tür, kommen allein herein und ziehen sich selber aus. Falls sie dabei Hilfe brauchen, holen sie sich diese von anderen Kindern oder einer Erwachsenen. Da sie (fast) alle Zeit der Welt haben, um sich auszuziehen, kann ich immer wieder beobachten, wie Lernen ständig stattfindet. Es wird hier auch nicht unterbunden, sondern durch die Organisation unterstützt. Ein knapp zwei Jahre altes Mädchen beginnt sich die Strickjacke auszuziehen. Sie versucht geduldig, einen Knopf durch das Knopfloch zu schieben. Das gelingt ihr nicht sofort. Sie versucht es noch einmal. Irgendwann setzt sie sich hin und beginnt von Neuem. Plötzlich geht der Knopf durch. Sie nimmt den nächsten und arbeitet so weiter, bis alle Knöpfe durchgeschoben sind. Dann versucht sie, ihre Jacke wieder zuzuknöpfen. Insgesamt sitzt sie circa 25 Minuten in der Garderobe und hat die Jacke am Ende zweimal auf- und einmal zugeknöpft. Wenn es nach den meisten Erwachsenen gegangen wäre, hätte sie längst Hilfe bekommen, die Jacke hinge an der Garderobe und das Kind würde...

Ich habe diese Möglichkeit des gemächlichen „Ankommens“ zufällig entdeckt – eigentlich am ungünstigen Beispiel, als es einmal schnell gehen musste. Kinder brauchen Zeit, um ihre Tätigkeiten selbständig zu verrichten und ihre eigenen Entdeckungen zu machen. Wir müssen nur hinsehen. Dabei sehen wir so viel! Es geht natürlich um das Ausziehen. Aber mit Umwegen. Die müssen wir ermöglichen, wenn es in unserer Macht steht. Eine gute Planung und eine detaillierte Organisation unterstützen diese selbständigen Lernprozesse wesentlich.

Ein Mädchen hat entdeckt, dass „sch“ aus drei Buchstaben besteht. Nun sucht sie überall Dinge mit „sch“. Wir stellen kleine Kärtchen her, schreiben das jeweilige „sch“-Wort darauf und sie hängt die Kärtchen dazu. Die anderen helfen ihr beim Finden neuer Wörter: Schrank, Schuhe, Dusche, schreiben, schieben, Scheibe, schnüren, schwarz, schon, schön, schauen, Schule, Rutsche, Tisch,... Dabei merken die Kinder, dass man nicht alle Wörter zu einem Gegenstand legen kann. Am eigenen Körper erfahren sie so mit allen Sinnen die Wortarten. Es sind auch Wörter wie Sturz, Stapel, Stuhl darunter. Wenn ich dafür ein Kärtchen schreibe, schreibe ich das Wort richtig. Das Mädchen sieht, dass ich diesmal nicht drei Buchstaben geschrieben habe. Auf diese Weise lernt sie automatisch die Rechtschreibung. Das Suchen von Wörtern mit „sch“ geht über einige Wochen. Zu Hause hat das Mädchen sich einen kleinen Karton für noch mehr Kärtchen mit „sch“-Wörtern angelegt. Im Kinderhaus ist das ganze Zimmer damit tapeziert. Nach einer Weile wissen alle, die sich gerade für Buchstaben interessieren, was ein „sch“ ist. Da das Kinderhaus deutsch/englisch geführt ist, taucht nach einiger Zeit unweigerlich die Frage nach dem „sh“ im Englischen auf: Der Mensch kann nicht anders als lernen.

Ich zeige einem fünfjährigen Mädchen die Uhr. Sie kennt die Zahlen, weiß, wie eine Uhr funktioniert, und möchte dieses Wissen nun ordnen. Sie malt die Ziffern auf eine Tafeluhr und rückt die Zeiger in die entsprechende Position. Wir sehen uns zuerst die ganzen Stunden an, danach die halben. Zwischendrin will sie nochmals nachsehen, wie die Mechanik der Uhr funktioniert. Eine Familie hat uns eine durchsichtige Uhr geschenkt, bei der man alle Zahnräder sieht und ihre Arbeitsweise beobachten kann. Das hat dieses Mädchen schon oft getan. Sie kann diese Uhr auch wieder zum Laufen bringen, wenn ein jüngeres Kind sie auseinandergebaut hat. Also holen wir uns die durchsichtige Uhr. Ich erinnere das Mädchen daran, dass sie diese Uhr gut kennt, und erkläre ihr, dass alle diese Zahnräder in jeder anderen Uhr auch zu finden sind. Wir beobachten, welches Zahnrad für welchen Zeiger steht und von welchem Zahnrad angetrieben wird. Hilfreicherweise hat jedes Zahnrad eine andere Farbe. Danach fahren wir mit der Tafeluhr fort. Seitdem geht das Mädchen bei jeder Gelegenheit zur Wanduhr und versucht, abzulesen, welche Zeit sie gerade anzeigt. Den Rhythmus beim Zählen bis tausend hat sie schon herausgefunden, ebenso wird sie in ihrer Zeit und auf ihre Weise bald den Rhythmus der Uhr begreifen.

Die wenigsten von uns wissen aus eigener Erfahrung, dass wir immer lernen. Unsere Bedürfnisse und Interessen waren zweitrangig. Wir haben sie verdrängen müssen, um zu überleben, wie Mauricio Wild das formuliert. Wenn wir uns jetzt nachentfalten, lernen wir Erwachsenen unsere authentischen Bedürfnisse wieder wahrzunehmen, lernen wir echte Entscheidungen zu treffen. Beginnen wir einfach einmal mit ganz banalen Entscheidungen, schlug Rebeca Wild vor: Ziehe ich heute den roten oder den blauen Pullover an? Mehr und mehr sind wir dann in der Lage, auch die Bedürfnisse der Kinder wahrzunehmen, ihren Fähigkeiten zu vertrauen, uns zurückzuhalten und unsere Energien für das Herstellen einer geeigneten Umgebung zu verwenden.

Ein privates Erlebnis: Das Kind einer Freundin will Kopf voran eine sehr lange Holztreppe hinunter krabbeln. Ich weiß aus den Pikler-Seminaren, dass das möglich ist, habe aber dennoch Angst. Ich bitte also meine Freundin, selbst die Verantwortung zu übernehmen und halte mich beobachtend im Hintergrund. Die Stufen haben eine perfekte Höhe und die Treppe ist nicht steil, aber sie ist lang! Ich habe Angst, das Kind könnte ausrutschen und die ganze Treppe hinunterkullern. Die Mutter hat ein klares Vertrauen in ihr Kind und lässt es gewähren. Ich war dankbar, das miterleben zu dürfen. Kinder in diesem Alter krabbeln Kopf voran Treppen hinunter. Ich finde es nach wie vor beeindruckend, auch wenn ich die entsprechende Passage in einem Pikler-Video schon oft gesehen habe. Hier ist mein eigener Lernrhythmus ein sehr langsamer. Ich war die Erstgeborene und meine Mutter hat erst später bemerkt, dass Kinder nicht gleich zerbrechen. Meine Nach-Entfaltung beim Thema Bewegung wird noch eine Weile brauchen.

Authentische Bedürfnisse unterscheiden sich von den sogenannten Ersatzbefriedigungen dadurch, dass sie sich befriedigen lassen: Wir sind zufrieden und haben ein gutes Gefühl. Stellen wir uns vor, wir könnten schlafen gehen, wenn wir müde sind, und so lange schlafen, bis wir von selbst erwachen. Wir wachen ganz bewusst auf, in unserem eigenen Rhythmus, weil wir genug Zeit dafür haben. Dann wären wir wach und leistungsfähig. Bei den meisten von uns läuft es aber nicht so. Deshalb benötigen so viele Menschen morgens den Kaffee als Ersatzbefriedigung. Die Befriedigung der authentischen Bedürfnisse ist eine hilfreiche Voraussetzung, um Süchten vorzubeugen. Ersatzbefriedigungen hinterlassen immer einen schalen Geschmack und sind die Basis für Süchte: Da keine wirkliche Befriedigung erfolgt, wächst der Bedarf nach dem Suchtmittel. Diese Zusammenhänge lassen sich fein bei Rebeca Wild und Anne Wilson-Schäf nachlesen.

Lernen ist wie Atmen – es geschieht immer. Das ist auch im umgekehrten Sinne wahr. Leider. Wenn die Umgebung und die Situationen ungeeignet sind, lernen die Kinder etwas anderes: Sie lernen, passiv zu werden, sie lernen, den Schnuller zu benötigen. Sie lernen, zu manipulieren. Sie lernen, sich zu schützen, anstatt sich zu entwickeln.

Kinder müssen uns viel mehr wert sein. Beginnen wir bei uns selbst, dann sind wir präsent für die Kinder!

> **Zu oft wird die Kindheit als „Vorbereitung für das Leben" gesehen, aber: Kindheit IST Leben.**
>
> *Volksweisheit*

AUGENBLICKE AUS UNSEREM ALLTAG

Tagebucheinträge

10. September 2012

Mathematische Erkenntnisse am stillen Örtchen

„Mamaaaaa!“ Mein Sohn (fünf Jahre) sitzt am Klo, und ich erwarte das, was er immer will, wenn er dort fertig ist. Heute will er etwas anderes: „Zwei mal vier ist acht!“, offenbart er mir, als ich in der Klotür erscheine. „Ja“, antworte ich etwas baff ob der unerwarteten Erkenntnis, die er gerade am stillen Örtchen gewonnen hat. „Und – wie kommst du da drauf?“, frage ich äußerst interessiert. „Das ist so“, erklärt er mir fachmännisch und deutet auf die leeren Klopapierrollen, die er vor sich aufgestapelt hat. „Wenn ich die leere Klorolle nass mache, zerlegt sich der Pappendeckel in zwei Teile. Soll ich's dir zeigen?“ Schon hält er die Klopapierrolle unter den Wasserhahn und weicht sie auf. Der graue Karton lässt sich mühelos zweiteilen. „Und wenn ich alle vier Klorollen einweiche und auseinander ziehe, habe ich acht Kartonstücke. Also: zwei mal vier ist acht!“ Tja, so einfach ist es! :-)

23. September 2012

Woraus noch mathematische Erkenntnisse gewonnen werden

Benjamin: „Mama, wie viel ist zwei mal sechs!?“
Ich sage gar nichts.
Er, nach einer Pause: „Zwölf!??“
Ich bin wirklich erstaunt.
Ich: „Ja! Wie kommst du drauf?“
Benjamin: „Wegen der Uhr! Da gibt's ja unten den Sechser
und oben dann die Zwölf!“
Ehrlich, haben wir Erwachsenen eigentlich eine Ahnung davon,
mit welchen Assoziationen Kinder arbeiten? Vor dem Schlafengehen
fragt er mich: „Können wir morgen die Fingernägel schneiden?“
„Ja“, sage ich „zwei mal fünf!“
Daraufhin beginnt er seine Finger zu zählen...

4. April 2013

Rechnen mit Mozzarella

Benjamin, inzwischen sechs Jahre alt, liebt den kleinen Mozzarellakäse. Heute hatten wir welchen beim Abendessen. Begeistert hat er ihn zerschnitten und liebevoll auf seinem Brot verteilt. „Schau, ich zerschneide jeden Mozzarella in drei Teile!“, kommentiert er sein Tun. Als das Brot schließlich voll ist, zählt er die Scheiben, die er untergebracht hat: „Zwölf!" Daraufhin fasst er immer drei Stücke mit den Fingern zusammen und erklärt mir: „So kann ich herausfinden, dass ich vier Mozzarellakugeln verbraucht habe!"

Ganz schön viel für ein Brot, finde ich, aber gut, soll so sein!

13. April 2013
Das Leben bietet „Material" genug!

Ich habe mir neulich den Film Kinder! von Reinhard Kahl (Treibhäuser der Zukunft) angesehen. Da wurden verschiedene Institutionen und Einrichtungen für Kinder vorgestellt, in denen großer Aufwand betrieben wird, um „motivierende" Umgebungen für Kinder zu schaffen. Beim anschließenden Reflektieren über das Gesehene habe ich einer anderen Mutter erzählt, dass wir den Weg des freien Lernens gehen. Daraufhin hat sie gemeint, dass sie ja nie im Leben ihren Kindern zu Hause so eine reichhaltige Umgebung, wie in den Filmbeiträgen gezeigt, bieten könnte... Nein, kann sie nicht. Aber: Die braucht es überhaupt nicht! Ein Kind kann im Alltag alles finden, was es braucht! Ich staune täglich, es ist so wunderbar, was mein Sohn tut! Er bringt sich selbst gerade Lesen, Schreiben und Rechnen bei. Ich bin da – und kann nur STAUNEN und eben da sein! Und er tut es IMMER und ÜBERALL – egal ob beim Essen (siehe oben :-)), beim Werkeln im Garten, bei einem Ausflug an die Traisen, beim Einkaufen, am Spielplatz, beim Autofahren, beim Zugfahren, beim Bauen, beim Feuerwehrspielen,... Es ist jetzt gerade wichtig, und deshalb ist es „dran"! Er WILL es! ER will es – und niemand sonst! Mensch! Leute! Was „die Gesellschaft", also „wir" uns da für unnötige Mühe machen! Die Kinder können das! Alle! Vertraut ihnen!

8. Juni 2013
Schenkwirtschaft und Sozialkontakt

In unserem Garten reifen gerade die ersten Kirschen heran. Seit gestern hat Benjamin eine wunderbare Aufgabe erfunden: Gemeinsam mit den drei Nachbarskindern verschenkt er Kirschen an vorbeigehende Menschen. Er schreibt mit Begeisterung Zettel und Plakate, die er am Gartenzaun montiert: KIRSCHEN GRATIS! Für Menschen, die nicht lesen wollen, rufen die Kinder es auch laut über die Straße: „Willst du auch eine Kirsche?!" Nicht alle, aber immer öfter bleiben Menschen stehen, nehmen sich eine von den Kindern frisch gepflückte Kirsche, freuen sich und reden ein bisschen mit ihnen. Ich sehe es vom Fenster aus und freue mich mit!

Am Abend hat mir Benjamin von den verschiedenen Menschen und ihren Geschichten erzählt...

3. Juli 2013
Weitere mathematische Erkenntnisse vom stillen Örtchen

Heute Abend hat mir mein Sohn wieder einen faszinierenden Einblick in die Entwicklung seiner mathematischen Gedankengänge gewährt:

„Wie ist das, wenn ich elf in zwei Teile teile?", hat er mich gefragt. Auch diesmal bewährt es sich, dass ich zuerst mal gar nichts sage. Er fährt nämlich unverdrossen fort, mir zu erläutern, was er meint: „Also, ich meine das so: Ich kann die Teile (Anm.: Er meint die Blätter) vom Klopapier so hinhängen, dass auf beiden Seiten gleich viel runterhängt. Wie wäre das bei elf?" Während ich innerlich lachen muss, weil sich schon wieder mathematische Erkenntnisse am Klo ergeben – welch unglaublich nützlicher Ort! – sage ich äußerlich total ernst: „Ja, dann hängen auf beiden Seiten fünfeinhalb Blätter runter." „Aha!" meint er daraufhin fachmännisch, „das ist also in der Mitte vom Klopapier und nicht bei der Perforation! Manchmal hängt es nämlich so, dass es genau bei der Perforation knickt, weißt du – und manchmal nicht! Also bei zwei knickt es und bei drei nicht." Ja, und so hat er also soeben die geraden und ungeraden Zahlen entdeckt.

11. Juli 2013
Was wir alles zählen...

... zum Beispiel die Fliegen in der Küche: Wir haben heute sechs Fliegen eingefangen und hinaus gebracht!

... oder die Samen vom Basilikum: Habt ihr gewusst, dass in jeder Samenkapsel vier kleine, schwarze Samen sind? Dass sechs Samenkapseln ringförmig rund um den Stängel angeordnet sind? Dass pro Stängel oft bis zu zehn solcher Kapselringe wachsen? Dass eine einzige Pflanze eine ganze Menge Stängel mit Blüten bildet? Und dass letztlich aus jedem dieser winzig kleinen schwarzen Samen wieder eine ganze solche Pflanze wachsen kann?
Benjamin: „Woher weiß der Samen das eigentlich??"
Das sind die echten Wunder!

22. Februar 2015
Benjamin lernt Schifahren

„SCHIFAHREN? – Das will ich auch machen!"
Benjamin, inzwischen acht Jahre alt, und ich ziehen Bob und Schlitten die mit Schnee bedeckte Forststraße bergauf. Ein Schifahrer kommt uns entgegen und kurvt an uns vorbei. „Sieht einfach aus", denke ich und beobachte, wie ihm die interessierten Blicke meines Sohnes folgen. Ich selbst habe das Schifahren mit vier oder fünf Jahren gezeigt bekommen. In einer Kinder-Schikurs-Gruppe. Ich denke nicht, dass der Wunsch von mir gekommen ist. Mein Erkunden wurde durch Angst gebremst: Angst, weil meine Eltern nicht da waren. Angst vor den Anweisungen der fremden Lehrerin. Angst,

es nicht gut zu machen. Erst viel später sind Lust und Freude an dieser sportlichen Betätigung dazu gekommen. Der Wunsch, sich mit der Fertigkeit des Schifahrens befassen zu können, ist bei meinem Sohn beständig: Mehrmals täglich bittet er mich, herauszufinden, wo es genug Schnee gibt und wo wir uns Schier ausleihen können. Das überschaubare Schigebiet am Annaberg bietet sich zum Ausprobieren an. Ein Schiverleih ist vor Ort und gut bestückt. Wir suchen uns einen ruhigen und flachen Bereich für den ersten Versuch. Das Gehen mit den klobigen Schischuhen ist für Benjamin gewöhnungsbedürftig. Zuerst untersucht er eingehend den Mechanismus der Bindung und interessiert sich für die Funktion der Schistopper. Ich erzähle ihm, dass ich selbst früher an den Schiern Fangriemen hatte und dass meine Schier eine andere Form hatten. Interessiert beobachtet er die anderen Schifahrer auf der Piste. Alle Könnensstufen sind hier vertreten. Benjamin schnallt die Schier an und probiert erste vorsichtige Bewegungen damit. Er fühlt, dass die Schier hangabwärts rutschen und setzt sich in den Schnee. „Gar nicht so einfach“, meint er und bemüht sich, wieder aufzustehen. Ich bleibe in der Nähe, vermeide es aber, einzugreifen. Ich weiß inzwischen zu gut, dass ihn das nicht weiterbringen würde. Das Gelände ist hier so flach, dass er es gut schafft, allein aufzustehen. „Wie geht das?“, fragt er mich, als ein Schifahrer an uns vorbeifährt. Ich erkläre ihm, dass es am besten ist, wenn er es selbst ein wenig ausprobiert. Schließlich weiß niemand anderer, wie ER sich gerade fühlt! Vorsichtig und zugleich forschend macht er sich mit den neuen Bewegungsabläufen vertraut. Schwerkraft, Gleichgewicht, Geschwindigkeit, die Unregelmäßigkeiten des Untergrundes – all das will immer wieder neu koordiniert werden. Drei Stunden dauert dieses erste Erfahrungensammeln. In dieser Zeit erarbeitet er sich selbständig die Fähigkeit, auf den Schiern einen bereits stärker geneigten Hang in Kurven hinunterzufahren. Er kann dadurch die Geschwindigkeit kontrollieren und stehen bleiben, ohne hinzufallen. Die Begeisterung für die neue Tätigkeit ist ungebrochen. Bereits bei der Rückgabe von Schuhen und Schiern ist für ihn klar: Er möchte ganz bald wiederkommen – am besten gleich morgen!

Eine Woche später sind wir wieder am Annaberg. Dieses Mal mit Benjamins Freilernerfreunden, den Brüdern Jonas, neun Jahre, und Elias, sechs Jahre, und deren Eltern. Benjamins Begeisterung fürs Schifahren hat die beiden neugierig gemacht. Ich beobachte und staune, wie unterschiedlich Jonas und Elias die ungewohnten Bewegungsabläufe für sich erkunden. Sie fahren den flachen Hang geradeaus abwärts, ohne sich wie Benjamin für Kurven oder gar das Stehenbleiben zu interessieren. Ich erfahre von den Eltern, dass sie bei den Großeltern Schirennen im Fernsehen gesehen haben. Der Hang ist kurz und sehr flach, Geradeausfahren also gefahrlos möglich.Bis oben angefüllt mit neuen, aufregenden Eindrücken fahren wir am Abend nach Hause. So ruhig und konzentriert, ja fast zurückhaltend ich die drei Buben auf der Piste erlebt habe – jetzt auf der Heimfahrt erzählen sie voller Begeisterung von ihren Erlebnissen, Gefühlen, auch Schwierigkeiten, und was sie noch alles ausprobieren möchten. Sogar ein „Annaberg-Lied“ entsteht dabei!

Auch DAS kann Schifahren sein: eine wunderbare Art der Selbsterfahrung (die tatsächlich mit Fahren zu tun hat)! Die Lust, Neues kennenzulernen, ist der Motor. Sich selbst zu spüren in einer ungewohnten Situation, ist die Herausforderung. Es geschafft zu haben, das ist der Erfolg. Jeder auf seine Weise, und doch ist es ein gemeinsames, verbindendes Erlebnis.

9. März 2016
Ungeduld

Ich beobachte deutlich, was Ungeduld – auch nur ein bisschen Ungeduld! – macht. Benjamin wird dann so leicht ärgerlich. „Frei von Ungeduld“ gehört für mich daher unbedingt zur „entspannten Umgebung“ dazu. Natürlich habe ich das auch mit der Zeit gelernt. Aber in Stresszeiten (z. B. schnell zum Zug) schaffe ich es oft nicht, und dann eskaliert es ganz schnell: ich grantig, Benjamin grantig – peng! Auch da – wie in so vielen Situationen – waren übrigens unsere beiden Hunde schon prima Lehrmeister für mich, achtzehn Jahre lang! Wenn du einen Hund mit Ungeduld in der Stimme rufst, kommt er, wenn überhaupt, besonders langsam, weil das die Hundeart ist, um Ärger (Aggression) zu beschwichtigen: langsames, vorsichtiges Nähern. Und der Hund kann aus dem Verhaltensmuster nicht raus. Da müssen schon wir Menschen umlernen.

21. März 2016
Benjamin und das Metallophon

Heute ist Folgendes passiert: Benjamin hat in einem selten geöffneten Kasten ein Heftchen entdeckt, das eine Anleitung zum Notenlesen und Spielen nach Noten für ein kleines Metallophon enthält. Aus welchen Gründen auch immer – es hat ihn fasziniert. Von neun Uhr früh bis acht Uhr am Abend! Jetzt kennt er fünf Noten (c, d, e, f, g), kann sechs Musikstücke damit auswendig am Metallophon spielen – und ist schwer begeistert davon. Wow! Und ich, ich durfte nicht nur mal wieder einfach staunen, wie etwas ganz Neues im Freilerneralltag auftaucht und eine kräftige Spur zieht, sondern hatte auch noch den ganzen Tag wunderbare Musik in der Küche.

29. April 2016
Immer reibungsfrei?

Ein Beispiel dafür, dass bei uns auch nicht alles reibungsfrei abläuft: Benjamin wollte heute Kekse machen. Meine Intention war: möglichst effizient, so dass man sie bald essen kann, und das Rezept angepasst an die Möglichkeiten, die zur Verfügung stehen. Aber Benjamin wollte das Rezept genau nach Vorgabe machen, das heißt den Teig mit der Tortenspritze aufs Blech drapieren und nach dem Backen die Kekse in (fertige) Schokoglasur tunken. So was habe ich nicht zu Hause. Wir haben allerdings selbst schon Schokolade gemacht, und Benjamin hatte deshalb vor, wieder diese Schokolade anzurühren, um dann die Kekse zu tunken. Das war mir einfach zu viel Aufwand. Ich habe es ihm gesagt, aber nicht mehr freundlich-ruhig, sondern schon in genervtem Tonfall. Auf den reagiert er mit Ärger und indem er sich auf seinen Wunsch versteift. Ich: „Nein." Er: „Doch. Nur so." Ich habe nichts mehr gesagt, Benjamin ist aus der Küche gelaufen und hat die Tür zugeknallt. Ich weiß, dass er dann einfach total enttäuscht ist, weil alle schönen Vorstellungen, die er sich gemacht hat, plötzlich zerstört sind. Nachdem ihm das Backen aber sehr wichtig war, ist er nach fünf bis zehn Minuten wiedergekommen. „Machen wir's ohne Schokolade", hat er gesagt. Ich: „Wir könnten ein wenig Butter

schmelzen und Kakaopulver einrühren und darin die Kekse tunken." Benjamin war über meinen Vorschlag jetzt erfreut; zuvor hätte er ihn wohl abgelehnt. Er: „Geht das?" Ich: „Ja, sicher."" Er war fasziniert vom Dahinschmelzen der Butterstücke, hat mit großer Hingabe den Kakao eingerührt und war dann enttäuscht, als die Kekse nicht so braun gefärbt wurden, wie er es sich vorstellte. Auch mehr vom Kakao hat nicht wirklich geholfen. Ich habe vorgeschlagen, zu warten, bis die Butter wieder fester wird. Das war für ihn keine echte Option. Er wollte tunken. Jetzt! Er hat weiter gemacht, und die Kakaomasse ist mit der Zeit dickflüssiger geworden. Darüber war er sehr erfreut. Die von ihm mit der Tortenspritze (die ihn immer schon fasziniert hatte und mit der er unglaublich geschickt umzugehen wusste) drapierten, in selbst gemachte Schokoglasur getunkten Kekse sahen nun aus wie auf der Rezeptvorlage! Er war glücklich und hat mich spontan umarmt. Gemeinsam haben wir die Kekse bewundert, den Duft wahrgenommen und jeder ein halbes gekostet. Mhhhm, so lecker! Und für morgen hat er schon ein weiteres Rezept gefunden, das er ausprobieren möchte...

> **Das Ziel von Bildung ist nicht, Wissen zu vermehren, sondern für das Kind Möglichkeiten zu schaffen, zu erfinden und zu entdecken, Menschen hervorzubringen, die fähig sind, neue Dinge zu tun.**
>
> *Jean Piaget (1896-1980), Schweizer Psychologe*

EIN INTERVIEW ÜBER DAS FREILERNEN

Antworten auf die Fragen einer Studentin

Was bedeutet es, Freilerner zu sein?

Freilernen ist für uns eine Lebenshaltung. Das Fundament dafür wurde gelegt durch die Bücher von Dr. Emmi Pikler (Laßt mir Zeit), deren Schülerin Magda Gerber (Dein Baby zeigt dir den Weg) sowie jene von Rebeca Wild (Mit Kindern leben lernen; Lebensqualität für Kinder und andere Menschen). Rebeca Wilds letztes Buch (erschienen 2013) ist für mich besonders wichtig: Entwicklungsetappen. Es zeigt auf, wie der Mensch sich von seiner ersten Zellteilung an bis zum Greis immer weiterentwickelt, um sein volles menschliches Potential zur Entfaltung zu bringen, wenn die jeweiligen Entwicklungsbedürfnisse geachtet werden. Voraussetzung dafür ist eine respektvolle und nichtdirektive Umgebung! Diese Entfaltung versuchen wir unserem Sohn zu ermöglichen und sehen das am ehesten durch das Freilernen gegeben.

Warum ist euer Kind „Freilerner" geworden?

Das hat sich ganz natürlich so entwickelt. Als unser Sohn ein halbes Jahr alt war, haben wir mit einer Pikler-Spielraum-Gruppe begonnen. Über die Jahre der nichtdirektiven Begleitung ist für uns immer klarer geworden, dass Institutionen diesen von uns gewählten Weg zerstören würden. Auch alternative Kindergruppen waren nicht interessant, weil unser Sohn keine Kindergruppensituationen mochte. Somit war dann auch bald klar, dass er keine Schule besuchen würde.

Was würdet Ihr am deutschen Schulsystem ändern?

Aus eigener Erfahrung kenne ich nur das österreichische Schulsystem.
Hier wie dort würde ich mit sofortiger Wirkung die Pflicht abschaffen! Das würde eine heilsame und befreiende Bewegung in die erstarrten Strukturen bringen. Jene, die die Informationen der Schule nützen möchten, können das für sich in Anspruch nehmen, und sie werden nicht mehr von unglücklich Zwangsverpflichteten dabei gestört. Sukzessive würde ich das Angebot ausbauen und ganz besonders durch kreative Tätigkeiten aller Art (Tanz, Theater, Musik, Handwerk etc.) erweitern. Dabei ist wichtig, dass alle Angebote gleichgestellt sind. Bewertung und Beurteilung braucht es nicht; Vergleich und Konkurrenz sollen der Entwicklung von echter Kooperation Platz machen. An der Organisation wirken alle Beteiligten (Schüler, Lehrer, Eltern) gleichberechtigt mit. Es gibt Versammlungen, wo jede Stimme gehört und ernst genommen wird.

Was gibt es für Nachteile am Freilernersein?

Derzeit ist es in Österreich so, dass am Ende des Schuljahres eine Prüfung nach dem staatlichen Lehrplan vorgeschrieben ist. Das passt mit dem Freilernen nicht zusammen, weil jeder Mensch seine Interessen ganz unterschiedlich entwickelt und nicht nach Plan von außen. Manches mag übereinstimmen, aber keinesfalls der gesamte „Jahresstoff". Im Grunde werden Freilerner dadurch zum „Homeschooling" gezwungen, was mit unserer Lebenshaltung nicht vereinbar ist. Auch das Bewerten und Abprüfen passt für uns nicht. Die finanzielle Benachteiligung besteht darin, dass die Eltern viel Zeit und Energie in die Begleitung der Freilernerkinder investieren und dadurch weniger Zeit und Energie haben, um Geld zu verdienen. Ein Kind, das in Österreich nicht in die Volksschule geht, erspart dem Staat im Jahr 6000 Euro. Dieses Geld wird nicht an die Eltern ausbezahlt. Vielmehr zahlen sie mit ihren Steuern auch das unnötig teure Schulsystem!

Was gibt es für Zweifel, Freilerner zu sein?

Derzeit besteht die größte Unsicherheit darin, nicht zu wissen, wie der Konflikt mit den Schulbehörden sich entwickeln wird. Es gibt in ganz Österreich einige Familien, die ihre Kinder nicht zu den Prüfungen schicken und deren Kinder dennoch nicht in die Schule gehen (was gefordert wird). Je nach Bezirk und Bundesland gibt es verschiedene Erfahrungen damit. Diese Familien sind offen, mit den Behördenvertretern ins Gespräch zu gehen und nach sinnvollen Lösungen zu suchen (z. B. andere Formen der Gleichwertigkeitsfeststellung zu entwickeln). Persönliche Zweifel, ob es richtig ist, diesen Weg zu gehen, werden umso kleiner (bis hin zum Verschwinden), je länger man auf dem Freilernerweg unterwegs ist. Unsere Erfahrungen, Beobachtungen und Erlebnisse sowie Reflexionen und der Austausch mit anderen Freilernern sind so bestärkend, dass sich Zweifel bald in Luft auflösen.

Wie findet man soziale Kontakte – besonders für den Vormittag?

Meinem Sohn ist es sehr wichtig, viel Zeit für seine eigenen Projekte zu haben. Er baut Legostädte und spielt damit Situationen aus dem Alltag nach (z. B. Zirkus, Weihnachten, Faschingsumzug etc.). Er übt und entwickelt eigene Zauberkunststücke, stellt ganze Vorstellungsprogramme zusammen und überrascht uns und Freunde mit seinen Tricks. Inzwischen ist er auf Geburtstagsfeiern mit seinem Programm schon sehr gefragt. Mit unserer Videokamera filmt er unterschiedliche Tiere (Enten, Igel, Katzen etc.), macht Kurzfilme mit seinen Freilernerfreunden, filmt seine Pestasbahnen (ähnlich den Dominosteinen) beim Umfallen, erfindet Lego-Brick-Filme und, und, und. Alle diese Filme bearbeitet er selbst und stellt sie auch ins Internet. Er liebt es, Unmengen von Büchern zu lesen – Büchereien sind unbezahlbar! Mit all diesen (und noch viel mehr) Tätigkeiten vergeht die erste Hälfte des Tages wie im Flug. Mein Sohn hat mehrere Freunde – Buben und Mädchen, mit denen er zeitweise zusammen ist. Gelegentlich treffen wir uns zu verschiedenen Unternehmungen (Ausflüge, Hallenbad, Eislaufen, Schifahren, Theater etc.). Tägliche Treffen hat mein Sohn noch nie verlangt. Wir leben in einer Kleinstadt und fahren regelmäßig (ein- bis dreimal pro Woche) nach Wien – häufig mit öffentlichen Verkehrsmitteln. Schon dadurch ergeben sich viele Interaktionen mit anderen Menschen. Außerdem haben wir Freunde, Bekannte und Familienmitglieder wie alle anderen Menschen auch.

Wie sieht der Alltag eines Freilerners aus?

1. Ausschlafen
2. Frühstücken (Frischkornbrei mit frischen Früchten und Nüssen)
3. Diverse Projekte: Lesen, Lego bauen, Zaubern, Filmen und Bearbeitung, Pestasbahnen aufstellen, Kerzen gießen, Nudeln machen, Kekse backen, Gärtnern, Kater betreuen, mit Oma telefonieren etc.
4. Mittagessen machen und essen
5. Projekte fortführen oder
6. Zeit für Bücherei, Malort nach Arno Stern, Bewegungsraum nach Pikler/Hengstenberg, Ballspielgruppe, Radfahren, Rollerfahren, Treffen mit Freunden, Treffen der Detektivgruppe, Müllsammeln in der Stadt, Schwimmen, Eislaufen, Großeltern besuchen etc.
7. Abendessen
8. Lesen
9. Schlafen gehen (zwischen 21 und 23 Uhr)

> **Alles Lernen ist nicht einen Heller wert, wenn Mut und Freude dabei verloren gehen.**
>
> *Johann Heinrich Pestalozzi (1746-1827), Schweizer Pädagoge*

DIE GROSSELTERN

Junge Menschen und ihre Großeltern haben oft besondere Beziehungen zueinander. Vielleicht liegt es daran, dass ältere Menschen mehr im Moment leben und es ihnen leichter fällt, im Augenblick zu verweilen als den meisten Erwachsenen. Und: Sie können wunderbar zuhören und zuschauen! Unser Sohn hatte von Geburt an die Möglichkeit, zu allen Großeltern gute Beziehungen aufzubauen. Sie kamen regelmäßig zu Besuch und konnten seine Entwicklung miterleben. Alles, was uns wichtig war – von der vollwertigen Ernährung über die Begleitung der freien Bewegungsentwicklung bis zur schadstoffarmen Kleidung und der kritischen Spielzeugauswahl – bekamen sie dadurch direkt mit. Viele Überlegungen waren für sie ungewohnt. Wir bemühten uns, die uns zur Verfügung stehenden Informationen auch ihnen zugänglich zu machen.

„Ich habe bei euch wohl alles falsch gemacht!", meinte meine Mutter eines Tages resigniert. Mir wurde deutlich bewusst, WIE VIEL sich seit meiner eigenen Kindheit verändert hatte, und dass es wichtig war, diesem Thema Raum zu geben. „BE-ziehung statt ER-ziehung" klingt einfach – ist es aber nicht! Es geht um eine völlig andere Haltung dem jungen Menschen gegenüber. Eine Haltung lässt sich nicht einfach auswechseln wie eine schadhafte Glühbirne. Diese andere Haltung zeigt sich in so vielen Situationen des Alltags – beim Essen, beim Anziehen, beim Begrüßen und ja, in jeder Form der Kommunikation! Es gibt ungezählte Möglichkeiten, sich darin zu üben, auch Fehler zu machen und ganz neue Erfahrungen zu sammeln. Besonders wichtig ist uns, unseren Sohn vor Überforderung und Reizüberflutung zu schützen und sein individuelles Zeitmaß zu respektieren. Vieles braucht dann mehr Zeit als wir uns selbst und unseren Kindern im Allgemeinen zugestehen.

Wir stießen auf Verwunderung und manchmal auch auf Verständnislosigkeit, wenn diese Haltung im Alltag Veränderungen verlangte. Unsere Erklärungen schienen nicht anzukommen. Es machte mich traurig, wenn ich mich so gar nicht verstanden fühlte. Es brauchte Respekt und viel Geduld auf beiden Seiten – nur so konnten neue Wege des Miteinandergehens entstehen. Auch wenn sie gelegentlich den einen oder anderen Zweifel hegen, haben die Großeltern unsere Entscheidungen mitgetragen. Sie respektieren unseren Weg! Und sie sehen an der Entwicklung und den Fähigkeiten unseres Sohnes, dass es ihm gut geht und Lernprozesse immer und überall ablaufen.

Unser Leben ist wunderbar frei von sämtlichen Bewertungsschemata und Leistungsansprüchen. Das führt zu einem entspannten Alltag ohne Stress und Angst, und unsere Eltern nehmen an diesem Erleben Anteil!

Als relativ späte Oma eines einzigen Enkels (neuneinhalb Jahre) bin ich in meinem Bekannten- und Verwandtenkreis, wo die meisten schon mehr oder weniger erfolgreiche Maturanten oder Studentenenkel aufweisen können, ziemlich oft in Erklärungsnot, was das Thema „Freilerner" betrifft. Die stereotype erste Frage „In welche Klasse geht er denn jetzt?", wenn das Gesprächsthema „Enkelkinder" auftaucht, habe ich ja inzwischen gelernt, sehr selbstverständlich, manchmal auch mit einer Scherzfrage, zu beantworten. Dabei bleibt es aber meist nicht. Da kommen noch jede Menge Ja-aber-Einwände, was soziale Kompetenz, Allgemeinbildung, Studien- und Berufsaussichten betrifft. Anfangs machten mich solche Gespräche natürlich unsicher und nachdenklich. Aber alters- und erfahrungsbedingt und auch von meinem Temperament her neige ich glücklicherweise zu Gelassenheit in allen Lebenslagen. Ich freue mich einfach über jeden, oft verblüffend unerwarteten Fortschritt, den Benjamin macht, über seinen Einfallsreichtum, seinen Forschungsdrang, seine Empathiefähigkeit, seine positive Fröhlichkeit, und sehe zunehmend keinen Grund, mir irgendwelche „Sorgen von morgen" einreden zu lassen.

Letzte Ostern überlegten wir, welches Geschenk für den Neunjährigen passen könnte. Als alte Bücherwürmer kommen wir an dem Bücherladen mit der gut bestückten Abteilung für Kinderbücher nicht vorbei. Aber was hat die Leseratte Benjamin noch nicht gelesen? Er ist ja längst Stammkunde in der Leihbücherei und auch seine Mama hat den Überblick über seine Lektüre – täglich mindestens ein Buch – schon fast verloren. Da hatte Opa DIE Idee: ein neues Buch mit vielen kurzen Kapiteln über Merkwürdiges und Seltsames aus aller Welt, leicht verständlich erklärt. Tatsächlich hat es sich als Hit erwiesen. Immer wieder kann es passieren, dass Benjamin mir am Telefon etwas Wichtiges daraus „jetzt sofort" vorlesen muss! Nebenbei fanden wir in der Buchhandlung damals auch eine Serie von Heften mit lustig illustrierten Rechenbeispielen für die Grundschule. Zwei Hefte nahmen wir mit, und siehe da, Benjamin hatte auch gleich seine neugierige Nase drin und fand das könnte etwas Ähnliches sein wie seine Lieblingsrätsel, die ich ihm aus der Sonntagszeitung aufhebe. Nun liegt das Heft auf seinem Nachtkästchen, und wenn er früher als seine Eltern aufwacht, löst er ein paar dieser „Rätsel". Ich frage mich, wann meine Kinder, die relativ brave, eifrige Schulkinder waren, jemals freiwillig schon vor dem

Aufstehen ein Rechenheft in die Hand genommen hätten?! Es gäbe noch Vieles zu erzählen, über Benjamins vergangene und aktuelle Lieblingsbeschäftigungen, die er alle selbst „er- oder gefunden" hat, mit Ausdauer über lange Zeit übt oder saisonbedingt immer wieder aufgreift wie z. B. Fußball spielen, Baumhaus bauen, Müll sammeln mit Freunden, Zaubern, Musizieren von selbst erfundener Musik, neuerdings Theater spielen mit anderen Freilernerkindern oder verschiedene Rollenspiele wie Kaufmann oder Doktor – nur Lehrerin, das Lieblingsspiel seiner Mutter als kleines Mädchen, fehlt. – warum wohl? Meine älteste Freundin, eine 97 Jahre alte Psychologin und Lehrerin, ist übrigens Benjamins größter Fan: Sie hat ihm einen lustigen interaktiven Adventkalender per Internet geschickt, worauf er ihr, wie allen Verwandten und Freunden, seinen selbst gebastelten und selbst gefilmten Pestas-Domino-Adventkalender geschickt hat. Sie war echt fassungslos, wie ein Neunjähriger nicht nur solche technischen Fähigkeiten, sondern auch die nötige Geduld, die Konzentration und das Durchhaltevermögen aufbringt, um Tag für Tag pünktlich ein weiteres Kalenderblatt zu produzieren. In ausführlichen Diskussionen sind wir dann zur übereinstimmenden Auffassung gekommen, dass Benjamin diese Eigenschaften und Fähigkeiten nicht trotz, sondern gerade wegen seiner Lernfreiheit entwickeln konnte. (Hedwig Nechtelberger)

Als Großeltern eines Freilerner-Enkelkindes hatten wir am Anfang schon etwas Sorge, wie es ohne die Anregung einer Schule funktionieren könnte. Wir sind zwar „geschulte" Montessori-Großeltern und wissen, wie wichtig freies Lernen ist, denn eines unserer neun Enkelkinder ist so groß geworden, mit viel Selbstständigkeit und dem Mut eines Querdenkers. Jeder findet seinen eigenen Weg. Deshalb beobachten wir auch die Entwicklung unseres jüngsten Enkelkindes mit großer Neugier. Entspannt können wir nun erfahren, wie gut unser fast zehnjähriger Benjamin seine „Unschulung" meistert. Mühelos liest er gar nicht so leichte Texte, er kennt viel mehr Kräuter als wir, bäckt Brot, macht Nudeln selbst und ist technisch sehr begabt. Bei seinen kleinen Filmen sind wir ja sprachlos! Er benützt auch den Computer sinnvoll und weiß, wo er Informationen erhält, die für ihn nützlich sind. Er hat viel Ausdauer, seine Zauberkunststücke sind schon auf einem hohen Niveau. Und auch unsere anfängliche Sorge, er könnte zu wenig soziale Kontakte mit Gleichaltrigen haben, hat sich als unbegründet erwiesen. Wir sind gespannt, wie Benjamin sich weiterentwickeln wird, und hoffen, seinen Lebensweg noch lange verfolgen zu können. (Ingeborg Krisa)

> **Kinder brauchen Vorbilder, keine Kritiker.**
>
> *Joseph Joubert (1754-1824), französischer Mystiker*

RESPEKT UND HÖFLICHKEIT 2.0.

Eine Annäherung an den kritischen Blick der Eltern-Generation

Ich habe meine Eltern – stolze achtzehnfache Großeltern – gebeten, für dieses Buch ihre Sicht auf unseren Weg, auf ihre drei unbeschulten Enkelkinder niederzuschreiben. Wenige Tage später öffne ich voller Neugierde und mit klopfendem Herzen ihr Textdokument, fühle mich ein wenig wie eine Schülerin, die ein Zeugnis von ihr ganz wichtigen Lehrern in Empfang nimmt. Ich meinte, insgesamt eine gute Note zu bekommen, und erhoffte mir Zustimmung und Zuspruch. So wie ich ihn immer wieder von meinen Eltern bekommen habe. Doch als ich ihre Zeilen lese, steigen Enttäuschung und Traurigkeit in mir auf: Die vielen positiven Stellen kann ich gar nicht richtig wahrnehmen, sehe zunächst nur die Fragezeichen und Zweifel.

Oft haben sie uns auch diese ihre Zweifel mitgeteilt, doch hatte ich den Eindruck, dass sich durch die vielen Gespräche ihre Sicht geändert habe. So haben wir uns immer wieder über Jesper Juul oder die Familie Stern unterhalten, die meine Mutter als sehr belesene Frau und treue Ö1-Hörerin gut kennt. Da spürte ich ganz viel Verständnis, auch Einverständnis auf ihrer Seite zu diesem neuen, gleichwertigen Blick auf das Kind.

Meine Mutter ruft gleich am nächsten Tag an, ich spüre ihren Wunsch, mich nicht zu verletzen: Sie fragt, ob ihr Text denn nicht zu kritisch wäre. Ich müsse ihn ja nicht ins Buch aufnehmen, meint sie. Doch das kommt für mich nicht in Frage. Denn ich sehe ihre kritischen Äußerungen als einen sehr wesentlichen Beitrag: Zum einen zeigen sie so deutlich auf, dass wir mit unserem Weg Neuland betreten und dabei häufig nicht die Rückenstärkung unserer Eltern, unserer Familie erfahren, sondern immer wieder auch auf Skepsis von uns ganz nahestehenden Menschen stoßen. Damit umzugehen war nicht immer leicht für mich, doch ihr Text bringt mich zum anderen einen wesentlichen Schritt weiter: Er hat mir Gelegenheit gegeben, zu erkennen, dass es sich hier nicht um Werte und Lebenseinstellungen handelt, die nicht vereinbar sind und sich gegeneinander behaupten müssen.

Werte wie Selbstbestimmung und Gleichwürdigkeit, die einen zentralen Stellenwert für uns einnehmen, scheinen ja auf den ersten Blick Werten wie Respekt und Höflichkeit, die für die Generation meiner Eltern sehr wichtig sind, entgegenzuwirken. Doch der Schein trügt. So will ich ihren kritischen Äußerungen meine Sicht auf von ihnen genannte Werte gegenüberstellen, um aufzuzeigen, dass die durch unser Elternsein wiederentdeckten Werte den Werten unserer Elterngeneration ein neues, vielleicht authentischeres Fundament geben könnten.

DANKBARKEIT

Ich bin verwundert, dass die Kinder wenig Danke und Bitte sagen – natürlich soll es kein gefordertes „wie sagt man?" sein. Andererseits bin ich der Meinung, dass Dankbar-sein-Können ein großer Wert im Leben ist. Besonders fällt mir dies bei den Mahlzeiten auf. Die Eltern reichen ihnen den gefüllten Teller. Einige Bissen werden gegessen, dann legt sich einer lang, der andere tut die Knie in die Höhe. Eine kurze Meldung, ob es ihnen schmeckt, wäre doch schön. (meine Mutter)

Auch ich sehe Dankbarkeit als eine ganz wunderbare und Wunder bewirkende Gabe: Sie kann mich mit anderen Menschen verbinden, meine Lebensfreude stärken und mir helfen, mich als wertvoll zu erfahren. Unsere Jüngste, Ina, ist nun zweieinhalb Jahre, und seit geraumer Zeit schon setzt sie die Wörter „Danke" und „Bitte" ein, ohne dass wir es ihr beigebracht hätten. Sie bringt diese Gabe, davon bin ich überzeugt, wie jedes Kind mit und beobachtet uns Eltern, wie wir Dankbarkeit ausdrücken. Sie setzt die beiden Wörter bei weitem nicht in jeder Situation ein, in der ich es vielleicht aus meiner Vergangenheit heraus erwarten würde, doch wenn sie eines dieser Wörter verwendet, kommt es ganz aus ihrem Herzen und berührt mich jedes Mal aufs Neue. Ähnlich dürfte es meiner Mutter bei einer spontanen Äußerung Jariks ergangen sein:

Wir sind auf unserer Alm. Jarik spielt am Brunnen. Mit einem Fuß steht er auf einem Stein. Das Schuhband ist offen. Während ich es binde, rutscht der Fuß vom Stein. „Entschuldigung!" – ein schönes Erlebnis.

Nicht von Anfang unserer Elternschaft an hatten wir, wie nun bei Ina, dieses Vertrauen in die soziale Kompetenz des Kindes, in den tief innewohnenden Wunsch jedes Menschen, sich verbunden und wertvoll zu fühlen. Ich kann mich noch gut erinnern, vor allem im Zusammensein mit den Großeltern, wie ich Kaia und Jarik die Worte zuflüsterte, die meine Eltern in bestimmten Situationen hören möchten. Und auch später erklärte ich den beiden immer wieder, wenn wir uns auf den Weg nach Osttirol machten, wie wichtig es für Opa und Oma sei, dass sie Danke und Bitte sagen. Heute kann ich da schon mehr loslassen und freue mich daran, dass unsere Kinder und meine Eltern ganz ohne meine Vermittlung ihren Weg finden, sich miteinander wohlzufühlen und Gemeinsamkeiten zu entdecken. Das geschieht meiner Beobachtung nach zwar selten beim Essen, aber doch in vielen anderen Situationen: beim Blumen Einfrischen oder beim Himbeeren-Pflücken mit der Oma, mit dem Opa am Berg oder beim Im-Garten-Werken:

Wie Jarik mir im Garten „geholfen" hat, war berührend. (mein Vater)

Ich kann andererseits sehr gut nachvollziehen, wie respektlos meinen Eltern mit ihrer Vorgeschichte und Sozialisation Sätze erscheinen müssen wie: „Ich brauche Wasser!" oder „Ich will Kartoffeln!". Natürlich freue auch ich mich, nachdem ich ein gutes Essen für alle zubereitet habe, wenn meine Fürsorge gesehen und anerkannt wird. Wenn aber in den Kindern gerade nur Hunger und Müdigkeit oder andere Bedürfnisse so laut rufen, dass sie mein Bedürfnis zunächst gar nicht wahrnehmen? Darf ihr Bedürfnis für sie dann wichtiger sein als das meine? Dürfen sie dann darauf vergessen, höflich zu sein? Wie oft habe ich aus Höflichkeit, aus einem „Das tut man und jenes darf man nicht" heraus meine Gefühle und Bedürfnisse im Zaum gehalten und dadurch eine ehrliche Begegnung mit meinem Gegenüber durch leere Worte begraben! Ich glaube, dass Dankbarkeit, wenn sie zu einer impliziten Anforderung wird, mehr Trennung denn Verbindung schafft: Vor wenigen Tagen sprach ich mit Kaia und Jarik, ob sie sich vorstellen könnten, auch mal ein paar Tage allein bei den Großeltern zu sein, und Kaia meinte: „Opa und Oma sind so streng, man muss immer Danke und Bitte sagen." Dass ich an diesem Blick auf die Großeltern nicht unbeteiligt bin, ist mir klar. Umso größer ist mein Wunsch, sie mögen ihren ganz eigenen Weg finden, mit den Bedürfnissen der Großeltern umzugehen.

ZU MEINEN EIGENEN BEDÜRFNISSEN STEHEN

Ich vermisse oft die Einsichtigkeit der Kinder, dass auch die Eltern Bedürfnisse haben – ob die Anrede der Eltern mit den Vornamen eine Rolle spielt, wenn die Kinder lautstark die Erfüllung ihrer Wünsche kundtun: Gudi statt Mama – Jan statt Papa? (mein Vater)

Hier spricht mein Vater ein großes Lernfeld für mich an, doch möchte ich von der anderen Seite darauf blicken: Bin nicht viel mehr ich diejenige, der die Einsicht für ihre Bedürfnisse fehlt? Für mich selbst einstehen, der wichtigste Mensch in meinem Leben sein. Immer und immer wieder bekomme ich diesen Ratschlag in abgewandelter Form von den unterschiedlichsten Menschen, wie zum Beispiel von einer uns seit Jahren begleitenden Pädagogin: „Das größte Geschenk, das du deinen Kindern machen kannst, ist, gut auf dich zu schauen." Dass das nicht egoistisch ist, das lerne ich gerade langsam und behutsam wieder, von und mit meinen Kindern, und auch über die Gewaltfreie Kommunikation nach Marshall Rosenberg. Sehr tief verankert sitzt noch in mir, ich müsse zuerst auf die anderen schauen. So haben es meine Eltern mir vorgelebt. Beide habe ich fast nur arbeitend und gebend, und am Ende des Tages am Ende ihrer Kräfte erlebt. Und nun lerne und erkenne ich, dass ich dann ehrlich geben und mitfühlend sein kann, wenn ich auch mit mir mitfühlend bin und meine Bedürfnisse ernst nehme. Mich auch mal am Nachmittag hinzulegen, wenn ich müde bin: noch vor nicht allzu langer Zeit brauchte ich dafür für mich selbst eine Rechtfertigung, wie z. B. schwanger oder krank zu sein.

Zu den Vornamen: Unsere älteste Tochter und unser Sohn reden uns meistens mit unseren Vornamen an. Ich kann mich noch erinnern an meine Überlegungen, als unsere älteste Tochter damit begann. Mag ich denn von meinen Kindern Gudi gerufen werden? Ich war doch so stolz auf meine Mamarolle, und nun werde ich nicht mehr so angesprochen? Ein bisschen war auch da, was werden die anderen denken? Sollte ich Kaia sagen, ich möchte lieber mit Mama angesprochen werden? Mit dem Wort Mama verbinde ich so viele wunderbare Konnotationen wie Fürsorge, Nähe, Zärtlichkeit. Und was verbinde ich mit Gudi, fragte ich mich? Freundschaft, Sich-Begegnen auf gleicher Augenhöhe. Ich beschloss, mich dabei zu beobachten, wieso ich eigentlich Mama genannt werden will. Dabei wurde mir bewusst, dass ich mir damit wichtiger vorkam. Heute redet mich Kaia immer wieder auch mit Mama an, und zwar genau in jenen Situationen, in denen ich ihr eben jene Bedürfnisse erfüllen kann, die für mich in Mama mitschwingen. Jarik dagegen nennt mich sehr selten Mama. Er braucht zurzeit vor allem ein Gegenüber zum Raufen und Wildsein, und da scheint „Gudi“ die geeignetere Anrede für ihn zu sein. Bald war mir klar, ich möchte den Kindern nicht vorgeben, wie sie mich anreden. Und freue mich daran, dass ich mal so, mal anders gerufen werde, je nachdem, mit welchem Anteil von mir sie grad interagieren möchten. Ich sehe mich als ein Gegenüber mit vielfältigen Rollen. Meine Eltern mit dem Vornamen anzureden, käme mir sehr merkwürdig vor. Da fühle ich eine ganz klare und strikte Rollenverteilung zwischen uns.

GLEICHWÜRDIGKEIT

Beim Frühstückstisch wird über die geplanten Aktivitäten des Tages beraten – die Eltern sind sehr gefordert, die Wünsche in Einklang zu bringen – ich bin der Meinung, dass die Kinder zu viel bestimmen. (meine Mutter)

In meiner Kindheit war es noch so, dass das, was meine Eltern sagten, galt und von uns nicht hinterfragt wurde. Ich kann mich noch an eine Situation erinnern, in der Jarik meiner Bitte, etwas wegzuräumen, nicht nachkam und mein Vater, der der Situation beiwohnte, erstaunt und ungläubig sagte: „Deine Mutter bittet dich etwas, und du tust es nicht?“ Ein Nein von den Kindern zu hören, das war früher für Eltern ein Affront. Doch wir möchten den Kindern wirklich auf gleicher Augenhöhe begegnen und ihre Bedürfnisse als gleichwertig ansehen. Wie hilfreich erweist sich hier für mich wieder die Gewaltfreie Kommunikation, in der ich Folgendes lernte: Wenn ich eine Bitte äußere und mein Gegenüber nicht „Nein“ sagen darf, dann ist dies keine Bitte, sondern eine Forderung. Und Rosenberg sagt auch, dass wir Menschen gerne zum Wohl anderer beitragen, wenn wir dies frei-willig tun dürfen. Bei einer gleichwürdigen Begegnung gilt es, gemeinsam mit meinem Gegenüber einen Weg zu finden, der meinen und seinen Willen, unsere aktuellen Bedürfnisse erfüllt. Und ja, das erfordert immer wieder die Bereitschaft, mich auf die Bedürfnisse aller Familienmitglieder einzulassen. Herausfordernd und anstrengend erlebe ich es jedoch vor allem dann, wenn ich hin- und hergerissen bin zwischen auch in mir schlummernden oder im Außen vermuteten Erwartungshaltungen an unsere Kinder und dem Ausloten und Offensein für neue Möglichkeiten. Dies erfordert immer wieder Zeit, man könnte auch sagen, Geduld.

GEDULD

Ich bewundere die große Geduld und Ausdauer der Eltern, mit der den Kindern alle Fragen beantwortet werden, und stelle die Ungeduld der Kinder nach umgehender Erfüllung ihrer Wünsche fest. (mein Vater)

Immer öfter bemerken wir, dass es gar nicht darum geht, alle Wünsche zu erfüllen, wenn sie denn von uns gehört worden sind. Und wir lernen täglich, wie bereichernd es sein kann, wenn wir fixe Erwartungshaltungen loslassen und wirklich offen sind für die Meinung unserer Kinder. Dann fallen gemeinsame Entscheidungen ganz leicht. Und dann dürfen wir immer wieder staunen, welch unerwartete Möglichkeiten durch die Beiträge aller zum Vorschein kommen.

Wenn ich Kaia beispielsweise frage, ob sie das Tischdecken übernimmt, dann kommt immer wieder auch ein „Nein, ich lese grad so schön“ oder Ähnliches. Klar würde ich möglicherweise schneller zum Ziel kommen, wenn ich das Sagen hätte und es, wie früher bei meinem Vater, „keine Widerrede“ gäbe. Ich höre also ein „Nein“. Nun kann ich grollen und drohen, im Selbstmitleid versinken und an meiner Erwartungshaltung festhalten, dass es doch nicht gehe, dass sie mir nicht hilft. Oder ich kann mir „Never hear a no“ von Rosenberg in Erinnerung rufen: Ein Nein ist kein Nein zu mir als Person. Ihr Nein ist ein Ja zu einem Bedürfnis, das für sie grad wichtiger ist. Und das scheint unvereinbar mit meinem Wunsch nach Unterstützung zu sein. Doch können wir gemeinsam einen Weg suchen, wie beide Bedürfnisse Platz haben. „Kannst du heute Jarik bitten?“, fragt sie mich. Und als Jarik zustimmt und beginnt, kommt auch sie hinzu und faltet für jedes Gedeck eine kleine Origamifigur.

VORBILD SEIN

In seinem neuen Buch „Leitwölfe" schreibt Jesper Juul, die Verantwortung für das Wohlergehen der Familie tragen allein die Eltern. (meine Mutter)

Es fehlt mir manchmal auch die Einsichtigkeit der Kinder von gegebenen Grenzen. (mein Vater)

Eltern sollten Vorbild sein, auch da stimme ich meinen Eltern zu. Doch will ich ein Vorbild sein, das sich in all seiner Menschlichkeit zeigt. Ich darf mal einfach nicht weiterwissen, unsicher sein, meine Schwachstellen an die Oberfläche kommen lassen. Meinen Vater habe ich nie schwach erlebt. Keine Träne hat er vor uns Kindern vergossen. Auch mir fällt es nach wie vor schwer, mich in meiner Verletzlichkeit zu zeigen. Aber ist das nicht eine wunderbare Gabe? Wie auch alle anderen Verhaltensweisen, die meine Eltern kritisieren, durchaus auch als Gaben gesehen werden können: Zu wissen, was man will, ist eine Gabe. Grenzen zu hinterfragen, ist eine Gabe. Seine Bedürfnisse benennen zu können, ist eine Gabe. Menschen in ihrer Vielfalt wahrzunehmen, ist eine Gabe.

Dass diese Verhaltensweisen manchmal auf uns wie eine Bedrohung der Werte Höflichkeit und Respekt wirken, hängt, glaube ich, damit zusammen, dass wir alle, sie wie auch wir, diese Gaben nicht leben durften. Vielleicht helfen uns unsere (Enkel)Kinder dabei, uns die Erlaubnis dazu zu geben? Und vielleicht erleben wird dann Höflichkeit und Respekt in einer neuen Dimension? Ich bin meinen Eltern zutiefst dankbar, dass sie so ehrlich, offen und neugierig sind, gemeinsam an dieser Frage zu forschen und zu wachsen. Ich weiß genau, meine Eltern wollten und wollen für mich und meine Geschwister und für ihre Enkelkinder nur das Beste. Sie haben den Weg gewählt, der sie überzeugt hat, und gleichzeitig unterstützen sie uns, unseren Weg zu finden und zu gehen.

POSTSKRIPTUM

Nicht vorenthalten will ich eine grundsätzliche Frage meines Vaters zum Freilernen:

Können die Eltern daheim die notwendigen Kenntnisse in Grammatik, Mathematik etc. für die Mittlere oder Hochschulreife vermitteln – werden von den Kindern entsprechende Fragen gestellt? Muten sich die Eltern da nicht zu viel zu?

Ich hoffe, dass die vielen Beiträge in diesem Buch Antworten auf diese Frage aufzeigen, und asse meinen Vater selbst dazu zu Wort kommen:
Bei den Kindern beobachte ich den sehr großen Wissensdurst – alles wird nach- und hinterfragt – daraus ergibt sich das große Allgemeinwissen.

Und abschließen möchte ich mit dem immer wieder geäußerten Staunen meiner Eltern und ihrer Freude, wenn sie die Kinder beim Spielen beobachten:

Ganz besonders augenfällig ist die große Vielseitigkeit beim Spielen mit einfachsten, sehr oft selbst hergestellten oder mit vorhandenen Geräten und Materialien aus der Natur. (mein Vater)

Ich staune über den Einfallsreichtum der Kinder beim Spielen: eine Fichte, ein Kindertisch und zwei Stühle und schon wird IHR Haus gebaut – die Ausstattung finden sie aus der Natur! (meine Mutter)

> **Ganz gewiß sollen Kinder Achtung vor ihren Eltern haben, aber ganz gewiß sollen auch Eltern Achtung vor ihren Kindern haben, und niemals dürfen sie ihre natürliche Überlegenheit missbrauchen.**
>
> *Astrid Lindgren (1907-2002), Kinderbuchautorin*

BERÜHRENDE MOMENTE

Impressionen aus dem Alltag einer Freilernerfamilie

DER ZAUBERWALD

Ein Tag wie jeder andere. Nein, es gibt keine Tage mehr, die einander gleichen, seitdem wir uns für das Freilernen entschieden haben. Jeder Tag ist eine wunderbare Begegnung mit meinen Kindern, voller Liebe, Freude, Spannung und Herausforderungen. Es ist einfach toll zu sehen, welche Ideen tagtäglich aus ihnen sprießen, wie Blumen, die ihren Blütenkelch öffnen und ihren Blütenstaub verbreiten, zum Wohle aller anderen.

Es war warm und die Sonne strahlte in unser gemütliches Zuhause. Tobias, unser siebenjähriger Sohn, hüpfte ganz freudig zu mir und sagte in bestimmtem Ton: „Jetzt ist es endlich Zeit, unseren Wald aufzuräumen!" Er meinte damit ein kleines Waldstückchen, durch das wir fast täglich mit Sarah, unserer einjährigen Hündin, spazieren gehen. Viele Menschen lassen dort einfach ihren Müll fallen, Glasscherben und Flaschen liegen verstreut, sodass sich Tiere sehr leicht verletzen können. „Mama, wo sind Säcke und Handschuhe?", fragte Tobias ganz aufgeregt. „Wir brauchen welche, um unseren Wald und die Tiere zu retten." Ich lächelte und machte mich auf die Suche nach den geforderten Dingen.

Bepackt mit Säcken und Handschuhen gingen wir – Tobias, seine neunjährige Schwester Romina mit Sarah an der Leine, und ich – in das kleine Waldstückchen. Tobias war begeistert, weil er nun endlich sauber machen konnte. Er sammelte eifrig den Müll, so als ob er ein kleines Eichhörnchen wäre. Jedes Mal, wenn er ein neues Stück fand, lächelte er. Schnell war ein ganzer Sack voll mit lauter Sachen, die von Spaziergehern einfach weggeworfen worden waren. Romina passte inzwischen auf Sarah auf und kümmerte sich sehr liebevoll um sie. Ihr war bewusst, welche Gefahr durch die Glasscherben für Sarah besteht. Sie setzte sich auf Augenhöhe neben den Hund und erklärte ihm, was da vor sich ging. Dann streichelte sie Sarah noch zärtlich über den Kopf.

Tobias füllte innerhalb kurzer Zeit mehrere Säcke und ihr Inhalt musste auf seinen Wunsch natürlich auch getrennt werden. „Glas gehört ja nicht zu dem anderen Müll!“ Wir hörten, wie die Vögel zwitscherten vor Freude und Lichtstrahlen durch die Bäume fielen. Lichtstrahlen, die Tobias und Romina sehr berührten. Sie lächelten unentwegt. Es war eine Freude, ihnen zuzuschauen, und mein Herz wurde ganz weit vor Glück.

Schwer bepackt gingen wir nach Hause und warfen die vielen Säcke in den Mülleimer. Der Wald war jetzt wirklich sauber und erstrahlte in neuem Glanz. Am Heimweg hatte Romina einen Einfall gehabt, der natürlich sofort umgesetzt werden musste. Sie wollte, dass wir an den Bäumen im Wald Zettel anbringen mit dem Hinweis, die Natur bitte nicht mehr zu verschmutzen! Also machten sich die beiden Kinder ans Werk und malten und schrieben voll Hingabe. Tobias holte noch die Mappe mit seinen selbst erfundenen Erzählungen und suchte nach der Geschichte „Die Weltkugel“, die sein Opa für ihn aufgeschrieben hatte, weil er selbst noch nicht schreiben kann. Als er sie fand, rief er begeistert: „Das ist die richtige, die müssen wir unbedingt in das gemalte Bild einfügen!“

Voller Vorfreude gingen wir wieder zurück in unser Zauberwäldchen. Diesmal bepackt mit Hammer, Reißnägeln und den wunderbaren, durch Klarsichthüllen vor Regen geschützten Blättern, die an Bäumen und Tischen befestigt wurden. Sieben an der Zahl wurden von Romina und Tobias sorgfältig und gut überlegt aufgehängt. Als wir fertig waren, kam uns eine Schulklasse entgegen. Romina meinte: „Wie gut, dass unsere Blätter schon aufgehängt sind, denn so können die Kinder gleich unseren Hinweis lesen!“

Zuversichtlich, dass sich ab nun etwas ändern wird, gingen wir wieder nach Hause. Romina und Tobias wussten, dass sie eine Spur von Licht an diesem Tag hinterlassen hatten.

DER ENGEL

„Romina, du bist großartig!“ Jeden Abend, wenn ich meine kleine Tochter zu Bett bringe, nehme ich sie zärtlich in die Arme, streichle sanft über ihr wunderschönes Gesicht und sage ihr diese Worte. Sie lächelt dabei und ich spüre, wie meine Worte ihre Seele berühren. Es ist einfach wahr, unsere Kinder sind großartig, und wenn wir ihnen das auch sagen oder ihnen diese Energie senden, dann werden sie zu wunderbaren und selbstbewussten Wesen, die mit Leichtigkeit und Begeisterung ins Leben gehen.

Eines Tages nahm Romina mich bei der Hand und sagte: „Mami, ich möchte gerne einen Engel filzen. Ganz allein! Du brauchst mir dabei nicht helfen.“ In der Weihnachtszeit habe ich gemeinsam mit Romina und Tobias einige Filzengel angefertigt. Tobias machte voller Freude einen Engel ganz in Weiß mit großen Flügeln und langem Haar. Auch ein ganz kleiner Engel durfte nicht fehlen. Romina fertigte mehrere Engel in verschiedensten Farben an. Sie verschönern unser Wohnzimmer und beschützen uns. Manche Engel sind schon zu anderen Menschen gekommen, denen wir damit große Freude bereiten konnten. Diese Engel haben eine wunderbare, tief berührende Seele und begleiten uns auf unseren Wegen.

Nun wollte Romina an diesem gemütlichen Tag in der Vorweihnachtszeit ganz allein einen Engel filzen. Sie brauchte dazu den langen bunten Schafwollzopf, eine Filznadel und Haarwolle. Auf unserem großen Esstisch im Wohnzimmer richtete sie sich alles sorgfältig her. Sie öffnete den Wollzopf, der noch den besonderen Duft der Schafe in sich trug, und überlegte, welche Farbe für das Gesicht des Engels passen könnte. Sie entschied sich für ein zartes Rosa. Dann durfte noch gute, stimmungsvolle Musik nicht fehlen, um sie bei ihrem Tun zu begleiten. Sie wählte ihre liebste Harfenmusik aus, deren wunderbare Klänge mich immer an die Zeit erinnern, als Romina selbst Harfe spielte. Nun machte sie sich fleißig ans Werk. Sie nahm Wolle und Filznadel zur Hand und filzte freudig zum Rhythmus der Musik. Der Kopf des Engels war in kurzer Zeit fertig. Er sah so lebendig aus. Als nächstes waren die Arme an der Reihe, die nicht ganz leicht anzufertigen sind. „Ich mach sie einfach anders“, verkündete Romina. Sie fand eine Technik, die ganz einfach war. Ich wäre nie darauf gekommen und staunte, wie flink sie mit den Materialien umging und welche Freude sie dabei hatte.

Für den Körper wählte sie ein strahlendes Gelb und filzte ihn sehr liebevoll. Als sie fertig war, sah sie sich ihr Werk an. „Mama, ich will keinen fliegenden Engel machen. Nein, ich möchte, dass er auf der Erde stehen kann, er soll ganz anders aussehen als die anderen!“ Sie filzte noch die langen Engelshaare an den sanften Kopf und dann war er fertig, ihr ganz besonderer Engel! Er ist so einzigartig wie meine Tochter. Jedes Mal, wenn ich ihn ansehe, berührt er mein Herz. In ihm stecken die Großartigkeit, die Freude und die Liebe, die Romina in sich trägt.

DER BERÜHRENDSTE MOMENT...

Da ist so vieles, was ich in meinem Herzen spüren kann. Es sind viele kleine Momente. Bruchteile von Momenten, welche sich zeigen. Wie strahlend leuchtende Kinderaugen, die das Göttliche in sich tragen.

Es ist eine tiefe, glückliche Verbindung, die ich zu meiner Tochter aufbauen konnte. Eine Herzensverbindung, die ich nie zuvor gespürt habe. So tief und unglaublich schön. Ich nehme sie erst wahr, seitdem sie Freilernerin ist. Seit sie sich von ihren Ängsten befreien konnte. Nein, seitdem ich mich befreien konnte von meinen Ängsten und Zwängen. Plötzlich ist es so leicht wie nie zuvor. Es fließt wie ein wunderbarer glasklarer, glitzernder Bach. So klar und unbeschwert sind die Tage, so klar und auch so wunderschön.

Immer wieder schaue ich in die braunen Augen meiner Tochter und sehe eine unbeschreibliche Weite darin. Eine Weite, die alles zulässt, alles möglich macht. Dies ist wahrlich immer wieder ein unglaublich berührender Moment. Sie ist so zärtlich geworden, so voller Herzensfreude. So geerdet in ihrem Sein, wissend, was sie möchte. Ich bin fasziniert, wie viel Potenzial in ihr steckt. Jeden Tag wird es mir mehr bewusst. Jeden Tag staune ich von Neuem, welche Veränderung Freilernen bei uns möglich machte. Ich bin so dankbar, dass wir diesen Schritt gewagt haben.

Strahlende Kinderaugen schauen mich an. In ihrem Strahlen liegt ein Zauber, welchen jedes Kind in sich trägt. Wenn es nur so sein darf, wie es ist, und nicht beschränkt wird in seinem Tun. Alles ist möglich. Nichts ist unmöglich. Dies muss uns allen bewusst sein. Denn Kinder sind unsere Lehrmeister. Sie sind unser Spiegel, sie zeigen es uns ganz genau, doch nur zu oft sehen oder hören wir ihnen nicht zu und geben dann auch noch die Verantwortung ab.

Ich übernehme die volle Verantwortung für meine Kinder. Was sie brauchen, ist Liebe, bedingungslose Liebe, Geborgenheit und Sicherheit. Dann verändert sich alles und wird göttlich. Was wir brauchen, ist nur das Vertrauen, dass alles da ist. Das Göttliche umgibt uns die ganze Zeit. Das Göttliche sind unsere Kinder. Wir können es spüren, in jeder Zelle und besonders in unserem Herzen. Wenn wir uns davon berühren lassen, werden wir eins.

Danke, dass ihr uns den Weg zeigt!

> **Kinder, die mit Liebe und Respekt aufwachsen, werden als Erwachsene frei sein, ihre Zeit auf bedeutsame und kreative Weise zu nutzen.**
>
> *John Holt (1923–1985), amerikanischer Pädagoge und Autor*

MAMA, ZIEH DEINE GLOCKENHOSE ENDLICH AUS!

Die Haltung der Eltern

Endlich sind sie da, die Pestas! Sehnlichst erwartet von Jonas und Elias steht die Tonne mit den Steinen am Weihnachtsabend endlich vor ihnen. Kleine farbige Holzplättchen, die man wie Dominosteine zu langen Bahnen und Gebilden aufstellen kann, um sie dann mit einem kurzen Antippen zum Umfallen zu bringen.

Ihr Freund Benjamin hat ihnen einen Adventkalender gemacht: Jeden Tag kam per E-Mail ein kurzer Film mit einer neuen Pestasbahn. Das machte ihnen Lust, sofort auch solche Bahnen zu bauen. Aufgrund fehlender Pestas nahmen Elias (sieben) und Jonas (zehn) also einfach ihre Kaplasteine, lange schmale Holzbrettchen, die eigentlich zum Bauen von großen Konstruktionen gedacht sind und nicht zum Aufstellen einer Dominobahn. Aber was macht das, wenn sich gerade nichts Besseres finden lässt, die Lust zu bauen aber einfach so groß ist, dass sie befriedigt werden muss?

Bereits lange vor Weihnachten wird also in unserem Wohnzimmer eifrig mit Kaplasteinen gebaut. Und da diese, wie gesagt, eigentlich für andere Zwecke bestimmt sind, ist das Scheitern vorprogrammiert. Es fließen viele Tränen, wenn die Steine umfallen, bevor noch die erste Bahn vollständig steht. Unser Parkettboden ist noch ein alter Schwingboden – es ist herrlich, darauf zu gehen, weil er bei jedem Schritt federt. Weniger herrlich, wenn man mit Kaplasteinen eine Bahn aufstellen möchte. Kaum gehen Richard oder ich etwas zu knapp vorbei, fällt ein Stein um und mit ihm die ganze bisher aufgestellte Bahn. Entrüstete Aufschreie sind die Folge. Enttäuschung, Tränen und zum Schluss doch wieder ein neuer Anlauf, ein weiterer Versuch.

Und jetzt endlich ein entspanntes Bauen mit den ersehnten Pestas: Wie angenehm sie in der Hand liegen, wie leicht sie aufzustellen sind, wie gut sie stehen! Alles Dinge, die Elias und Jonas, hätten sie gleich mit diesen Steinen gearbeitet, vielleicht gar nicht so wahrgenommen hätten. Nun genießen sie erst mal, eine Bahn vollständig aufstellen und umwerfen zu können. Danach werden die unterschiedlichsten Formen ausgetestet. Dank Benjamin haben sie ja schon zahlreiche Filme über Dominobahnen gesehen, und das will jetzt alles selbst nachgebaut und erprobt werden. Aber auch da droht ständig die Gefahr des Scheiterns: Zwar stehen die Pestas besser, man darf die Zwischenstopps jedoch nicht vergessen, sonst können auch hier leicht alle umfallen, sobald ein einziger Stein verschoben wird. „Mama, zieh deine Glockenhose endlich aus!“, ruft Jonas, da ich wieder einmal unabsichtlich mit dem Hosenbein einen Stein gestreift und eine Bahn damit zum Erliegen gebracht habe. Bin ich dazu bereit, meine Hose aufzukrempeln und vorsichtig über zig Bahnen im Wohnzimmer zu steigen, wenn ich eigentlich nur zur Couch will, um endlich in Ruhe meine Zeitung zu lesen?

Meine Gedanken schweifen zurück in meine eigene Kindheit. Ich habe es geliebt, mit unseren Legosteinen zu bauen. Die daraus entstehenden Gebilde (meist waren es Häuser) habe ich vorzugsweise im Esszimmer aufgebaut. Wie gerne hätte ich damals meine Bauwerke stehen lassen, um am nächsten Tag einfach weiterspielen zu können. Doch es gab bei uns zu Hause die Regel, dass Spielzeug am Abend wieder ins Kinderzimmer zurückgebracht, also „aufgeräumt“ werden muss. Und nach diesem angeordneten Umzug war das Spiel am nächsten Tag nicht mehr das Gleiche, auch wenn es mir gelang, die kleine Stadt eventuell nochmals aufzubauen. Die Wehmut von damals ist mir heute noch präsent. Und so bewege ich mich vorsichtig bis zur Couch, lasse meinen Blick über den von Pestas bedeckten Fußboden gleiten und denke mir: „Ja, ich bin bereit!“ Jonas und Elias stecken soviel Elan und Freude in ihr Tun, das sie nun schon tagelang erfüllt und weiterhin unvermindert anhält.

Nun wird von Elias bereits ausprobiert, wie es gelingt, die Bahnen so zu bauen, dass eine die andere kreuzt. Gar nicht so einfach, da er sich im Voraus überlegen muss, wie die Steine fallen werden, ob sie dabei nicht weitere Steine mitnehmen könnten, die eigentlich erst später umfallen sollen. So viele Möglichkeiten, aus denen Elias und Jonas hier schöpfen können, und so schön zu sehen, wie selbstverständlich sie davon Gebrauch machen! Es ist natürlich nicht so, dass immer alles gelingt, trotzdem ist der Drang, Neues zu schaffen, viel stärker als der Gedanke, aufzugeben, wenn ein Versuch gescheitert ist.

Eines Abends laden die Kinder Richard und mich ein, gemeinsam mit ihnen eine große Bahn zu bauen: Jeder von uns bekommt eine gewisse Anzahl von Steinen. Elias bestimmt, dass Richard mit dem Aufstellen beginnen soll.

„Ich finde, du machst immer so tolle Anfänge", sagt er zu seinem Vater. Der Raum wird gerecht aufgeteilt und dann geht es ans Bauen. Die Stimmung wird ruhig, jeder von uns arbeitet konzentriert an seinem Teil und ich spüre, wie angenehm es ist, mit lieben Menschen gemeinsam etwas zu erschaffen. Als wir alle fertig sind, wird entschieden, wer den ersten Stein umwerfen darf. „Elias, mach du das", sagt Jonas und Elias' Augen leuchten, als er mit dem Zeigefinger den ersten Stein umstößt. Wird die Bahn in einem einzigen Zug umfallen oder zwischendurch stecken bleiben? Mit Applaus wird das Ergebnis – oft ergibt sich dank der farbigen Plättchen ein wunderschönes Bild – gefeiert.

Zahlreiche Fotos und Filme sind so bereits entstanden. Wie wird es weitergehen? Das Pestasfieber ist ein bisschen gesunken, aber ganz weg ist es noch nicht. Immer wieder wird die Tonne hervorgeholt, und ich staune jedes Mal wieder über die Disziplin, mit der Jonas und Elias immer komplexere Bahnen aufstellen. Ganz nebenbei erfahren sie so einiges über physikalische Gesetzmäßigkeiten: Wie lange ein kurzer Stein zum Umfallen braucht, wie groß der Abstand sein muss, damit er den nächsten Stein mitnehmen kann, oder wie eng die Steine in der Kurve stehen dürfen, damit sie einander beim Umfallen nicht blockieren.

Ganz bewusst wird damit sowohl von Jonas als auch von Elias experimentiert. Und ich wundere mich, wie lange sie an einer Sache dranbleiben können. War das bei mir auch so? Was braucht es dafür im Außen? Ganz klar: Zeit! Ich darf nicht oder nur möglichst wenig unterbrochen werden, um ganz in ein Spiel eintauchen zu können. Und diese Zeit braucht es für so vieles – nicht nur für ein „einfaches" Spiel, sondern genauso für alle anderen Herzensthemen, für Begegnungen, Begeisterungen, für ein erfülltes Leben.

> **Der Mensch ist nur dort ganz Mensch, wo er spielt.**
>
> *Friedrich Schiller (1759-1805), Dichter*

PAPA, WIR WOLLEN DIE FBI-SEITE LESEN KÖNNEN!

Englisch Lernen einmal anders

Schallendes Gelächter dringt aus unserem Arbeitszimmer. Ein neun Quadratmeter großer Raum, der eigentlich unser Vorraum ist und neben der Eingangstür nur ein Fenster zum Gang besitzt. Doch gleichzeitig ist er durch den dort aufgestellten Computer mit Internetanschluss ein Fenster in die ganze Welt.

Jonas interessiert sich schon lange für alles rund um das Thema „Detektive". Einige Bücher dazu stehen bereits in seinem Regal, ein Detektivclub wurde ins Leben gerufen, bei regelmäßigen Treffen werden die unterschiedlichsten Tätigkeiten, die ein Detektiv bei seiner Arbeit benötigt, geübt.

Auf einer ausgeborgten CD zum Thema „Agenten und Spione" wurde erwähnt, dass das FBI im Internet sogar eine Seite für Kinder bereitstellt. Beim Anschauen dieser Kinderseite dann die Erkenntnis: Das ist ja alles auf Englisch. Und sogleich folgt der Satz: „Papa, wir wollen Englisch lernen!" Beim nächsten Bibliotheksbesuch, den sie meistens mit ihrem Vater unternehmen, wandert also auch eine Englischlern-CD in ihren Korb.

Wieder zu Hause angekommen, geht es gleich los: Die CD wird in den Computer gelegt und voller Neugierde werden die ersten notwendigen Programmschritte angeklickt. Per Mausklick kann auf verschiedene Felder gedrückt werden, um anhand unterschiedlicher Aufgaben die neue Sprache zu erlernen.

Ich bin versucht, den Kindern zu sagen, dass sie, wie vom Programm empfohlen, mit Aufgabe Eins beginnen und dann Schritt für Schritt weitergehen sollen – so wie es sich gehört. Doch ich übe mich in Zurückhaltung und werde belohnt, indem ich ihre ungebrochene Freude, Neugier und Lust, sich mit dieser Art des Spracherwerbs frei auseinanderzusetzen, miterleben darf. Sie befinden sich wie in einem Sog: Jedes Kästchen muss angeklickt werden, die dadurch auftauchende Übung wird kurz angehört und dann blitzschnell entschieden, ob man sich darauf einlässt oder nicht. Mit einer dieser Übungen wird lange „gespielt":

Zu Beginn hört man verschiedene Wörter und Sätze von einem Native Speaker gesprochen. Danach können diese von den Lernenden selbst wiederholt werden. Dank eines Spracherkennungsprogramms gibt der Computer Auskunft darüber, ob das Wort bzw. der Satz richtig artikuliert wurde oder nicht. Hat man es geschafft, gibt es ein grünes Hakerl, und es geht weiter zur nächsten Stufe.

Als zehnjähriges Mädchen in der ersten Klasse Gymnasium war ich gespannt, wie es wohl sein wird, mich in einer mir fremden Sprache auszudrücken. Zum ersten Mal stand das Fach „Englisch" auf dem Stundenplan. Wie fühlt sich das an? Werde ich etwas verstehen? Wie lange wird es dauern, bis ich ein Gespräch führen kann? Und was lerne ich auch über das jeweilige Land, in dem diese Sprache gesprochen wird? Ich war voller Vorfreude. Dann die Ernüchterung: Meine erste Schularbeit wurde mit einem „Nicht genügend" bewertet, und schlagartig waren meine anfängliche Freude und Begeisterung durch Angst und Selbstzweifel ersetzt. Der Druck, dass die nächste Schularbeit positiv sein muss, verleidete mir den Umgang mit der neuen Sprache. Das Fach „Englisch" wurde zum notwendigen Übel unter all den anderen Fächern.

Selbst jetzt noch, obwohl mittlerweile mehr als dreißig Jahre vergangen sind, tauchen zum Thema Fremdsprachenerwerb fast augenblicklich folgende Sätze in meinem Gehirn auf: „Ich kann kein Englisch. Ich bin nicht gut in Sprachen." Heute kann ich zumindest vom Kopf her sagen, dass das so nicht stimmt, dass das „nur" meine negativen Erfahrungen damit sind, die sich in mir eingebrannt haben.

Diese spüre ich am eigenen Leib: Die ersten Sätze im Gespräch mit Fiona, der Freundin meines Bruders, sind immer voller Anspannung: Ist meine Satzstellung korrekt? Betone ich richtig? Wie war das gleich mit den If-Sentences? Anstatt frei und ungezwungen drauflos zu reden, um mit ihr in Kontakt zu gehen, stecke ich fest in meinen oben erwähnten Glaubenssätzen.

Aus der Hirnforschung wissen wir heute, wie wichtig eine entspannte Lernumgebung ist. Denn das Gefühl wird mit dem Erlernten verknüpft und jedes Mal wieder hervorgerufen, wenn man sich erneut mit dem jeweiligen Thema auseinandersetzt. Dank meiner Söhne erlebe ich nun, wie lustvoll Sprache gelernt werden kann, und indem ich sie beobachte, können auch meine Wunden heilen. Meine anfängliche Neugier, die Begeisterung für die neue Sprache, die ich als zehnjähriges Mädchen noch hatte, können wieder auftauchen. Denn wenn das Erlernen von etwas Neuem ohne Bewertung und ohne Stress passieren darf, entsteht eine ganz besondere Stimmung. So wie gerade eben.

Erneut dringt schallendes Gelächter aus unserem Arbeitszimmer, denn nun wird mit dem Spracherkennungsprogramm im wahrsten Sinne des Wortes gespielt. Jonas und Elias haben entdeckt, dass es genauso viel Spaß macht, die Wörter bzw. Sätze bewusst falsch auszusprechen. Nach mehreren fehlerhaften Aussprachen gibt das Programm auf, und es ertönt der Satz: „It seems not to be your day." – „Anscheinend ist heute nicht dein Tag." Doch davon lassen sich Jonas und Elias nicht aufhalten. Unter Gekicher wird einfach auf das nächste Kästchen gedrückt.

Die beschriebenen Szenen liegen nun schon wieder Monate zurück. Die ausgeborgten CDs und Bücher wurden zurückgebracht, und ich bin gespannt, wann die Zeit reif ist für den nächsten Schritt. Wie wird dieser ausschauen? Werden sich die Kinder wieder verschiedene Unterrichtsmaterialien ausborgen? Werden sie den Wunsch haben, mit einem Native Speaker weiterzulernen? Werden englische Liedertexte den Ausschlag für ein neuerliches Hinwenden geben, um die Texte endlich auch selbst verstehen zu können? Oder ist Englischlernen für lange Zeit einfach mal nicht dran?

Was seit damals auch nicht mehr dran war und ist: Die FBI-Seite lesen zu können. Schließlich hat der Detektivclub seinen ersten eigenen Fall zu lösen: In einem Gemeinschaftswohnprojekt verschwinden immer wieder Küchenutensilien auf unerklärliche Weise. Um den Grund dafür herauszufinden, braucht es derzeit ganz andere Fähigkeiten wie z. B. die Art und Weise, wie eine gute Zeugenbefragung durchgeführt wird. Immer wieder können wir jedoch beobachten, dass Jonas und Elias englische Wörter sowohl in unsere Gespräche als auch in ihre Spiele einbauen. Sie spielen Englisch reden und ihre Aussprache und Intonation klingen fast perfekt, auch wenn es sich meistens um selbst erfundene Kunstwörter handelt.

Eines ist sicher: Staunend werden wir dabei sein, wenn Jonas und Elias wieder von der Englischlernlust gepackt werden.

> **Kinder und schöpferische Menschen schauen nicht auf das Geschehene, sondern erleben das gegenwärtig Geschehende.**
>
> *Arno Stern, Begründer des Malortes*

WAS ICH MEINEN ENKELN WÜNSCHE

Die Sicht der Großmutter

Mein Mann und ich haben uns oft gefragt, warum Sigrid und Richard den Weg „Hausgeburt" und „Freilernen" gewählt haben? Erst jetzt, dank Sigrids Beitrag zu dem Buch von Lini Lindmayer, haben wir erfahren, dass sie während ihres Architekturstudiums ein Haus für die Kinder und Jugendlichen eines SOS-Kinderdorfes zu entwerfen hatte. Zu der Zeit las sie auch das Buch von Rebeca Wild „Erziehung zum Sein". Da Sigrid in Wien studierte und wir in Wels leben, sahen wir uns damals nicht sehr oft, und so kamen diese Themen nicht zur Sprache.

Ich erinnere mich noch, wie ich erfuhr, dass meine Tochter ihr erstes Kind zu Hause gebären wollte. Zunächst war ich etwas besorgt, auch um Sigrids Wohlergehen. Aber dann dachte ich mir, dass meine Tochter und mein Schwiegersohn nicht leichtfertig handeln, sondern sich ausreichend informiert und gute Gründe für diese Entscheidung haben. Tatsächlich kam mein Enkelkind gesund und wohlbehütet auf diese Welt. Ebenso war es bei der Ankunft des zweiten Enkelsohnes.

Ähnlich erging es mir, als die Zeit für Kindergarten und Schule näherkam und meine Tochter und mein Schwiegersohn sich entschieden, die Kinder als „Freilerner" weiter zu begleiten, was ja in Österreich möglich ist. Mir erschien das zunächst unverständlich, denn für mich gab es Kindergarten, Volksschule, wenn möglich Gymnasium und Berufsausbildung. Aber auch diesmal kam mir wieder der Gedanke, dass die Eltern schon richtig handeln und ihre Kinder in diesem Leben gut begleiten werden. Und dass auch die Kinder das Recht haben sollen, ihren Lebensweg selbst zu entscheiden. Auch mein Mann hatte natürlich seine Zweifel, aber trotz unserer anfänglichen Unsicherheit war unser Grundgedanke immer, dass Sigrid und Richard nicht leichtfertig mit der Zukunft ihrer Kinder umgehen werden.

Wenn ich mit meinen Enkelkindern – inzwischen sind sie elf und acht Jahre alt – etwas unternehme, merke ich, wie interessiert sie sind, dass sie sich selber ihre eigene Meinung bilden, aufgeschlossen sind und auch ganz schön logisch denken. So habe ich zum Beispiel nur so gestaunt, als ich vor ungefähr drei Jahren – Jonas war damals etwa acht Jahre alt – mit meinen Enkelsöhnen zum Tierpark in Wels unterwegs war. Auf einmal sah Jonas einen Hydranten. Ich wusste nicht recht, was dieses „Ding“ war. Jonas erklärte mir, dass es einen Oberflurhydranten und einen Unterflurhydranten gibt. Und dass auf dem kleinen blauen Schild genau die Meterzahl steht, die angibt, wo sich der Wasseranschluss für die Feuerwehr befindet. Außerdem erzählte er mir, dass ein Wasserschlauch je nach Durchmesser von einem Feuerwehrmann gehalten werden kann, oder dass ihn wegen des starken Druckes mehrere Feuerwehrmänner halten müssen. Da war ich doch sprachlos. Seit seinem zehnten Lebensjahr ist Jonas übrigens bei der „Jugendfeuerwehr“, dieses Interesse ist ihm also bis heute erhalten geblieben.

Wir als Oma und Opa halten uns im Freundes- und Verwandtenkreis – auch alles Omas und Opas – im Gespräch über die Enkelkinder sehr zurück. Von vielen Großeltern werden ja die Enkelkinder sehr hoch gelobt, was sie nicht alles können – besonders lesen, schreiben, rechnen! Ich rede nicht viel darüber, wie meine Enkelkinder aufwachsen, außer ich werde gefragt. Aber meistens erlebe ich, dass aus Unwissenheit ablehnend gesprochen und dieser Weg als unvorstellbar abgelehnt wird. Dann wird meist angeführt, die Kinder könnten sich in der Gesellschaft nicht anpassen und hätten kein soziales Verhalten, denn was solle aus ihnen werden, wenn sie immer nur das tun, worauf sie gerade Lust haben? Manchmal frage ich mich schon auch, ob das machbar sein wird, wenn Jonas und Elias diesen oder jenen Berufswunsch haben. Aber dann denke ich wieder, wenn das Interesse groß genug ist, werden sie jede Aufnahmeprüfung schaffen, ob sie nun 18 Jahre alt sind oder vielleicht 20 oder 25 Jahre.

Ich wünsche mir von ganzem Herzen, dass sie glückliche, aufgeschlossene, hilfsbereite Menschen mit viel Herzensbildung werden. Und so manches Erlebnis zeigt mir, dass dieser Wunsch schon erfüllt ist: Als ich im Mai mit den Kindern in Salzburg war, sagte Jonas: „Ich habe fünf Euro mit und möchte für Mama und Papa ein Andenken kaufen.“ Ich sagte: „Jonas, das spendiere ich.“ Jonas: „Danke, Oma!“ Als wir dann auf dem Weg zur Festung hinauf durch die Getreidegasse gingen, sagte Jonas spontan: „Auf dem Rückweg lade ich euch auf ein Eis ein.“ Und so war es dann auch. Diese Einladung habe ich gerne und mit Freuden angenommen. Im Salzburger Dom kamen Jonas und Elias dann von sich aus auf die Idee, für ihren verstorbenen Opa, Richards Vater, ein Lichtlein anzuzünden, und wir dachten an ihn.

Sehr toll finde ich es auch, dass Sigrid und Richard jeder spürbaren Neigung der Kinder nachgehen und es ihnen ermöglichen, ihre Interessen auszuprobieren. Bei Jonas sind das vor allem Töpfern, Feuerwehr, Fotografieren und Filmen, bei Elias Geige spielen, Tanzen, Verkleiden usw. Und der Spaß kommt ebenfalls nicht zu kurz.

Gerne möchte ich weiterhin die Entwicklung meiner Enkel mitverfolgen. Ich hoffe von ganzem Herzen, dass sie als erwachsene Menschen einmal dankbar auf eine wunderschöne, glückliche und unterstützende Kinder- und Jugendzeit zurückblicken können. Und dass sie später ihren beruflichen und familiären Lebensweg in innerer Freiheit und Zufriedenheit gestalten und in unserer Gesellschaft für viele Menschen Vorbildwirkung haben werden.

> **Nicht unserer Vorväter wollen wir trachten, uns würdig zu zeigen - nein: unserer Enkelkinder!**
>
> *Bertha von Suttner (1788-1866),*
> *tschechisch-österreichische Pazifistin,*
> *Friedensforscherin und Schriftstellerin*

BEVOR DER ERNST DES LEBENS BEGANN

Aus meinen Kindertagebüchern der 1990er-Jahre

In den letzten Tagen habe ich mir die Kindertagebücher hervorgeholt, die mit Anatols Geburt beginnen und – das war mir bisher gar nicht bewusst gewesen – mit Severins Schuleintritt enden. Ab diesem Zeitpunkt habe ich nur noch ab und zu etwas notiert, denn der natürliche Fluss der Ereignisse, der jeden Tag neue Überraschungen für uns bereithielt, war auf einmal abgerissen: Jetzt mussten wir uns alle an äußere Vorgaben, an Stundenpläne, Lehrpläne, Sprechtage, Hausübungen, Prüfungen oder fixe Ferienzeiten halten, und der damit verbundene Stress hat auch meine Schreiblust zum Versiegen gebracht... Damals hatte ich ja keine Ahnung, dass es uns nach dem österreichischen Gesetz vielleicht möglich gewesen wäre, unser freies gemeinsames Wachstum auf allen Ebenen einfach fortzusetzen – allein daran zu denken, tut immer noch weh!

Trotzdem kann ich im Rückblick erkennen, dass der mühselige Gang durch die Institutionen offenbar notwendig war, um meine damals noch schwankende Überzeugung zu stärken: Heute kann nichts und niemand mehr meine Gewissheit erschüttern, dass Kinder mit allem, was sie ausmacht, zur Welt kommen. Und so wie ein Samenkorn nur Licht und Wasser braucht, um zu keimen und zu wachsen, so brauchen sie nur Liebe und Aufmerksamkeit, um ihre mitgebrachten Gaben eine nach der anderen zu entfalten. In einer Atmosphäre des Respekts und der emotionalen Geborgenheit aufwachsend, lernen sie alles, was sie brauchen, mit unwahrscheinlicher Geschwindigkeit – ohne Stress, ohne Druck von außen, ohne amtliche Prüfungen (keine Sorge, auch für die nötigen Prüfungen sorgt das Leben selbst...)!

Wenn ich die Kindertagebücher zur Hand nehme, erkenne ich schmunzelnd, wie deutlich die Lebenswege unserer zwei Söhne von Anfang an vorgezeichnet waren: Anatol hat sich spätestens ab dem zweiten Lebensjahr mit größter Konzentration und Gewissenhaftigkeit auf seinen künftigen Beruf als Raum- und Verkehrsplaner vorbereitet. Während Severin von Anfang an eine vielseitige Künstlernatur, ein Meister des Bauens und der beweglichen Bilder war.

Schon wenige Minuten nach seiner Geburt, als Anatol mich erst nur mit einem, dann mit beiden Augen prüfend anschaute, dämmerte mir die Erkenntnis, dass dieses scheinbar hilflose kleine Wesen mich vieles lehren würde. „Ein Denker, ein Schürfer", meinte der Astrologe, den Anatols Patin konsultiert hatte – eine Diagnose, die sich bald vielfach bestätigen sollte. Hier eines

der lustigsten Beispiele dafür: Bei einem seiner ersten Versuche, auf dem Boden zu robben (krabbeln kann er noch nicht), stößt Anatol mit dem Kopf an einen Bettfuß. Doch statt in Wehgeschrei auszubrechen, schaltet der sieben Monate alte Knirps den Rückwärtsgang ein, robbt ein Stückchen zurück und dann wieder ein Stückchen vor, um diesmal mit Absicht seinen Kopf gegen den Bettfuß zu schlagen – erst ganz vorsichtig, dann etwas fester, dann so fest wie beim ersten Mal. Tief befriedigt über das Ergebnis seines Materialtests robbt er danach weiter, die kleine Beule nimmt er ohne zu jammern in Kauf...

Aufgrund solcher und ähnlicher Erfahrungen sind wir gar nicht mehr besonders erstaunt, als Anatol sich mit neunzehn Monaten bereits für Buchstaben interessiert. Erst das O, dann das N, dann das Y – er entdeckt sie überall, in Büchern, auf Plakaten, Autonummern oder Aufschriften aller Art, und heißt sie freudig und lautstark willkommen. Mit knapp drei Jahren kennt er auch alle Ziffern, kann jede Schrift lesen und schreibt auf den Kühlschrank die schönsten, nämlich möglichst lange und komplizierte Wörter mit Magnetbuchstaben.

Die ganz große Liebe des kleinen Bübchens sind allerdings Fahrzeuge – vor allem Schienenfahrzeuge. Mit allen Sinnen nimmt er ihre Geräusche und Gerüche, ihre Farben und Formen wahr, befühlt das Material der Sitze, registriert Aufschriften und Warnschilder, will wissen, wie oft und wohin sie fahren, was sie transportieren, wie Lokführer und Schaffner, seine großen Helden, leben. Zum Glück hat er einen Vater, der seine Leidenschaft versteht und mindestens einmal pro Woche längere Fahrten mit ihm unternimmt. Glückstrahlend kommt er etwa von einem Ausflug nach Hütteldorf zurück, rattert die Namen der U-Bahnstationen herunter und erzählt atemlos, welche Loks er auf welchem Bahnsteig dort gesehen hat.

Am Abend vor dem Schlafengehen will Anatol keine Märchen hören, sondern Eisenbahngeschichten. Die ersten handeln davon, wie Dieter, der einzige Lokführer, den wir persönlich kennen, abends seine Lok in den Schuppen bringt und dann selbst zu Bett geht. Es folgen Nacherzählungen der schönsten und aufregendsten gemeinsamen Bahnfahrten, und danach bestellt Anatol – jahrelang, wenn meine Erinnerung mich nicht trügt – allabendlich: „Einen Eisenbahnunfall!" Er darf mitbestimmen, auf welcher Strecke das Unglück passiert, und muss dann zwischen zwei Unfallursachen wählen: „Technisches Gebrechen oder menschliches Versagen?" Eine schwere Entscheidung! Ist sie endlich getroffen, lässt Papi sich einen neuen Unfall einfallen, bei dem natürlich niemand ernstlich zu Schaden kommen darf! Ich bin als Erzählerin nicht so beliebt, weil man sich bei den enorm wichtigen technischen und geografischen Details leider nicht auf mich verlassen kann...

Als Anatol dreieinhalb ist, kauft ihm Papi „Austrian Railways", ein Fachbuch für englische Eisenbahnliebhaber, in dem sämtliche österreichischen Lokomotiven systematisch, nach Bauart und Reihennummern geordnet, aufgelistet sind. Dieses Buch, ein broschiertes Exemplar mit wenigen Fotos, ist sein Heiligtum. Er nimmt es mit ins Bett, um morgens gleich nach dem Aufwachen, genüsslich Daumen lutschend, darin zu blättern. Mit rotem Filzstift hat er in den langen Listen die Nummer jeder Lok angestrichen, die er schon einmal irgendwo gesehen hat: Was ich für trostlose Reihen achtstelliger Ziffern halten würde, ist für ihn eine Schatzkiste wundervoller Erinnerungen und mindestens ebenso wundervoller Verheißungen, denn irgendwann werden wir mit ihm zu den entlegensten Destinationen fahren, um dort die noch fehlenden Exemplare zu sichten, die er dann mit rotem Filzstift in seinem Eisenbahnbuch anzeichnen wird...

Straßenbahnen und Züge waren seit jeher der rote Faden, an dem entlang Anatol die Labyrinthe des Lebens erforschte. Daneben gab es schon auch noch andere Dinge – Fahnen zum Beispiel, Apfel- und Birnensorten oder Pilze, mit denen er sich zwischen seinem zweiten und sechsten Lebensjahr ebenso systematisch beschäftigte. Aber das waren nur Nebengeleise, deren Faszination nach einiger Zeit wieder verblasste. Die Schienenfahrzeuge dagegen haben bis heute Saison, sie sind das Zentrum, um das sich sein Wissen, ähnlich den Jahresringen eines Baumes, ansammelt: Noch unsicher auf den Beinen stehend, hat er die nächste Umgebung unserer Wohnung erforscht, dann teils zu Fuß und teils im Kinderwagen den Bezirk, dann mit Straßenbahn, U-Bahn und Bussen ganz Wien mit seinen vielen Linien, die er nach Netzplan von einer Endstation zur anderen im wahrsten Sinn des Wortes er-fahren wollte. Etwas später mit dem Zug die Bundesländer und noch später, als Schüler und Student, Österreichs Nachbarländer, ganz Europa...

Beim Eisenbahnfahren und beim Warten auf Bahnhöfen und an Haltestellen hat er Lesen und Rechnen gelernt, Geografie und Geschichte, Menschenkenntnis, Materialkunde und vieles mehr. Er hat dazu keine ausgebildeten

Lehrer gebraucht und musste nicht mühsam „motiviert" werden: Den Lehrplan hat seine Begeisterung vorgegeben, und wir Erwachsenen hatten nicht mehr zu tun, als uns von dieser Begeisterung anstecken zu lassen und seine Fragen zu beantworten, so gut wir konnten. Was wir nicht wussten, mussten wir eben selber erfragen… und so habe ich dank diesem Kind tatsächlich neue Welten entdeckt und täglich etwas dazugelernt!

Das Gleiche gilt natürlich für meinen jüngeren Sohn Severin, nur dass ich, zu meiner nicht geringen Überraschung, nochmals ganz von vorne anfangen musste mit dem Lernen: Dieses Kind war vom ersten Tag an völlig anders als sein zwei Jahre älterer Bruder, von dem es mit stürmischer Liebe begrüßt wurde. Kein Denker, sondern ein Gefühlsmensch, der uns alle beglückte mit seiner impulsiven Zärtlichkeit, seinem Temperament und seinem Humor, manchmal aber auch tief beunruhigen konnte mit unerklärlichen Zorn- oder Verzweiflungsausbrüchen.

Severin hat einen anderen Schlafrhythmus, andere Vorlieben beim Essen, liebt Bälle, Murmeln und bunte Bilder. Er reagiert wie ein Seismograf auf Tonfall und Gesten, hält aber im Gegensatz zu Anatol nichts von verbalen Erklärungen – er möchte völlig ungestört alles „sebal" ausprobieren! Natürlich zeigt er als Kleinkind auch keinerlei Interesse an Buchstaben und anderen Zeichensystemen, er zeichnet lieber selber, ausdauernd und hingebungsvoll.

Wie sein Künstlervater ist Severin ein sinnlicher Genießer, er braucht Sinneseindrücke und körperliche Bewegung genauso dringend zum Leben wie Anatol geistige Anregung und Denksport. Im Winter sehe ich den Zweieinhalbjährigen einmal seinen Schmusepolster vor das geöffnete Fenster legen: „Damit er ein bissi kalt wird! Mit kalten Knöpfen!" Sein Himbeersaft muss eine ganz bestimmte Farbe haben und darf ja nicht zu süß sein, der Teller muss farblich zum Essen passen, und aufmerksam nimmt er die Konsistenz jeder Speise wahr: Breiförmiges macht ihn misstrauisch, er will es nicht einmal kosten, egal ob Marmelade oder Kartoffelpüree. Während sein großer Bruder kaum registriert, was ich ihm anziehe, will Severin seine Kleider unbedingt selbst aussuchen. Sein ausgeprägter Schönheitssinn macht ihn auch schon sehr früh empfänglich für kostbare Dinge, edle Stoffe, elegante Wohnungen, die Wunder der Natur.

Begeistert experimentiert der Kleine mit den Elementen, allerdings nicht als Naturforscher wie sein großer Bruder, der mit drei Jahren lakonisch feststellte: „Wenn das Glas nass ist, ist es ein Magnet", sondern mit einem Enthusiasmus völlig anderer Art: Der kleine Severin tropft Wasser auf ein hellblaues Tuch und beobachtet in einer Stimmung zwischen Rausch und

Meditation, wie sich der Wassertropfen ausbreitet: „Ich hab' den Fleck auf die Welt gemacht!" sagt er ergriffen, verspritzt einen zweiten Tropfen und setzt beseligt hinzu: ***„Noch einen zweiten Tropfen hab' ich auf die Welt gemacht!"***

Seine Kreativität lebt Severin natürlich auch mit Wonne beim Bauen aus – Sand, Steine, Zweige, Holzklötze, Zuckerwürfel, Bierdeckel, Bücher, alles mögliche dient ihm als Baumaterial und wird mit größter Geschicklichkeit zu komplexen, phantasievollen Gebilden aufgetürmt. Seine Körperbeherrschung ist erstaunlich: Er sitzt auf einem Kinderauto mit Lenkrad, kann noch nicht gehen, aber bereits perfekt rückwärts einparken. Später ist ihm kein Abhang zu steil, kein Sprungbrett zu hoch. Auf jedem Balken wird geschaukelt oder balanciert, jeder Ball ist eine unerschöpfliche Quelle des Vergnügens.

Noch mehr bewundere ich seine Beobachtungsgabe. Als Zweijähriger sieht er bei einer Sportübertragung im Fernsehen einen so genannten Fallrückzieher, den er auf dem Bett voller Begeisterung nachzuahmen versucht: Bis hin zur Stellung der Finger hat er den Bewegungsablauf ganz genau gespeichert! Auch Trickfilme oder filmische Experimente, deren Sinn mir entgeht, weil ich nicht so schnell schauen kann, nehmen Severins Augen offensichtlich im Zeitlupentempo wahr: Er kann sie mir genau erklären und wundert sich über seine blinde Mami. Werbesprüche, Gedichtzeilen oder Melodien, die ihm gefallen, merkt er sich auf Anhieb und gibt sie mit umwerfendem Charme wieder.

Von klein auf ist er gewohnt, auf die samstäglichen Eisenbahnfahrten immer mitgenommen zu werden, von denen er auf seine Weise profitiert. Ich amüsiere mich königlich über die völlig anderen Berichte, die ich nun von Severin zu hören bekomme: Was sie gegessen haben, wer noch aller im Abteil saß, welche Tiere unterwegs zu sehen waren oder auch Wunderbares: ***„Stell dir vor, Mami, der Berg ist mitgefahren!"***

Mit meinem Jüngsten kehre ich zurück in den Zaubergarten der Kindheit, wo die Grenzen zwischen Realität und Phantasie verschwimmen. Severin ist Träumer und Realist zugleich und lernt durch genaue Beobachtung äußerer wie innerer Vorgänge. Er nimmt die Welt mit allen Sinnen auf und hat mich WAHRNEHMEN gelehrt – Farben, Formen, Bewegungen, Stimmungen, die unsichtbaren Energieströme zwischen den Menschen. Das ist die Sprache der Seele, und der vierjährige Anatol hat es in Worte gefasst:

„Mami, ist das toll, dass gerade du den Severin gekriegt hast und nicht irgendeine andere Mami! Der so besonders ist und so gut riecht... Dass von den Tausenden Mamis, die es gibt, gerade du diesen Severin bekommen hast! Hast du dich gefreut?" – „Ja, sehr!" – „Hättest du dich

über ein anderes Baby mehr gefreut?" – „Nein!!" – „Ich auch nicht! Wahrscheinlich hat der liebe Gott dieses Baby für dich ausgesucht, weil er gewusst hat, dass es am besten zu dir passt, dass du dieses am liebsten haben wirst!"

Postskriptum: Beide Söhne haben Volksschule und Gymnasium überstanden und sind inzwischen Studenten. Die langen und oft als tödlich langweilig empfundenen Jahre der Schulzeit haben uns alle, Kinder wie Eltern, aber so sehr gestresst, dass sich Zwang, Ehrgeiz, Anstrengung und Kampf immer selbstverständlicher in unser Familienleben eingeschlichen haben. Deshalb setze ich mich dafür ein, dass es für die nächsten Generationen eine Alternative zu diesem frühen Training in Konkurrenzdenken gibt, das unser Leben zum Überlebenskampf macht: Darin sehe ich die vornehmste und wichtigste Aufgabe der Freilernerbewegung!

> **Die Kinder sind der Fortschritt selbst – vertraut dem Kinde.**
>
> *Rainer Maria Rilke (1875-1926), Dichter*

DEM LEBEN RAUM GEBEN

Nie mehr Schule?

Vor wenigen Monaten noch dachte ich, dachten wir – meine Frau und ich – nicht einmal im Traum über Schule hinaus. Doch dann kam sie, eine bewegende Sternstunde meines Lebens, dann kam er: Bertrand Stern.

Im Rahmen meiner Sendereihe „Nie mehr Schule – das Magazin für alle, die Bildung verändern wollen", die seit April 2015 einmal monatlich im freien Wiener Radio Orange on air geht, führte ich im Juni 2015 ein ausführliches Gespräch mit dem freischaffenden Philosophen, der sich für Kinderrechte stark macht und Institutionen wie die Schule kritisch hinterfragt. Ich war umgehend beeindruckt von Bertrand Sterns tiefen Gedanken und Wahrnehmungen im Hinblick auf die Institution Schule, das Lernen und das von ihm propagierte „Frei-sich-Bilden". Beim Montieren des Interviews für die im Juli 2015 ausgestrahlte Sendung lag es an mir, seine knapp eineinhalbstündigen Ausführungen auf die Hälfte der Dauer und damit ihre Essenz zu reduzieren. Als ich mich auf diese Weise nochmals intensiv mit dem Gesagten auseinandersetzte, eröffneten sich mir neue Welten. Für mich war fortan klar, dass unser Jüngster, der 2017 schulpflichtig wird, von mir jedenfalls das Angebot bekommt, seinen Bildungsweg außerhalb von Schule gehen zu können. Seine beiden älteren Halbbrüder waren zu diesem Zeitpunkt gute Schüler, der eine funktionierte ausgezeichnet im System, weil er sich bestens anzupassen verstand, sich selbst bis zur Unauffälligkeit zurücknahm, keine unbequemen Fragen stellte und sich nur dort einbrachte, wo er sich seiner Antwort ganz sicher war. So jedenfalls schilderte ihn seine Lehrerin an einem Sprechtag. Der andere hatte mit Hilfe eines liebe- und verständnisvollen Volksschullehrers einen Weg innerhalb der Institution gefunden.

Mit dem Wechsel des älteren Sohnes meiner Frau, Aki, in die Mittelschule im Herbst 2015 – ein Gymnasium lag für ihn von den Noten her außer Reichweite – begann seine Schulkarriere allerdings innerhalb weniger Wochen wie ein Kartenhaus zusammenzufallen. Und wir, meine Frau und ich, kamen dabei mit ihm heftig ins Strudeln. Wir sahen die Schwierigkeiten, in denen unser Ältester steckte, wir versuchten in Gesprächen mit seinen LehrerInnen, dem Direktor der Schule und mit ihm selbst, gegenzusteuern – es blieb aber letztlich alles vergebens. Diese Schule, nein, die Schule und er passten einfach nicht zusammen. Nach nur drei Monaten waren wir damit alle vor völlig neue Tatsachen gestellt: Aki sagte zum ersten Mal in seinem Leben Nein zur Schule.

Wir waren uns sicher, dass wir seine Entscheidung respektieren und ihn auf diesem Weg außerhalb der Schule begleiten wollten. Wir waren aber auch sehr verunsichert, wie das geschehen kann, was wir ihm und uns zutrauen und zumuten können. Der Druck auf unseren Schultern lastete anfangs schwer, wir diskutierten, wir besprachen uns, wir planten. Wir hatten das Gefühl, dass uns die Quadratur des Kreises gelingen musste. Wir hatten die Sorge, dass dieser junge Mann sich der Tragweite seiner Entscheidung, fortan unbeschult durchs Leben zu gehen, nicht ausreichend bewusst wäre, und dass diese Entscheidung vielleicht nur von seinen jüngsten Erfahrungen, vor allem von seiner Emotion gegen die Schule, getragen war. Wir versuchten, ihm das richtige Maß an Freiheit und Sicherheit zu geben, und waren doch selbst noch verstrickt darin, unser Maß zu finden. Uns schien, dass die Sache schon vor der Zeit über uns hereingebrochen war: Das, was wir unserem Jüngsten ermöglichen wollten, forderte nun der Älteste ein. Wir waren absolut nicht darauf vorbereitet und fühlten uns von dieser plötzlichen Herausforderung überfordert.

So begann eine Zeit des Miteinander-Wachsens und des Über-uns-hinaus-Wachsens.

Wir wurden durch Akis Wunsch dazu getrieben, geltende Regeln und Gesetze zu brechen, was uns bis dato schier unvorstellbar schien. Da wir auf unsere informelle Anfrage an den Stadtschulratspräsidenten die Antwort erhielten, dass eine Abmeldung zum häuslichen Unterricht während des laufenden Schuljahres aufgrund eines Erkenntnisses des Bundesverwaltungsgerichtshofes nicht mehr – wie früher üblich – möglich wäre, machten wir uns viele Gedanken über diese Vorgangsweise der Behörden und über mögliche Strafen. Wir haderten, wüteten, ängstigten uns und fanden wieder Mut. Es war ein Auf und Ab der Gefühle. Wir suchten Wege und Auswege, suchten den Kontakt zu allen Menschen, die wir im schulischen Umfeld kannten und hofften, vielleicht doch noch eine Schule zu finden, die zu Aki passte. Es gab viele gute Ratschläge, aber keiner wollte uns die Entscheidung abnehmen. Wieso auch...

Schließlich aktivierten wir unsere Kontakte zur Freilernergemeinschaft und fanden den richtigen Umgang mit der Situation. Wir hörten vom Fünf-Punkte-Plan, der seitens der Behörden bei so genannten Schulpflichtverletzungen, die wir nunmehr begehen wollten, abzuarbeiten sei, bevor „Zwangsmaßnahmen" wie Verwaltungsstrafen erfolgen konnten. Wir erfuhren von laufenden Obsorgeverfahren gegen Freilernerfamilien, die allesamt einen positiven Verlauf nahmen, weil seitens der Jugendwohlfahrt trotz des „Nichtschulbesuchs" der jungen Menschen keinerlei Kindeswohlgefährdung festgestellt werden konnte.

Bei meiner Radioarbeit hatte ich auch den Colearning-Space Wien kennen gelernt, der im September 2015 seine Pforten für organisiertes Freilernen geöffnet hatte. Ich nahm Kontakt mit den Verantwortlichen auf, und da noch Plätze frei waren, bekam unser Ältester die Chance einer Schnupperwoche, die er eindrucksvoll nutzte. Er integrierte sich schnell in die Gruppe, nahm seinen Platz ein, so als hätte der auf ihn gewartet, und fiel vor allem durch sein häufiges Hinterfragen und seine philosophische Nachdenklichkeit auf. Auch beeindruckte er durch seine ruhige und sachliche Art. Die LernbegleiterInnen und er kamen überein, fortan gemeinsame Sache zu machen. Meine Frau stimmte diesem Weg für ihren Sohn Aki zu, und so bereitet er sich nun seit Jänner 2016 in diesem Rahmen auf die Externistenprüfungen vor.

Wir wissen noch nicht, wie es ihm damit gehen wird, da genau das immer sein größter Schwachpunkt gewesen war, eine Leistung in einem vorgegebenen Rahmen und unter Zeitdruck zu präsentieren. Daher beginnen wir auch schon, über die vom Gesetz geforderten Prüfungen hinauszudenken. Dabei müssen wir im Sinne des Respekts für die Entscheidung unseres Ältesten unsere Bereitschaft zum zivilen Ungehorsam stärken. Denn ein Weg zurück in die Institution, der notwendig wäre, wenn er diese Prüfungen nicht besteht, kommt für ihn und damit auch für uns aus heutiger Sicht nicht in Frage. Es bleibt also spannend und wir betreten Tag für Tag Neuland, das uns beides bringt: Unsicherheit, aber auch Zuversicht.

Ermutigt fühle ich mich dabei durch einen Beitrag von Bertrand Stern aus seinem 2015 im Tologo-Verlag veröffentlichten Buch „Frei sich bilden – Entschulende Perspektiven“. Darin lässt er einen fiktiven deutschen Bundespräsidenten namens Malchus Stein im Jahr 2055 in einer Rede auf die Bewegung zum „Ausbruch aus der Schule“ im Jahr 2015 zurückschauen. Die Rede ist eine leicht adaptierte Fassung jener Ansprache, die der deutsche Bundespräsident Joachim Gauck anlässlich des Zwanzig-Jahr-Jubiläums des deutschen Mauerfalls gehalten hat. Sie zeigt Parallelen zwischen dem Zwangssystem der DDR und jenem der Institution Schule auf. So schreibt Bertrand Stern etwa:

Tausende überwanden ihre Angst vor den Unterdrückern, aber auch vor dem prophezeiten Chaos, falls sie sich den Prüfungen nicht stellten. Ihre Sehnsucht, endlich frei sich zu bilden, war wohl größer als ihre Furcht. An diesem Tag wurde keiner mehr gedemütigt, geprügelt und verhaftet, ... Aus dem Aufbruch der Un-Mutigen war eine Bewegung von immer mehr Menschen geworden, die unaufhaltsam zu einem friedlichen Ausbruch aus den Schulnormen heranwuchs. ... Die Bewegung zur Schulbefreiung hatte ein klares Ziel vor Augen: ‚Demokratie, jetzt oder nie!' ... Weshalb ist es heute so wesentlich, dass (...) wir uns an unsere Erfahrungen von 2015 erinnern? Damit kein junger Mensch mehr nur im Abseits steht und (...) zum beherrschten Objekt wird. Wer mit Selbstermächtigung hingegen seine Angst vertreibt, gewinnt Handlungsmöglichkeiten, und er gewinnt

Zukunft. Das gilt für die Entwicklung im Inneren genauso wie im Äußeren. ... Wir wollen nicht gelebt und regiert werden. Wir wollen nicht verschult werden, wir wollen unser Anliegen, uns frei zu bilden, selbst gestalten und selbst bestimmen.

Trotz meiner zuvor geschilderten persönlichen Ängste und Befürchtungen bin ich dankbar, dass wir diesen Weg einschlagen durften. Er bedeutet für uns alle, dem Leben Raum zu geben. Ein Durchwurschteln in einem Schulsystem, das nicht auf das Leben vorbereitet und schon gar nicht das Leben selbst ist, wäre für alle Beteiligten letztlich schädlicher als die Konsequenzen, die uns drohen, wenn wir uns im Sinne Akis den geltenden Regelungen widersetzen. Daher lohnt sich diese gemeinsam getroffene Entscheidung sicher allemal. Ich habe den Traum, dass auch viele andere Betroffene uns folgen werden, so dass der Weg eines „Frei-sich-Bildens“ im Sinne von Bertrand Stern über kurz oder lang als ein weiterer, komplementärer Bildungsweg von der öffentlichen Hand anerkannt wird.

> **Der junge Mensch hat ein Recht darauf, dass seine Angelegenheiten ernsthaft behandelt und bedacht werden.**
>
> *Janusz Korczak (1878-1942), polnisch-jüdischer Pädagoge, Autor*

WIE GUT, DASS ES DEN „COLEARNING SPACE" GIBT!

Ein Elfjähriger schildert seine Erlebnisse

An meinem ersten Schultag war ich richtig stolz darauf, in die Schule zu kommen. In der Klasse namens 1B stand ich nun mit einer Schultüte bei meinem Platz. Die Kinder stellten sich vor und der Unterricht begann. Ich, Aki Karjalainen, wurde aber von der Lehrerin Eva als dumm beschimpft und Julia, eine Klassenkollegin von mir, wurde von Eva vor der ganzen Klasse als dick bezeichnet. Fast alle wurden mit dumm beleidigt. Ich glaubte das irgendwann wirklich. Ich dachte, dass ich der Verrückteste der ganzen Klasse wäre.

Assab, ein Junge aus Tschetschenien, den ich in meiner Klasse hatte, war ein sehr brutaler und kriegssüchtiger Junge. Er selbst behauptete zwar, Krieg nicht zu mögen, sprach aber oft von seiner Vergangenheit und von Waffen und von seiner Zukunft, wie er Polizist werden würde und Räuber erschießen und so. Damals wusste ich noch nicht, dass man das nicht darf. Jeden Tag sprach er davon. Ich war mit sieben in die Schule gekommen. Assab behauptete, er sei schon acht. Ein Russe, dessen Namen ich jetzt schon vergessen habe, wollte sich mit uns anfreunden, doch Assab wollte nicht, weil Tschetschenien mit Russland Krieg hatte. Assab schlug mich oft und würgte mich sogar und schüttelte mich dabei. Ich fand die erste Klasse nicht besonders schön.

Ich sagte Reetta, das ist meine Mutter, ständig, dass ich nicht in dieser Schule sein wollte. Diesen Wunsch erfüllte sie mir bald: Am Beginn des nächsten Schuljahres kam ich in die Volksschule Langegasse. Dort hatte ich einen jungen Lehrer namens David Schmitzberger. Der hielt mich sogar für ziemlich schlau. Von da an machte mir Schule richtig viel Spaß. Ich blieb dort. Wir spielten auch oft Eckenspiele mit Malreihen. Das geht so: Vier Kinder müssen in der gleichen Ecke stehen. Der Lehrer stellt eine Rechenfrage oder so, und die vier Kinder müssen die Frage richtig beantworten. Wer die richtige Antwort gegeben hat, darf eine Ecke weiter. Wer als erster alle vier Ecken geschafft hat, hat gewonnen. Dann gibt es oft auch einen zweiten Sieger. Die beiden, die beim Eckenspiel noch übrig sind, haben verloren. Der Sebastian war einer der besten darin. Die besten waren Timon und Luca. Von nun an fand ich die Malreihen richtig cool. Manches Mal bekamen wir auch eine Belohnung! Bald konnte ich die Malreihen richtig gut. Sogar in Mathematik war ich gut! Aber am besten war ich in Deutsch. Ich konnte sehr gut Geschichten schreiben. Ich schrieb sogar freiwillig zu Hause Geschichten.

In der Mittelschule fand ich dann heraus, dass ältere Lehrer sehr gestresst sind, wenn sie schon lange Lehrer sind. Häufig können sie nicht gut erklären und sind schlecht gelaunt. Sie schreien manchmal herum und zwar so, dass man sich beschweren muss. Sie wollen dauernd mit „Sie" angesprochen werden. Tut man das aber nicht, sagen sie streng: „Man sagt ‚Sie'!" Sie verdienen sehr viel Geld, und das genießen sie. Wenn die halbe Klasse schlechte Noten bekommt, geben sie den Schülern dafür die Schuld, obwohl sie die Sachen schlecht erklären. Ich finde, diese Lehrer sollten entlassen werden.

In Deutsch war ich auch in der Mittelschule recht gut. Ich hatte nur ein Mitarbeitsminus, weil ich vergessen hatte, die Hausübung zu machen. Und auf die Schularbeit bekam ich eine Drei, weil ich bei der Personenbeschreibung zu wenig über die Äußerlichkeiten und zu viel über die inneren Merkmale meiner Mutter geschrieben hatte, und ich hatte auch keine Absätze gemacht. Die ständigen Mitarbeitsminus oder -plus fand ich auch blöd. Wenn der Direktor noch nicht so lange an der Schule ist wie dein Klassenlehrer, dann traut er sich nichts gegen ihn zu sagen.

Man lernt in der Schule, besser als alle anderen zu sein. Die anderen Kinder ärgerten einen Jungen, bis er so traurig war, dass er ins Krankenhaus musste. Der Klassenlehrer machte sich vor der ganzen Klasse über einen Jungen lustig, der bei unserem Referat stotterte. Die Kinder fühlen sich oft gar nicht gut, aber die Eltern tun nichts dagegen. Es geht außerdem gar nicht, dass alle in allem besser sind als die anderen. Ich finde es besser, wenn alle gleich gut Mathe können oder so. Wenn man der Beste ist, wird man nur von allen gejagt und unbeliebt. Ich finde, in der Schule ist es immer am vorteilhaftesten, mittel zu sein.

Es gibt übrigens auch andere Wege als die Schule! Dafür muss man aber am Ende des Jahres eine Externistenprüfung machen. Das ist für mich, wie wenn jemand mir mit einem Brett auf den Kopf schlägt und ich muss es durchhalten. Wenn ich aber hinfalle, wird es nur noch öfter passieren, denn wenn man die Externistenprüfung nicht besteht, muss man in die Schule zurück. Ich finde diese Prüfungen sehr blöd. Man ist doch nicht dumm, nur weil man eine schlechte Note hat. Vielleicht kann man etwas anderes gut. Ich kann zum Beispiel gut dichten. Mein Bruder sagt mir immer, dass ich Dichter werden sollte. Mein Vater sagt, ich kann mir gut Dinge merken und sollte Schauspieler werden. Meine Mutter sagt, ich habe noch viel Zeit und soll mich nicht stressen lassen. Das, finde ich, stimmt auch. Ich bin noch jung und habe viel Zeit, mich zu entscheiden.

Ich hoffe, dass Sie, lieber Leser, mich verstehen können. Wir sind nicht dazu da, um uns gegenseitig mit Wetten und mit Geld zu zerstören und Mutproben zu machen. Ich verstehe nicht, wie die Leute es schaffen, so lange in der Schule zu sein. Ich würde das nicht aushalten. Ich finde, wir sollten da dringend was ändern. Auch finde ich es gut, dass es so etwas gibt wie den Colearning Space[1]. Ohne ihn hätte ich sicher mindestens einmal die Klasse wiederholen müssen! Der CLS ist gut und sehr angenehm, weil man dort keinen Stress zu haben braucht und sich entspannen kann. Man lernt dort auch wichtige Sachen fürs Leben wie Kochen, Putzen und freundlich miteinander umzugehen.

Nun finde ich es im CLS sehr schön, auch Jelena ist wieder da, sie war lange nicht mehr da, wir hatten alle große Sehnsucht nach ihr. Sie ist eine 14-Jährige, ich glaube, da ist man noch ein „Deka". Ich bin ein „Dezi", die Kleinen sind die „Minis" und die erwachsenen Lernbegleiter sind je nach Alter „Megas" (das ist das Höchste) oder die jüngeren „Kilos". Es gibt auch einen ganz Kleinen bei uns, er ist zwei Jahre alt und der ist ein „Mikro".

Der Tag beginnt bei uns so: Wenn man rechtzeitig da ist, kann man noch in der Küche frühstücken. Danach ist Morgenkreis. Wir sagen dann, was wir an diesem Tag machen wollen. Man kann alles Mögliche tun: Fußball spielen, Geschichten schreiben, Mathe machen, Zeichnen u.s.w. Ein Teil von uns Kindern und Erwachsenen ist abwechselnd zum Einkaufen und Kochen dran. Nach dem Morgenkreis teilen sich alle in Gruppen auf und machen dann halt das, was sie machen wollten.

Dann gibt es Mittagessen, das Küchenteam deckt den Tisch, bei jedem Tisch ist jemand zum Abräumen, Wischen und Kehren eingeteilt. Um eins werden dann die kleinen Minis abgeholt. Wir Größeren halten uns am Nachmittag an den Tagesplan. Zum Beispiel gibt es da Fußballspielen, AKT, Capoeira und Theater. Um vier putzen alle miteinander und danach gibt es noch das Lagerfeuer, den Abschlusskreis, bei dem alle erzählen, was sie an dem Tag erlebt haben und was sie am nächsten Tag machen wollen. Um fünf gehen dann alle nach Hause, außer die Kinder ab 15, die essen im CLS noch zu Abend.

Nach der Jahresprüfung, vor der er sich so gefürchtet hatte, hat uns Aki einen ergänzenden Bericht über den Tag der Prüfung an einer experimentierfreudigen Mittelschule in Niederösterreich geschickt:

Morgens wachte ich um fünf Uhr auf. Meine Mutter weckte mich. Sie erinnerte mich daran, dass ich heute Prüfung hatte. Ich zog mich an und machte mich auf den Weg in den Colearning Space. Aufgeregt saß ich in der U-Bahn. Mir fiel auf, dass alle, die bei mir saßen, lächelten, da ging es mir schon viel besser. Seltsamerweise war ich, als ich ausstieg, wieder so nervös. Hektisch ging ich weiter, mein Herz klopfte immer schneller. Ich sah auf mein Handy. Es war schon nach sechs Uhr! Mir bleibt keine Zeit mehr! Ich läutete. Glücklicherweise machte mir jemand auf!

Ich rannte die Treppe in den Colearning Space hinauf. Sie haben sich sicher schon alle angezogen, dachte ich. Aber ich irrte mich. Als ich hereinkam, waren viele nicht einmal noch da! „Aki, du bist schon hier?", fragte mich Hannah. „Natürlich!", antwortete ich verblüfft.

Später, im Auto mit Hannah, Tara, Marie und ihrem Vater, unserem Fahrer Herbert, war ich wieder fröhlich. Mir ging es schon richtig gut, weil wir in der Natur herumfuhren. Ich liebe die Umwelt! Hannah zeigte mir eine Horrorgeschichte. Danach ging es mir noch besser, denn ich mag Horrorgeschichten. Die Geschichte fing so an: „Es war Nacht. Ich lag müde und fertig in meinem Bett. Ich hörte, wie mein Bruder rief: ‚Hör auf, mich an den Füßen zu ziehen, Benni! Ich weiß, dass du es bist!' Wenig später begriff ich, dass ihn wirklich jemand an den Füßen zog, und auch, dass es nicht ich war." Nun war ich bereit, mich der Prüfung zu stellen.

Bei der Prüfung hatte ich zuerst Angst. Die Prüfer sahen streng aus! Ich wollte weg hier! Weg von der Prüfung! Raus aus der Schule! Doch ich blieb. Und dann war die Prüfung einfacher, als ich gedacht hatte. Wir mussten nur ein paar Schaubilder übergeben, was ich gut kann. Dann mussten wir unsere Portfolios herzeigen. Die Prüfer lächelten, als sie mein Portfolio durchblätterten. Ich war erleichtert. Wir hatten alle die Prüfung geschafft! Nun wollten wir unseren Erfolg fröhlich feiern. Wir gingen in ein Restaurant. Ich bestellte eine Salamipizza. Sie schmeckte sehr gut.

Wir Menschen sind soziale Wesen und brauchen ein soziales Umfeld mit menschlichen Qualitäten, um menschlich reifen zu können. Das heißt, dass es für Menschen, die außerhalb der Familie eine Verantwortung für Kinder übernehmen, noch wichtiger ist, zu lernen, Kinder mit Vorsicht und Selbstreflexion zu begleiten. Das sollte zu einer echten Kunst werden.

Rebeca Wild (1939-2015), Pädagogin und Autorin

WORAUF BEREITET DIE SCHULE UNSERE KINDER HEUTE VOR?

Kritische Anmerkungen eines engagierten Lehrers

Zu den Grundpfeilern unseres momentanen Schulsystems in Österreich zählen Disziplin, Gehorsam, Druck und Zwang sowie der Glaubenssatz, dass jemand (Erwachsene, PolitikerInnen und LehrerInnen) weiß, was die Kinder später brauchen werden. Doch die Zeiten, als Fabriken, Massenherstellung und Fließbandarbeit unser aller Leben geprägt haben, sind endgültig vorbei. Wir schreiten mit hoher Geschwindigkeit ungewissen Zeiten entgegen, geprägt von neuen Technologien und einem rasanten Anstieg der Weltbevölkerung. Dabei stehen wir vor großen Aufgaben wie der globalen Erwärmung, der Flüchtlingskrise, der Gefahr von Machtkämpfen und der steigenden Überalterung in vielen westlichen Ländern.

In unserem Schulsystem lernen Kinder, das vorgesagte Wissen zu konsumieren und nicht weiter darüber nachzudenken. Doch Menschen, die nie gelernt haben, ihr Denken in neue Richtungen zu lenken, werden keine zufrieden stellenden Lösungen für die nie da gewesenen Herausforderungen finden, vor denen unsere Gesellschaft steht. „Probleme kann man niemals mit derselben Denkweise lösen, durch die sie entstanden sind", sagt Albert Einstein. Das zentrale Problem unseres Schulsystems liegt meiner Meinung nach darin, dass unsere Schulen die natürliche innere Motivation der Kinder ersticken. Fundamentale Bedürfnisse der Kinder werden in unserem Schulsystem unterdrückt: Freiwilligkeit, Selbstbestimmtheit, Kreativität, Freude.

Als Lehrer in mehreren öffentlichen Schulen Wiens nehme ich die Situation eher als ein Gegeneinander als ein Miteinander wahr. Auf der einen Seite stehen die Kinder, die sich dagegen wehren, das ihnen vorgelegte Wissen aufzunehmen. Auf der anderen Seite stehen die LehrerInnen, die mit Engels- oder Teufelszungen auf die Kinder einreden, allerhand didaktische Kunstgriffe, ausgefeilte Lehrmethoden oder aufwendig gestaltete Arbeitsmaterialien anwenden, nur um irgendeinen Weg zu finden, Wissen in die Köpfe der Kinder zu bekommen.

Aber es muss nur ein Bleistift zu Boden fallen, und schon löst sich die mühsam hergestellte Lernatmosphäre wieder in Luft auf. Manchmal habe ich auch das Gefühl, dass die Kinder sich mit Freude auf kleinere Konflikte, Meinungsverschiedenheiten und Diskussionen einlassen und diese lebhaft ausagieren, nur um nicht mit dem aktuellen Arbeitsblatt weitermachen zu müssen. Den meisten Kindern sind ganz andere Sachen wichtig: Konflikte, Gruppen, Sport und Bewegung, der eigene Körper, das andere Geschlecht, Medien und Vieles mehr. Wo sind unsere Schulen bei diesen Themen? Abwesend...

Viele Kinder gehen ungern in die Schule, sind oft krank, müde, demotiviert oder abgelenkt von anderen Themen, die sie im Moment beschäftigen. Nach allen Regeln der Kunst mogeln sie sich durch unser Schulsystem. Manchmal kann ich nur noch darüber lachen, wie erfinderisch die Kinder ihre Wege wählen, um mit dem geringsten Widerstand und dem kleinsten Aufwand die Aufgaben zu lösen oder einfach die Zeit bis zum Stundenende zu überbrücken: auf's Klo gehen, anderen zuschauen, flüstern, diskutieren, streiten, Hefte und Bücher vergessen, „konzentriert" aufs Blatt schauen, wenn ich vorbeigehe, fünf Minuten „Powerlearning", wenn ich neben ihnen sitze und sie unterstütze. Ganz offensichtlich geht es vielen Kindern nicht darum, den Lernstoff wirklich zu verstehen, sondern ihn möglichst schnell hinter sich zu bringen.

Ich persönlich bin immer wieder frustriert, weil es mir nicht im gewünschten Maßstab gelingt, die Kinder zu erreichen und ihnen etwas beizubringen. Diese Frustration sehe und höre ich auch bei LehrerkollegInnen. Viel zu oft liegen die Nerven blank und die Folge sind Anfeindungen, Abstempelungen, Wutausbrüche, sprachliche Entgleisungen oder gar lehrertypische Krankheiten wie Burnout oder Depression.

Ich kann mich noch gut an meinen ersten Schultag als Lehrer erinnern. Ein Lehrer, der ebenfalls in meiner Klasse unterrichtete, formulierte ziemlich klar, dass die Kinder eben alle „sehr schwach seien". Zudem riet er mir dringend, dass ich, sobald die Kinder laut oder aufmüpfig werden, gleich mit entschiedener Härte und Disziplin reagieren müsse. Noch trauriger fand ich es, als die Direktorin mich meiner neuen Klasse vorstellte und vor allen Kindern einen Jungen ansprach: „Ganz besonders du sollst schön mitlernen. Du weißt eh, dass du schwach bist." Kleinlaut antwortete der Junge: „Ja, weiß ich eh." So funktionieren sich selbst erfüllende Prophezeiungen! Wie können wir hoffen, dass aus unseren Kindern die engagierten, kreativen und selbstbewussten Eckpfeiler unserer zukünftigen Gesellschaft werden, wenn wir sie von Anfang an in Schubladen stecken und von ihrer Schwäche überzeugen?

Neulich ärgerte sich eine Lehrerkollegin über meinen „alternativen“ Zugang zu den Kindern und teilte mir in einer längeren Diskussion ihren Standpunkt mit: „Nur dann, wenn wirklich großer Druck angewendet wird, entstehen Diamanten. Passiert das nicht, erhält man lediglich Kohle.“ Ist das wirklich unser Anspruch? Wollen wir wirklich nur (konforme) Diamanten in unserer Gesellschaft haben? Ist nicht jeder Mensch grundsätzlich einzigartig und muss nicht erst zu irgendetwas gemacht werden? Und wäre angesichts der oben erwähnten anstehenden Herausforderungen nicht eine breite Auswahl an Edelsteinen und Materialien zielführender? Am meisten irritiert mich jedoch, dass wieder jemand von außen unter hohem Energieaufwand Druck ausübt, um irgendetwas zu erhalten, das er oder sie will. Es geht nicht um die freie Entscheidung der Kinder, was sie machen, lernen oder werden wollen, sondern darum, was andere von ihnen wollen.

Für mich stellt sich die alltägliche Schulsituation fast wie ein Kampf dar. Viele Kinder gehen in den rebellischen Widerstand, den die LehrerInnen unter hohem Energieaufwand zu überwinden oder zu brechen versuchen. Wie eine sperrige Feder, die zusammengedrückt wird. Dabei gibt es so hohe Reibungsverluste und so wenig Genuss. Viele Kinder verlieren dabei das Vertrauen in ihre eigene Stärke, die Lust am Lernen, ihr Selbstvertrauen, ihre Kreativität, ja teilweise auch ihre Lebensfreude. Ähnlich geht es uns Lehrern. Wir verlieren unseren Spaß am Umgang mit Kindern, die Freude, unser Wissen mit ihnen zu teilen, unsere Leichtigkeit und manchmal sogar unsere Gesundheit.

Dabei könnten wir so viel Spaß und Freude mit unseren Kindern haben. Ein Buch, das mir die Augen geöffnet hat und meine Sicht auf unser Schulsystem in ein Vorher und ein Nachher einteilt, ist „Endlich frei! Leben und Lernen an der Sudbury-Valley-Schule“ von Daniel Greenberg. Seitdem frage ich mich, warum wir uns so viel Arbeit und Stress antun, wenn es doch so viel einfacher und mit so viel mehr Spaß geht? Wenn Kinder wirklich von innen heraus motiviert sind, lernen sie in einer atemberaubenden Geschwindigkeit und mit vollkommener Konzentration. Dann nehmen sie einen zu Boden fallenden Bleistift nicht einmal wahr, lassen sich auf keine Nebenkonflikte ein und merken nicht, dass sie auf‘s Klo müssen. Ebenso, wie wir die Kinder kennn, wenn sie spielen.

Manchmal darf ich als Lehrer solche Momente erleben. Zum Beispiel wenn ich in die Klasse komme und die Kinder schon mit einer Frage zur Mathematik auf mich warten. Dann fange ich an zu erklären, und ehe ich mich versehe, rechnet ein halbes Dutzend Kinder an der Tafel, die sich gegenseitig unterstützen. Die anderen Kinder rechnen selbstständig an ihren Plätzen oder verfolgen interessiert das Geschehen an der Tafel. Dann habe ich meist nicht mehr als eine halbe Minute, um mich ans hintere Ende des Klassenzimmers zu setzen und das Schauspiel zu bewundern, bevor mich ein Kind wieder zu sich ruft. Oder wenn sie wegen eines Konflikts wütend zu mir kommen. In solchen Momenten kann ich die innere Kraft der Kinder spüren und versuchen, beide Seiten zu hören, auf ihre Gefühle und Bedürfnisse einzugehen und wenn möglich einen für alle stimmigen Weg aufzuzeigen.

Das Wissen unserer Gesellschaft verdoppelt sich in immer kürzeren Intervallen. Woher kann also irgendjemand wissen und entscheiden, was in Zukunft wichtig sein wird? Warum lassen wir den Kindern nicht einfach ihre eigene, ihnen innewohnende, intrinsische Motivation? Kinder kommen hochgradig kreativ und lernbereit zur Welt. Ihr Drang, die Welt zu entdecken und zu erfahren, ist enorm. Es bedarf schon einer großen Anstrengung, den Kindern diesen Wissensdurst abzutrainieren. Laut einer Langzeitstudie für die NASA[2] sind 98 Prozent aller unter 5-jährigen Kinder hochgradig kreativ. Nach zehn Schuljahren wurden die gleichen Kinder erneut getestet: Nun galten nur noch zwölf Prozent der Kinder als hochgradig kreativ. Zum Vergleich wurde der gleiche Test bei 280.000 Erwachsenen durchgeführt, mit dem Ergebnis, dass gerade noch zwei Prozent als hochgradig kreativ eingestuft werden können.

Es macht mich traurig, wenn ich sehe, wie viel Potential und Einzigartigkeit einfach liegen gelassen wird. Die Rahmenbedingungen, damit die intrinsische Motivation zum Tragen kommen kann, sind für mich vor allem Freiwilligkeit und Selbstbestimmtheit, Gleichwertigkeit zwischen Kindern und Erwachsenen, Unterstützung und Begleitung, wenn dies von den Kindern erwünscht ist. Behutsam sollten die Erwachsenen auf die vielfältigen und einzigartigen Themen eingehen, die in den Kindern gerade lebendig sind.

Eine neue Schule bedeutet nicht, unser bisheriges Wissen und unsere LehrerInnen über Bord zu werfen, sondern sie in einer anderen Art und Weise einzusetzen: als Lernbegleiter, die zur Verfügung stehen, die Fragen der Kinder aufnehmen und sie mit ihnen zusammen erarbeiten. Was Kinder in solchen Schulen lernen, hat einen höheren Wert als unser bisheriger Schulstoff: Sie lernen, sich mit voller Konzentration, Hingabe und Leidenschaft einem Thema zu widmen, bis sie es nach ihrem eigenen Maßstab zufriedenstellend verstanden haben. Und benötigen sie für ihre Aufgabe weitere Fähigkeiten oder Kompetenzen, dann zögern sie nicht, sich diese anzueignen. Auf diese Weise können Kinder großen Ehrgeiz, Hartnäckigkeit und Resilienz gegenüber Rückschlägen entwickeln und üben, sich ganz individuell den Herausforderungen des Lebens zu stellen, jeder auf seine Art.

Marshall Rosenberg, der Begründer der Gewaltfreien Kommunikation, wurde einmal gefragt, was es bräuchte, damit Frieden auf der Welt einkehrt. Seine Antwort darauf war kurz und gleichzeitig anspruchsvoll: „Wir müssten aufhören, in Kategorien wie ‚gut' und ‚schlecht' zu denken." Ich wünsche mir, dass dies unser neuer Anspruch wird. Lasst uns aufhören, in Schubladen zu denken, und beginnen, die Menschen so zu sehen, wie sie sind: einzigartig und vielfältig.

> **In den ersten Lebensjahren eines Kindes bringen ihm die Eltern Gehen und Sprechen bei, in den späteren verlangen sie dann, dass es stillsitzt und den Mund hält.**
>
> *Johann Nepomuk Nestroy (1801-1862), österreichischer Dichter und Schauspieler*

VOM PRÜFEN UND BEWERTEN

Persönliche Erfahrungen aus sechs Jahrzehnten

Ich bin zwischen Bewertungen aufgewachsen, die sich heutige Kinder kaum mehr vorstellen können. In der Familie meiner Mutter gab es zum Beispiel die seltsame Tradition, weiblichen Wesen – egal ob Hündin, Katze, Mädchen oder Frau – einen männlichen Namen zu geben. Das war ein genialer Trick, um die Minderwertigkeitsgefühle gegenüber den „echt männlichen" Wesen zu lindern oder sogar zu übertönen. Meistens war ich ja stolz, DER Xandi oder (als Tochter des großen Wuzzers, meiner Mutter) DER kleine Wuzzer zu sein. Wenn ich mich begeistert in Märchen oder Geschichten vertiefte, wäre es mir sowieso niemals eingefallen, mich mit den sterbenslangweiligen Prinzessinnen zu identifizieren, die daheim im Schloss zum Schönsein und Warten verurteilt waren, während der stolze Prinz unterwegs die wundervollsten Abenteuer erlebte. Natürlich wollte ich lieber ein Prinz, ein richtiger Held oder wenigstens ein Heiliger sein, aber irgendwo tief drinnen litt ich doch unter dem schmerzlichen Widerspruch, ein Mädchen zu sein, ohne ein Mädchen sein zu dürfen – oder umgekehrt, ein Er sein zu müssen, ohne jemals wirklich ein Er werden zu können? Das erste Trostpflaster für diese tief versteckte Wunde bescherte mir Astrid Lindgren mit Heldinnen wie Pippi Langstrumpf oder Ronja Räubertochter, die so herrlich mutig und frei und dabei trotzdem eindeutig Mädchen waren!

Die Schulen, in die ich geschickt wurde – insgesamt waren es sechs, vom Lycée Francais über eine Tiroler Bergschule mit drei Klassen in einem Raum bis zu einer Bundeserziehungsanstalt (!) und zwei katholischen Internaten in Österreich und Frankreich – machten mich mit neuen Bewertungssystemen bekannt: In der ersten Schule hat man mir verboten, mit der linken Hand zu schreiben; wir bekamen für alles, egal ob Sprechen, Lesen, Schönschreiben, Fleiß, Pünktlichkeit, Rechnen, Singen oder Basteln streng berechnete Noten zwischen null und zwanzig, aber zwischen Mädchen und Buben wurde kein Unterschied gemacht. In der nächsten Schule hatte ich nur Mitschülerinnen, wir mussten alle die genau gleichen dunkelblauen Uniformen mit Krawatte tragen, Tag und Nacht unser Gewissen erforschen und jede Woche beichten gehen. Verglichen damit war dann die Dorfvolksschule, die nur bis Mittag dauerte und wo immer nur eine Abteilung Unterricht hatte, während die beiden anderen Abteilungen still arbeiten oder lesen durften, ein wahrhaft paradiesischer Ort, obwohl der Lehrer Watschen austeilte und schlimme Buben mit einem Haselstecken verprügelte...

Solche Sachen kommen, zumindest in unseren Breiten, heute zum Glück kaum mehr vor: Linkshänder erhalten zur Unterstützung spezielle Scheren und Schreibwerkzeuge. In meinem ehemaligen Internat gibt es gar keine Klosterfrauen mehr, dafür Buben, Sportplätze und liberale Ideen. Die achtklassige Dorfschule in Tirol hat jetzt nur noch vier Klassen, die getrennt unterrichtet werden – wogegen in der Großstadt ironischerweise Mehrstufenklassen inzwischen der letzte Schrei sind. Und den Lehrern hat man die gesunde Watschen hier wie dort per Gesetz untersagt. Meine vielfältigen Schulerfahrungen haben mich jedoch hellhörig gemacht. Ich sehe die unbezweifelbaren Fortschritte, aber ich spüre auch, dass darunter nach wie vor ein ständiges Bewerten, Benoten und Normieren stattfindet, das umso stärker wirkt, je weniger es den Betroffenen bewusst ist. Diese subtileren Formen der Manipulation sind auch mir lange Zeit verborgen geblieben. Erst als Mutter habe ich sie allmählich zu durchschauen gelernt:

Mein jüngerer Sohn Severin, ein begeisterter Zeichner und Bastler, hatte in der Volksschule großes Glück mit seiner Klassenlehrerin, einer begnadeten jungen Pädagogin, die ihren Schülern mit so viel Liebe und Respekt begegnete, dass Severin und mehrere seiner Mitschüler sie bis zur Matura alljährlich zu Schulbeginn besuchen gingen. In der zweiten Klasse übernahm jedoch zeitweise eine ältere Werklehrerin den Unterricht. Vor Ostern ließ sie die Kinder einmal vorgedruckte Motive ausmalen – Eiernester, Hasen und Hennen. Severin nahm die Aufgabe ernst und versuchte über das braun angemalte Gefieder seiner Henne den grün-violetten Glanz zu legen, der ihn im Vorjahr bei den lebenden Hühnern am Bauernhof so sehr fasziniert hatte. Aber die Werklehrerin war schlecht gelaunt und ließ einen Satz fallen, der den zart besaiteten jungen Künstler tödlich beleidigt haben muss: „Solche braunen Hühner gibt‘s doch gar nicht!“ Dieser eine achtlos hingeworfene Satz hat genügt, um Severin die Lust am Zeichnen nachhaltig zu verleiden – ganze zehn Jahre lang! Erst in der siebten Klasse Gymnasium gelang es einer jungen Zeichenprofessorin, ihn wieder zum Malen und Zeichnen zu animieren…

Dieser scheinbar harmlose Vorfall und seine Folgen haben mich natürlich erschüttert. Immer wieder habe ich darüber nachgedacht, was wohl in der Seele eines Kindes vorgehen mag, wenn ein übermächtiger Erwachsener über das Werk oder gar das Kind selbst ein abfälliges Urteil spricht. Anfangs unternahm ich den naiven Versuch, Severin durch Lob aufzurichten – ich lobte jeden Strich, den er machte, jedes Bauwerk, das er errichtete… Das Ergebnis war niederschmetternd! Statt sich über meine lobenden Worte zu freuen, verbiss sich Severin immer tiefer in seinen Groll. In pädagogischen Ratgebern hatte ich immer wieder gelesen, wie positiv Kinder auf Lob reagieren. Severin belehrte mich eines Besseren! Ich musste lernen, dass auch Lob eine Form der Bewertung ist und eben deshalb erst recht wieder beleidigend wirken kann: Kinder wollen einfach sie selber sein dürfen und sehnen sich danach, ohne positiv oder negativ bewertende Kommentare gesehen und anerkannt zu werden! Das war eine wichtige Erkenntnis für mich, und sie hat mir nachträglich auch eine Szene verständlicher gemacht, die schon Jahre zurücklag und mir damals vollkommen rätselhaft gewesen war:

Ein schöner Herbsttag. Mein älterer Sohn Anatol, viereinhalb Jahre alt, geht zum ersten Mal mit mir auf den Friedhof. Seit einigen Monaten faszinieren ihn Jahreszahlen, die er überall, auf Monumenten, Münzen und Kanaldeckeln entdeckt. Was Jahreszahlen betrifft, ist so ein Friedhof natürlich ein wahres Dorado! Anatol strahlt vor Glück. Er läuft auf den erstbesten Grabstein zu und sagt, mit dem Fingerlein auf die Inschrift deutend, bedauernd: „Schau, Mami! Die arme Frau ist schon mit 27 gestorben!“ Während ich mich noch damit abmühe, die Differenz zwischen 1887 und 1914 im Kopf auszurechnen, steht Anatol längst vor einem anderen Grab und ruft: „Aber dieser Mann ist dafür 83 Jahre alt geworden, und seine Frau sogar 87!“ Verblüfft stelle ich fest, dass auch das exakt stimmt, und gebe das Nachrechnen dann auf, denn mit Anatols Tempo kann ich sowieso nicht mithalten. Nach etwa einer Viertelstunde hat er sein wunderbares neues Spiel bis zur Neige ausgekostet und wir wenden uns dem Ausgang zu. „Mami“, fragt Anatol am Weg zur Straßenbahnstation nachdenklich, „wieso gibt es eigentlich mehr Frauen als Männer, die über 80 Jahre alt werden?“ Oh! Die Grundzüge der Statistik sind ihm also auch schon aufgegangen, denke ich amüsiert.

Am Abend sind wir bei meinen Schwiegereltern eingeladen, denen ich von unserem Friedhofsspaziergang erzähle. Mein Schwiegervater, der gütigste Mensch, den ich kenne, ruft Anatol darauf zu sich, beugt sich zu ihm hinunter und sagt in freudig überraschtem Ton: „Anatol, die Mami hat mir gerade erzählt, du kannst schon rechnen! Also, sag mir doch, wie viel ist fünf plus drei?“ Anatol schaut seinen Großvater mit seltsam befremdetem Blick an, wendet sich ab und läuft davon. Was ist geschehen? Wieso sieht das Kind plötzlich so gekränkt drein? Mir ist die Szene peinlich, fast so als stünde ich jetzt als Aufschneiderin vor den Schwiegereltern da – oder habe ich womöglich etwas ausgeplaudert, das unter uns bleiben sollte? Anatols Verhalten in den folgenden zwei Jahren hätte mir auf die Sprünge helfen können, worum es wirklich ging: Bis zum Schulbeginn befasste er sich ausschließlich mit Zahlen, die mindestens vierstellig waren – alle anderen hatte ihm eine einzige lieb gemeinte Frage verleidet, genauso wie der abwertende Kommentar der Werklehrerin seinem Bruder ein paar Jahre später das Zeichnen verleidete! Aber erst im Lichte dieses zweiten Erlebnisses konnte ich mir zusammenreimen, was damals geschehen war: Der kleine Anatol muss sich wohl ausgerechnet von einem seiner meist geliebten Menschen, dem Großvater, in doppelter Weise missverstanden gefühlt haben: Erstens wollte er doch nicht RECHNEN (was sollte das überhaupt heißen?), er wollte einfach nur wissen, wie alt die Menschen, die in diesen Gräbern lagen, geworden waren! Und zweitens hat er sich höchstwahrscheinlich gefrotzelt gefühlt, als sein Großvater ihn etwas fragte, was der gebildete alte Herr doch zweifellos selber wusste!

So wie fast alle Menschen, die eine Schulbildung „genossen" haben, fanden mein Schwiegervater und ich die Frage an Anatol damals ganz normal: Wer viele Jahre lang darauf NORMIERT wurde, geprüft und bewertet zu werden, gibt diese Normierung ganz automatisch weiter! Und die meisten Menschen hätten es wohl auch völlig „normal" gefunden, wenn ich einfach das Kind für ungezogen oder grantig erklärt hätte, statt mir über sein Verhalten den Kopf zu zerbrechen: Kein Wunder, wer selber ständig bewertet wird, bewertet dann natürlich auch die anderen in ähnlicher Weise, ohne lange darüber nachzudenken, warum und wieso sie etwas tun oder lassen!

Was mich vor der Normierung gerettet hat, war das Leiden an der Schule, erst als Schülerin und dann als Mutter. Das hat mich in den Widerstand gezwungen! Es hat mich Mitgefühl mit den Kindern gelehrt, die von einem Tag auf den anderen ihre eigene Welt verlieren, weil sie nun jeden Morgen in eine Anstalt einrücken müssen, wo sie umgeben sind von Schicksalsgenossen, mit denen sie zunächst nicht mehr verbindet als das gleiche Geburtsjahr. Anstatt Tag für Tag unter dem Schutz geliebter, vertrauter Erwachsener oder in Begleitung selbst gewählter Freunde voller Begeisterung ihren eigenen Fragen nachgehen zu dürfen und sich den Herausforderungen des echten Lebens zu stellen, sehen sie sich gezwungen, Fragen zu beantworten, die gar keine echten Fragen sind, weil ja die Lehrperson, die sie ihnen stellen muss, die Antworten sowieso schon kennt! Und dann sollen sie diese vorgefertigten Antworten auch noch auswendig lernen und nachplappern wie die Papageien? Und sich danach bewerten und benoten lassen, wie „brav", das heißt widerspruchslos sie das tun?

Was für eine grausame Verschwendung der wundervollen, einzigartigen Anlagen, die in jedem Kind schlummern! Und welch ein Schaden für die gesamte Gesellschaft, die von der Schule immer noch teils brave, teils widerspenstige Befehlsempfänger geliefert bekommt, obwohl sie längst so dringend selbstbestimmte, eigenverantwortliche, mitfühlende und kreative Träger einer neuen Zivilgesellschaft brauchen würde! Menschen, die wissen, wer sie sind, und deshalb auch die anderen so sein lassen können, wie sie sind. Menschen, die nicht von früher Kindheit an auf Konkurrenzverhalten dressiert wurden und ihre natürliche Verbundenheit mit allen anderen Lebewesen deshalb noch spüren können. Menschen, die Zeit und Muße hatten, herauszufinden, wozu sie auf diese Welt gekommen sind, und dabei zu erfahren, was sie am liebsten tun und am besten können. Menschen, die nicht daran zweifeln, dass sie gemeinsam mit Gleichgesinnten ihre Visionen einer heileren Welt auch umsetzen können...

> **Jeder ist ein Genie. Aber wenn du einen Fisch danach bewertest, ob er auf einen Baum klettern kann, dann lebt er sein ganzes Leben in dem Glauben, er wäre dumm.**
>
> *Albert Einstein (1879-1955), theoretischer Physiker*

DIE BESTE ENTSCHEIDUNG MEINES LEBENS

Ein junges Mädchen berichtet

Damals, als meine Mutter das erste Mal darüber gesprochen hat, konnte ich mir nicht wirklich etwas darunter vorstellen. Aber wenn mich heute jemand darauf anspricht, erkläre ich demjenigen, dass es die beste Entscheidung meines Lebens war. Wieso, das erzähle ich euch hier...

Es fing an in meiner frühen Kindheit. Ich war schon damals ein Mädchen, das sich oft zurückzog in ihre eigene Welt, wo es alles gab, wovon ich nur träumen konnte. In eine Welt, wo es nur mich und meine Fantasiefiguren gab. Es war für mich wie ein Zufluchtsort. Da gab es nicht die Streitereien mit meiner Schwester, wovor ich einfach flüchten wollte. Zwar hatte ich damals eine so genannte Freundin, aber ich tat immer nur das, worauf sie bestand.

Ich wurde älter und es war an der Zeit, mich in die Schule zu schicken. Die Zeit, wo jedes Jahr Millionen von Kinderwelten zerplatzen. Es war, als würde dir jemand mit einer Nadel in deine Seifenblase stechen und als wäre von einer auf die andere Sekunde alles weg. Es fühlte sich an, als würde mir jemand die Luft zum Atmen rauben.

Man wird in die Schule geschickt, damit jeder dort Disziplin und Respekt lernt und sich für das zukünftige Leben vorbereitet. Aber wie sollte ich mich als Sechsjährige für das spätere Leben vorbereiten, wo ich doch null Ahnung hatte, was da draußen vor sich geht und es auch nicht wirklich wissen wollte? Es war schwierig für mich, von anderen respektiert zu werden, und die so genannte Disziplin half bei den meisten Kindern nicht. Ich musste einen Teil von mir abgeben, ich durfte nicht spielen, wenn ich es wollte, nicht essen oder trinken, wenn ich durstig oder hungrig war.

Was sind das für Menschen? Was wollen die von mir? Kann mir jemand erklären, wozu das gut ist, stundenlang vor einer Tafel zu sitzen? Aber ich hatte zum Glück meine eigene Welt, die außerdem viel besser war. In der es friedlich war und wo ich mir keine Sorgen machen musste, wie ich irgendwann später leben sollte.

Schon am ersten Tag wollte ich am liebsten zu Hause bleiben und nicht zwischen fremden Kindern sitzen, die mir nur angewiderte Blicke zuwarfen. Ich wollte am liebsten zu heulen anfangen und im Boden versinken. Nach ein paar Monaten stellte sich heraus, dass meine Deutsch- und Lesekenntnisse sich nicht verbesserten. Alle aus meiner Klasse waren viel weiter als ich, und dann kam auch noch eine neue Schülerin, für die sich alle mehr interessierten als für mich.

Was hat dieses Mädchen, was ich nicht habe? Das fragte ich mich öfters, denn alle lachten mich aus und machten blöde Sprüche, nur weil ich nicht so gut lesen oder schreiben konnte wie die anderen. Ich wusste schon damals, dass ich mehr Zeit brauchte, um etwas zu verstehen, egal ob es Deutsch, Mathematik oder Englisch war. Und mal ganz ehrlich, jeder braucht seine eigene Zeit, um etwas zu verstehen! Ich wurde dann zurückgestuft in die Vorschule, weil ich anscheinend noch nicht die passende Reife hatte.

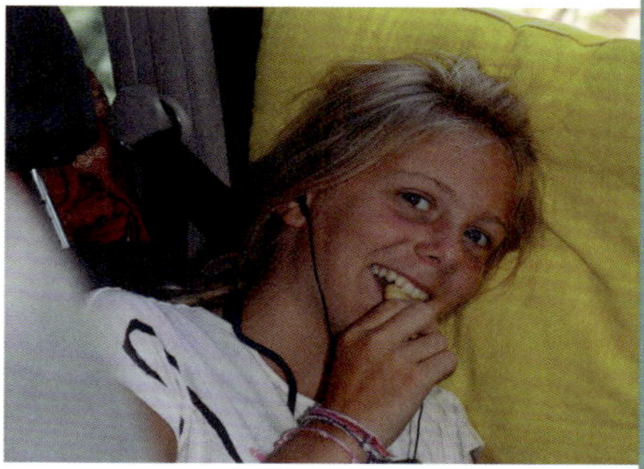

Aber welches Kind hat schon die passende Reife? Eigentlich keines, denn manche Kinder konnten schon mit fünf Jahren lesen und andere entdeckten in diesem Alter ihre künstlerische Seite. Bei mir zum Beispiel war das so, ich hatte eher im kreativen Bereich die so genannte Reife, aber das galt nicht als eine lebenswichtige Eigenschaft in der Schule. Ich erfand stundenlang Geschichten rund um meine Barbies, meine Fantasie hatte keine Grenzen. Später dann, als ich einfach keine Lust mehr hatte, meine Aufgaben zu machen, hatte ich auch keine Lust mehr, Geschichten zu erfinden. Ich spielte nur noch auf meinem Computer und am Abend um achtzehn Uhr war dann immer Feuerwehr. Heute denke ich mir, egal welche Eigenschaften wir haben, wir haben sie, weil sie auf irgendeine Art und Weise eine wichtige Rolle in unserem Leben spielen.

Bald war die kurze Zeit in der Vorschule vorbei, und ich kam in eine neue Klasse. Wieder neue Schüler, wieder eine neue Chance, Freunde zu finden, aber es passierte wieder das Gleiche. Diesmal nicht, weil ich nicht so gut lesen konnte, sondern weil ich die Älteste war und alle glaubten, dass ich sitzen geblieben bin. Dazu kam noch das Problem, dass ich mich anders ernährte. Meine Mitschüler kannten keine Vegetarier und glaubten deswegen, dass ich eine Krankheit hatte. Dass ich voller Bakterien war, ein Ungeziefer.

In der zweiten Klasse begann sich mein Körper zu verändern. Das war am Anfang ein großer Schock für mich, ich wusste nicht, wie ich damit umgehen sollte, und meine Mitschüler hatten jetzt noch einen Grund mehr, mich zu mobben. Sie fanden es eklig und stießen mich deswegen noch mehr aus, was für mich sehr verletzend war. Ich wusste nicht, was sie dachten, aber ich fühlte mich unwohl in meiner Haut, und meine ältere Schwester hatte auch pausenlos etwas an mir auszusetzen. Heute ist mir klar, dass uns damals einfach keiner erklärt hat, dass sich der Körper nun mal verändert, und ich glaube heute sogar, dass die anderen Mädchen damals ein bisschen eifersüchtig waren.

Ich hatte keine Freunde, die mich verstanden, meine Schwester hatte ihre eigenen Probleme, und mit meiner Mutter konnte ich auch nicht darüber reden. Also blieb mir nichts anderes übrig, als mit meinen Problemen selbst klarzukommen. Wie gesagt, ich hatte eine eigene Welt, die auch während der Schulzeit weiterlebte. Deshalb bekam ich oft gar nicht mit, was gerade im Unterricht passierte. Und das war mein bester Schutz, dass ich immer einen Teil meiner Kindheit festhalten konnte.

Nach der zweiten Klasse zog in den Sommerferien eine Familie in dem Haus gegenüber von unserem ein und ich lernte den Jungen kennen, der dann mit mir ab der dritten Klasse in die Schule ging. Wir verstanden uns von Anfang super, und er wurde mit der Zeit mein bester Freund. Im neuen Schuljahr kam dann noch ein weiterer Junge dazu. Auch mit ihm verstand ich mich sehr gut. Nach wenigen Monaten waren wir alle drei richtig gute Freunde und standen so einigermaßen die letzten zwei Jahre durch. Obwohl es immer noch oft schwer für mich war, hatte ich immer die zwei in nächster Nähe. Sie unterstützten mich in guten wie in schlechten Zeiten. Egal was die anderen erzählten oder wie sehr sie mich beleidigten, die zwei ließen sich nicht so schnell von den anderen beeinflussen, da sie mich kannten und wussten, wie ich wirklich war. Kurz vor dem Ende der vierten Klasse erfuhr ich, dass wir ein weiteres Mal umzogen. So musste ich von meinem alten Leben Abschied nehmen, vor allem von meinen zwei besten Freunden, die mir sehr ans Herz gewachsen waren.

Als wir Ende Juli 2011 von unserem alten Haus wegfuhren, sagte ich voller Neugierde und Abenteuerlust zu mir selbst: „Auf ein neues Leben!" Damals wusste ich natürlich noch gar nicht, dass sich wirklich mein Leben zum Besseren wenden würde. Allerdings nicht sofort, denn ich musste erst noch eine weitere Hürde nehmen, um an das zu gelangen, wovon ich seit Langem geträumt hatte.

Im Herbst kam ich in eine neue Schule und hatte ein weiteres Mal die Chance, neue Freunde zu finden, was mir auch gelang. Aber ich merkte schnell, dass ich nicht mehr in einer Schule voller Kinder war, sondern in einer

Schule voller pubertierender Teenager. Da kam es nicht darauf an, wer das neue Pferdeheft oder die neue „Lilli- Fee-Lunchbox“ hatte. Nein, nein, viel schlimmer! Du wirst in einen Gruppenzwang gezwängt, und es wird dir so ein enormer Druck gemacht, dass du nicht einmal entscheiden darfst, was du anziehen willst. Da wird nur auf‘s Äußere geachtet: Wie du dich anziehst, ob du die neueste Marke trägst oder ob du das neueste Handy hast, sonst wirst du gleich als Mobbingopfer abgestempelt.

Es war ein Tag wie jeder andere, ich hatte eine alte Hose von meiner Schwester an und dazu ein orange-braunes T-Shirt, wo etwas mit Liebe draufstand. Ich ging in der großen Pause aus der Klasse raus, und wie in jeder Pause wurden wir Jüngeren von denen aus der dritten Klasse genauestens beobachtet. Ich stand mit ein paar Mädchen aus der Nebenklasse beisammen, als ein paar Jungs und Mädchen um die Ecke kamen und auf uns zusteuerten. Sie hatten schon früher mal etwas an mir auszusetzen gehabt, und ich wusste genau, dass das nicht gut enden konnte. Kaum eine Sekunde später standen sie vor mir und betrachteten mich mit gerunzelter Stirn von Kopf bis Fuß. „Sag mal, was hast du heute da an?“, fragte Sandro mich mit einem leicht belustigten Unterton. Ich wollte schon antworten, als mir Dani dazwischen kam. „Wahrscheinlich hat sie das Shirt aus der Kirche gestohlen, so wie das aussieht“, lachte er und schlug mit Sandro ein. Als hätte ich nicht schon genug von diesem blöden Spruch, fing auch noch Selina zu meckern an: „Ne, ich glaube, sie hat heute in einem Kuhstall geschlafen, danach roch sie nämlich. Und die Hose schaut sowieso angeschissen aus. Ist die etwa vom Flohmarkt?“ Dabei sah sie ihre perfekt manikürten Fingernägel an und richtete ihr bauchfreies Top. Ich war wütend und versuchte so gelassen wie möglich zu erklären: „Nein, die Hose habe ich von meiner Schwester.“ Ich wollte weiterreden, wurde aber ein weiteres Mal von ihnen unterbrochen: „Das ist ja noch schlimmer, wenn man von der eigenen Schwester die abgetragenen Kleider trägt!“ Und dann kam auch noch Jaqueline dazu und hatte noch das letzte Wort zu sagen, bevor sie weiterzogen: „Du solltest dir lieber mal richtige Klamotten besorgen! Und mit richtige meinen wir Markenkleidung. Ohne die bekommst du sowieso keine Freunde.“

Klar ging mir das sehr auf‘s Herz, aber ich war schon von der Grundschule abgehärtet und konnte besser damit umgehen als zuvor. Vor allem dachte ich damals noch, dass ich Freunde hätte, bis sich herausstellte, das sie hinterhältig waren und hinter meinem Rücken lästerten oder auch Geschichten über mich erfanden. Ich konnte keinem mehr vertrauen. Die einzige Abwechslung war, dass ich zur Freiwilligen Feuerwehr ging, die mir wirklich guttat, obwohl ich dort genauso meine Komplikationen hatte. Es war so, dass meine Schwester dort nicht gerade den besten Ruf hatte, und ich deshalb am Anfang oft ausgestoßen wurde. Aber als meine Schwester nicht mehr kam, merkten alle, dass ich einfach anders war. Und als wir dann auch noch Neuzugang bekamen, merkten wir, dass wir einfach alle zusammenhalten müssen als Kameraden.

Da war dieses eine Mädchen in der Schule, die so richtig beliebt war und die ich damals als Vorbild betrachtete. Ich setzte alles daran, dass ich so wurde wie sie. Ich war auf dem besten Weg dorthin und wurde immer mehr die Person, die alle wollten. Mein Ich verschwand immer mehr, nur im Inneren war ich noch die wirkliche Nadja. Die keiner kannte, nicht einmal ich. In der Schule wurde ich immer schlechter, ich wollte nichts mehr machen, nicht einmal die Hausaufgaben, weil ich einfach keinen Bock mehr hatte. Ich war unglücklich, und die Person, die ich geworden war, die mochte doch sowieso keiner. Was hatte das Ganze also noch für einen Sinn?

Bis meine Mutter mir von den Freilernern erzählte. Zuerst hielt ich sie für komplett bescheuert, aber dann nahm sie mich mit auf ein Frühlingsfest einer Freilernerfamilie. Meine Mutter meinte, ich sollte mal mit deren Tochter Lisa reden. Obwohl ich sehr nervös war, weil ich normalerweise überhaupt nicht gerne irgendwelche Mädchen einfach so ansprach, nahm ich all meinen Mut zusammen und ging zu ihr. Ich stellte mich vor und dann rutschte mir durch meine Nervosität irgendetwas vollkommen Bescheuertes raus. Sie sah mich wie ein Alien an, und ich weiß nicht mehr genau, was danach passierte.

Aber später trafen wir uns immer öfter, und ich merkte, wie es ist, ein Freilerner zu sein: Keiner beurteilt dich, was du isst, wie du aussiehst, ob du Markenklamotten oder abgefuckte Jeans trägst. Jeder akzeptiert jeden, wie er ist, und es geht nur darum, welchen Charakter du hast. Damit meine ich, dass nicht jeder Mensch gleich ist, aber wenn der Charakter eines anderen fast auf gleicher Wellenlänge ist, merkst du eigentlich schon, dass derjenige ziemlich gut zu dir passt, dass er zum Beispiel die gleichen Interessen hat. Es geht auch nicht darum, ob du gute Noten hast, ob du gut lesen, schreiben, rechnen usw. kannst. Freilernen hat mein Leben zum Positiven verändert und ich habe mit der Zeit nicht nur eine Freundin gefunden, sondern gleich ein paar auf einmal.

Meiner besten Freundin Lisa verdanke ich, dass ich jetzt so sein kann, wie ich eigentlich bin. Ich selber kannte dieses Ich vorher nicht wirklich und war überrascht über die Nadja, die bis zu diesem Zeitpunkt keiner kannte, nicht einmal ich. Jetzt ist auch die Seite von mir da, die mir in den letzten Jahren gefehlt hat. Und jetzt kann ich auch akzeptieren, dass mich nicht jeder mag, es ist mir völlig egal geworden, da ich froh bin, dass es endlich Menschen gibt in meinen Leben, die mich so nehmen, wie ich bin.

Ich bin mittlerweile seit knapp vier Jahren eine Freilernerin. Seitdem bin ich oft herumgereist, war fast in jedem Bundesland Österreichs. Ich habe mir selber Englisch beigebracht und verstehe wirklich schon alles. Nur um es fließend sprechen zu können, brauche ich noch etwas Zeit. In Deutsch bin ich mit den Jahren immer besser geworden, Lisa hat mir dabei geholfen und dafür bin ich ihr sehr dankbar. Seit ich aus der Schule draußen bin, lese ich auch viel mehr und sehr dicke Bücher. Mittlerweile bin ich auch Feuerwehrfrau und möchte die Sanitäterausbildung anfangen. In den letzten Monaten habe ich ein Praktikum bei einem Friseur gemacht und möchte diesen Weg beruflich einschlagen. Außerdem möchte ich noch Visagistin dazulernen und einen Lehrabschluss mit Matura machen. Ich habe Zeit gebraucht, um mir darüber klar zu werden, und die Zeit hat sich gelohnt. Wenn ich das alles nicht erlebt hätte, wäre ich heute nicht so, wie ich jetzt bin und wie ich mich in Zukunft sehe.

Ich möchte mich bei meiner Mutter bedanken, die mir einen Weg gezeigt hat, und nicht nur Mutter, sondern eine beste Freundin für mich geworden ist. Auch bei meinem Dad möchte ich mich bedanken, der mich in Zukunft weiter unterstützen will. Vor allem möchte ich mich bei Lisa bedanken, sie hat mich auf den Weg zu mir selbst geführt. Ohne sie wäre ich nicht das Mädchen geworden, das ich heute bin. Und auch meinen neuen Freunden möchte ich ein herzliches Dankeschön aussprechen, denn ihr seid immer da, wenn ich euch brauche.

> **Als ich zur Schule ging, fragten sie mich, was ich werden will, wenn ich erwachsen bin. Ich schrieb: „Glücklich." Sie sagten mir, ich hätte die Aufgabe nicht verstanden. Ich sagte ihnen, sie hätten das Leben nicht verstanden!**
>
> *John Lennon (1940-1980), britischer Musiker, Komponist, Autor*

WAS WIR TIEF IM INNEREN SIND

Wenn Jugendliche sich frei entfalten dürfen

Wenn man mich als langjährige Freilernerin fragt, warum ich diese Lebensweise gewählt habe und so sehr liebe, fällt mir auf die Schnelle meistens keine Antwort ein.

Ich drifte in Gedanken ab und versuche verzweifelt, einen Weg zu finden, der das Freilernen am besten beschreiben kann, denn schließlich hat es in meinen Augen so viele Vorteile. Wie kann man da von mir verlangen, das alles kurz zusammenzufassen? Und selbst wenn ich in einem solchen Gespräch mehr Zeit für eine Antwort hätte, wäre ich mir nicht sicher, ob Menschen, die sich zuvor noch nie damit beschäftigt haben, überhaupt nachvollziehen können, was ich meine. Deswegen lächle ich auf diese Frage hin einfach nur und sage etwas wie: „Weil es für mich nicht besser sein könnte."

Wenn ich hier versuche, die Vorteile des freien Lernens zu beschreiben, taucht ein bestimmter Tag in meiner Erinnerung auf. Ein Tag im letzten Herbst, als die Bäume gerade angefangen hatten, sich gelb, rot und orange zu färben.

Es gibt kein besseres Gefühl, als morgens aufzuwachen (sei es kurz nach Sonnenaufgang oder erst spät nachmittags) und zu wissen, dass man den Tag genau so verbringen wird, wie man möchte. Und so war es an jenem Tag: Ich war am Vorabend bis spät in die Nacht wach gewesen und hatte mir im Internet Videos über meine neue Leidenschaft, das Zeichnen, angesehen, weswegen ich erst recht spät aufgewacht war. Doch das war nicht weiter schlimm, da ich an dem Tag keine Termine hatte, die ich einhalten musste. Manchmal verdiene ich mir etwas Geld als Tierpflegerin dazu, oder bei kleinen Auftritten, bei denen ich singe, um mir meine Interessen bestmöglich selbst zu finanzieren, an anderen Tagen treffe ich mich mit Freunden, aber an diesem Tag nicht. An diesem Tag hatte ich alle Zeit der Welt, und die nahm ich mir auch, als ich mein Zimmer verließ und in die Küche ging, um zu frühstücken.

Mama war schon wach und telefonierte, unsere Mitbewohnerin machte den Abwasch und es roch nach frischem Kaffee. Die Hunde begrüßten mich wie jeden Tag und alle schienen schon energiegeladen in den Tag gestartet zu sein, bis auf mich. Noch müde machte ich mir eine Tasse Tee und ging zurück in mein Dachzimmer, um in Ruhe munter zu werden. Es war mir unten zu laut und ich war froh, die Wahl zu haben, wohin ich gehen oder was ich tun wollte. Bald darauf saß ich dann an meinem Schreibtisch, über meinen Zeichenblock gebeugt, um das fortzuführen, was ich in der Nacht zuvor begonnen hatte.

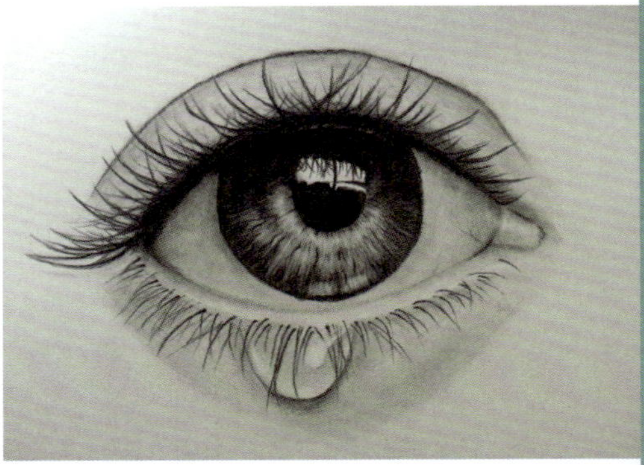

Ich saß stundenlang da und bearbeitete das Papier mit meinen Bleistiften, probierte neue Techniken aus und hörte währenddessen Musik. In diesem Augenblick empfand ich dieselbe Freude und Begeisterung wie damals als Kind, als ich es zum ersten Mal schaffte, ein Pferd so zu zeichnen, wie es meinen Vorstellungen entsprach. Das war damals ein großes Ziel für mich gewesen. Ich wollte wissen, wie man ein Pferd zeichnet, und gab nicht auf, bis ich es konnte, auch wenn ich zwischendurch verzweifelt und frustriert war, weil es nicht gleich klappte.

Der Drang, immer besser und besser bei dem zu werden, was mich am meisten begeistert, ist mir bis heute geblieben, doch ich bin mir nicht sicher, ob ich gleichermaßen an dieser Leidenschaft festgehalten hätte, wäre ich dem ganzen Stress und Druck in der Schule ausgesetzt gewesen. So wie ich mein Leben momentan lebe, habe ich fast immer Zeit, meinen Interessen nachzugehen. Natürlich gibt es Ausnahmen und natürlich kann nicht jeder Tag perfekt sein, aber ich bin fest davon überzeugt, dass ich viele der schönen Momente und Erfahrungen in meinem Leben nie gemacht hätte, wäre ich weiterhin zur Schule gegangen.

Ja, ich lerne nicht jeden Tag gezielt um eine bestimmte Uhrzeit etwas Neues, aber wenn ich mich beispielsweise wieder an ein neues Kunstwerk setze, dann meistens über mehrere Stunden oder sogar Tage hinweg, und das so intensiv, dass ich kaum davon abzubringen bin, immer weiterzumachen, bis mich schließlich die Konzentration verlässt und ich mich förmlich dazu zwingen muss, aufzuhören, um meine Arbeit nicht vor lauter Eifer zu zerstören. Das sind auch die Momente, in denen mir immer wieder aufs Neue bewusst wird, dass ich niemanden brauche, der mir etwas beibringt.

Bei vielen Jugendlichen in meinem Alter sehe ich, dass sie einfach keine Zeit mehr haben, ihrem Herzen zu folgen. Ja, viele wissen nicht einmal genau, was sie tun sollen, wenn es ihnen nicht von irgendjemandem vorgeschrieben wird. Allein der Gedanke daran macht mich traurig, denn ich kann es mir nicht vorstellen, meine wahre Leidenschaft einfach links liegen zu lassen und irgendetwas Anderes zu lernen, nur um den Großteil davon ohnehin wieder zu vergessen.

Ich wünsche jedem Kind und jedem Erwachsenen, dass er dasselbe tun kann, denn ich bin fest davon überzeugt, dass wir nicht dazu da sind, etwas zu tun, was uns keine Freude bereitet. Wir sind da, um das zu finden, was uns zu dem macht, was wir tief im Inneren sind und sein wollen.

> **Wer von Bildung spricht, meint im Allgemeinen Ausbildung. Ausbildung dient in unserer Gesellschaft vor allem ökonomischen Interessen. Bildung hat andere Ziele. Wer sich bildet, macht sich auf den Weg zu sich selbst.**
>
> *Klaus H. Sindern, Autor und ehemaliger Lehrer*

PRÜFUNGSRELEVANZ 0 %

Fragen eines wachen Studenten

Chemie. Prüfung ist in neun Tagen. 200 Seiten Skriptum. Nicht alles interessant – nicht alles, was mich interessiert, wird beantwortet. Immer wieder steh' ich vor der Entscheidung: Lerne ich, was ich wissen will? Oder lerne ich effizient, also nur das, was prüfungsrelevant ist? Viel Zeit bleibt mir neben Seminararbeiten und Projektgruppentreffen nicht. Zusammenhänge wirklich zu verstehen, geht sich leider nicht aus, auch wenn mein Forscherherz aufschreit: Ich nehme mir vor, mich auf das zu konzentrieren, was für die Prüfung wichtig ist. Doch meistens setzt sich die Begeisterung durch: Gestern erst hab' ich mich über Stunden mit den Biographien bedeutender Forscher wie Lavoisier und Mendelejew auseinandergesetzt. Prüfungsrelevanz: 0 %.

Produktivität, anscheinend der wichtigste Wert in unserer Gesellschaft, lässt scheinbar keinen Spielraum für Begeisterung übrig. Viel zu oft verfalle ich dieser Illusion. Doch manchmal schaffe ich es, mich freudig an André Stern zu erinnern: Erfolg ist die Nebenwirkung von Kompetenz. Und Kompetenz ist die Nebenwirkung von Begeisterung. Ich hab' lieber eine Vier am Papier, als ein braves, gefüg- und gehorsames, doch steriles Herz. Und so finde ich über Umwege dann meist doch wieder zurück zum Lernstoff, doch nur bis der nächste Schimmer hinter'm Tellerrand mich verführt.

Vor drei Tagen hab' ich die Prüfung geschafft. Das weiß ich – nicht weil die Ergebnisse schon da sind – sondern weil ich mir bei 85 % der Fragen zu 99 % sicher war. Ich hab' es sehr genossen, die Prüfung zu schreiben, da ich die meisten Zusammenhänge verstand. Da macht das Multiple-Choice-Test-Rätselratespiel richtig Spaß. Zusammenhänge kombinieren, Antwortmöglichkeiten aus logischen Gründen ausschließen und dann mitten in der Prüfung die Aha-Momente zu haben, wo sich zwei schon bekannte Zusammenhänge zu einer neuen Erkenntnis vereinen.

Ich wusste so viel mehr, als prüfungsrelevant war. Dafür wusste ich einige Fakten, die ich hätte auswendig lernen sollen, nicht. Doch das ist voll okay. Auswendiglernen liegt mir nicht. Ich lern' nicht für einen Zettel, wo dann drauf steht, was ich nicht alles kann. Auswendig Gelerntes vergess ich ohnehin wieder. Da versteh' ich lieber die großen, wichtigen Zusammenhänge. Und wenn mich dann die Begeisterung packt, saug' ich viel mehr auf, als ich für die Prüfung brauch. Klar kam gleich nach der Prüfung meine innere Stimme: Hättest du nur das Nötigste gelernt, hättest du in derselben Zeit drei Prüfungen gemacht. Ja stimmt, nur bin ich halt ein Mensch mit Herz und kein Roboter.

> **Der Weise gibt nicht die richtigen Antworten, er stellt die richtigen Fragen.**
>
> *Claude Levi-Strauss (1908-2009), französischer Anthropologe*

SCHREIBEN LERNEN SELBSTBESTIMMT

Ein Exkurs über die Entwicklung der eigenen Ausdrucksform

Hier sitze ich über dem Diplombuch unserer Ältesten, Mirjam, die im letzten November ihr Studium der Bühnengestaltung am Mozarteum abgeschlossen hat. Da es ein bildnerisches Fach ist, nehmen Fotografien einen wesentlich größeren Raum ein als der Text. Ich schlage eine Seite auf, und mir steigen die Tränen in die Augen – wie so oft, wenn ich einen Text von Mirjam lese.

die unsichtbaren verlierer

vom beginn meiner recherche an galt mein interesse denen, die in diesem stück nicht zu wort kommen. beginnend bei ‚WERSCHININS FRAU OHNE NAMEN', über die man nicht srpechen darf, weil sie die ist, welche an dem zustand der gesellschaft zerbricht. mit der man sich nicht konfrontieren darf, weil sie sichtbar machen würde, wie schwer zu ertragen dieses nichts bereits ist. in meinem raumkonzept hat sie einen eigenen baum bekommen; ein baum, in dessen krone sie thront, immer drauf und dran, zu springen. sie ringt um aufmerksamkeit, von ihrem platz über der spielebene aus, in einem sprachlosen schrei. man will sie nicht verstehen - und kann es nicht. kann sie nicht sehen. sie ist zu weit weg, ganz wo anders.

in mein notizbuch habe ich geschrieben: ‚ich möchte denen eine bühne geben, die in diesem stück die großen unsichtbaren verlierer sind. und der geschichte der vergangenheit, die so drohend über allem hängt, sich aber nicht lösen kann solange niemand hinschaut. kann diese übelkeit ein kotzen werden und kann dann endlich, endich etwas geschehen?' inzwischen glaube ich nicht mehr, dass man mit diesem stück zu dem kotzen kommen kann, nach dem ich mich so sehne. weil es einfach nicht drin steht. aber ich glaube fest daran, dass wunden erst heilen können, wenn man sie zeigt. (frei nach josef beuys) immer noch wird mir übel beim lesen dieses stücks, darüber, dass etwas so offensichtlich nicht stimmt. eine solche leere die leben der figuren bestimmt. eine leere, die aus der weigerung kommt sich mit der welt zu konfrontieren, wie sie gerade ist. und darunter leiden alle, denen es in dieser welt gerade nicht gut geht, alle die in dieser gesellschaft gerade ihren platz nicht finden und hier nicht willkommen sind. sie leiden und sie werden sich wehren. werden ihre rechte einfordern. das hat die geschichte russlands gezeigt. das zeigt auch die geschichte europas genau jetzt.

Ihre Texte sind so unmittelbar, so kraftvoll und so sehr mit ihr selbst verbunden. Früher dachte ich tatsächlich, dass diese starke Emotionalität immer entsteht, wenn man Kindern eine natürliche Schreibentwicklung ermöglicht, wenn niemand ihre Texte korrigiert auf ihrem Weg zum „korrekten" Schrifterwerb.

Inzwischen ist auch Jonathan, der Zweite, erwachsen geworden. Er studiert seit einem Jahr Zither an der Bruckner Universität in Linz. Auch er muss Texte abgeben, die ich des Öfteren gegenlese. Sie sind völlig anders, so wie auch Jonathan und Mirjam zwei ganz unterschiedliche Menschen sind. Eine natürliche Schreibentwicklung befähigt Menschen also vielleicht eher dazu, auch in ihrem schriftlichen Ausdruck ganz sie selbst zu bleiben? Sie können ihren eigenen Stil entwickeln, eine Sprache und eine Schrift finden, die ihrem Inneren entspricht. Ach, wie lässt das die Sehnsucht in mir wachsen, diese meine Sprache und meinen eigenen Ausdruck (wieder) zu finden!

Meine eigene Schreibgeschichte beginnt in der Volksschule, wahrscheinlich schon davor, weil ich bei Schuleintritt schon lesen konnte, aber daran kann ich mich nicht mehr erinnern. Obwohl ich ein schreibender Mensch bin, sind meine ersten Erinnerungen keine schönen: verkrampfte Handhaltung, meine Buchstaben nie schön genug, einen geraden Anfang in jeder Zeile zu finden, ein Ding der Unmöglichkeit, verschmierte Hefte, Tinte auf meinen Händen... Was mir davon geblieben ist? Eine wenig leserliche Handschrift, die ich ja auch nur selten verwende – und ein Wunsch: mit meiner neuen Füllfeder entspannt meine Gedanken zu Papier bringen zu können. Ein weiteres Projekt also für meine Auseinandersetzung mit dem Thema Schreiben.

Trotzdem, ich habe gerne geschrieben, besonders gut erinnere ich mich an meine Gymnasialzeit, als es darum ging, Erörterungen zu Papier zu bringen. Ich denke gerne, mag es, meine Gedanken zu sortieren und auch schriftlich zu argumentieren – mir hilft das, wenn ich ein Thema tiefer ergründen möchte. Ich bedauere sehr, meine damaligen Schulhefte nicht mehr zu haben! Ich erinnere mich noch an manchen interessanten Aufsatz, den ich heute gerne wieder lesen würde, ganz besonders einen, in dem ich über verschiedene Erziehungsstile geschrieben habe. Wie gerne wüsste ich, welche pädagogische Klarheit schon damals, im Alter von siebzehn Jahren in mir war, was sich seither verändert hat und was geblieben ist?

Das Studium der Erziehungswissenschaften war eine weitere Etappe meiner eigenen Schreibentwicklung. Wissenschaftliches Arbeiten fand ich ausgesprochen schwierig und auch unbefriedigend. Wie soll ich den eigenen Schreibfluss am Leben halten, wenn ich doch ständig die Gedanken anderer wiedergeben muss? Meine Diplomarbeit hat dazu gedient, mein Studium abzuschließen, glücklich oder stolz gemacht hat mich das nicht. Ich spüre noch immer die Wehmut in mir, eine Diplomarbeit abgegeben zu haben, die so wenig von mir selbst widerspiegelte.

Zu meinem Glück kam ich etwa zur gleichen Zeit zur Lernwerkstatt[3]. Da ergab sich die Möglichkeit, bei der Zeitschrift „Freigeist"[4] (die damals noch anders hieß) mitzuarbeiten und immer wieder einen Artikel beizusteuern. Dies entpuppte sich als Geschenk, um in Verbindung mit meiner Schreibfreude zu bleiben und sie wiederzuentdecken. Dieses In-Verbindung-Bleiben ist vielleicht auch einer der Gründe, die mich auf einen alternativen pädagogischen Weg geführt haben. Für meine eigenen Kinder wollte und will ich keine überflüssigen Störfaktoren auf ihrem ganz persönlichen Lernweg. Um beim Thema Schreiben zu bleiben: Sie mögen so schreiben, wie es ihrem Inneren entspricht, und nicht davon verstört werden, was die Ansprüche anderer, erwachsener Menschen sind. Eine Schule, wie ich sie besucht hatte, erschien mir dafür keine gute Wahl. Ich wollte für meine Kinder – und wohl auch für mich – eine Lernumgebung, die auf den inneren Lernimpulsen aufbaut und jede Möglichkeit bietet, diesen auch zu folgen.

Bevor Mirjam in die Lernwerkstatt kam, hatte sie schon begonnen, sich mit Buchstaben auseinanderzusetzen. Mich interessierte also brennend die Frage, wie denn Kinder schreiben lernen, wenn sie nicht angeleitet werden? Anfangs wurde ich mit meiner Frage oft missverstanden. Ich hatte keine Sorge, dass meine Kinder auf diese Weise nicht ausreichend gut schreiben lernen würden. Ich bin nur einfach ein neugieriger Mensch – ich wollte diesen Prozess, der vor uns lag, ergründen und die Erfahrungen derer abholen, die das schon erlebt hatten. Da ich sicher war, dass Mirjams Weg zur Schrift sich grundlegend von meinem eigenen unterscheiden würde, wollte ich gerne so viel wie möglich darüber wissen, um ihr bestmöglich zur Seite stehen zu können.

Viele Jahre und drei Kinder später weiß ich, wie gut es war, diesem meinem Interesse zu folgen und so lange zu fragen, zu recherchieren und zu lesen, bis ich zufrieden war und mir ein Bild darüber machen konnte, was „natürliche Schreibentwicklung" denn bedeutet und welche Etappen sie beinhaltet. Ich weiß heute, dass es zwar bestimmte Entwicklungsschritte auf diesem Weg gibt, jedes Kind aber seinen eigenen Ablauf findet. Es lassen sich also Muster erkennen, aber unterschiedliche Kinder beschreiten auch unterschiedliche Lernwege. Ich weiß auch, wie sehr unsere eigene Lerngeschichte auf unsere Kinder wirkt, dies ist ja auch sehr leicht zu verstehen: Unsere Kinder entwickeln sich zwar aus sich selbst heraus aber immer genährt von einer guten Beziehung zu uns Erwachsenen. Unsere eigene Beziehung zum Thema Schreiben, Rechtschreibung etc. fließt also fast unweigerlich weiter zu ihnen.

Wie verläuft denn nun die natürliche Schreibentwicklung, wenn Kinder den Weg zur Schrift ohne äußere Anleitung oder Korrektur gehen? In der Lernwerkstatt ist es nicht üblich, Texte von Kindern zu korrigieren, außer sie fragen selbst danach. Das bedeutet logischerweise einen ganz anderen Verlauf der Schreibentwicklung als die meisten erwachsenen Menschen ihn seit Einführung der „Schulpflicht" erlebt haben: Zuerst werden die Buchstaben wahrgenommen und auch abgemalt, meist noch ohne ihnen eine tiefere Bedeutung beizumessen. Buchstaben sind eben Symbole, die sich überall in unserer Welt finden.

Als nächster Schritt werden diesen Zeichen Laute zugeordnet, sie bekommen Bedeutung durch ihren Klang. Wenn die ersten Buchstaben zusammen angeordnet werden, so entspricht das der Wahrnehmung des Kindes über den Klang der Buchstaben oder eben der Worte. Bezeichnet wird es deshalb auch als **phonetische Schreibweise** – Worte so schreiben, wie man sie hört. Wie man auf der beigefügten Geburtstagskarte sieht, kann diese Anordnung gerade zu Beginn des Schreibens auf sehr vielfältige Art geschehen. Von oben nach unten, von rechts nach links, alles zusammengeschrieben etc.

Parallel zu dieser Entwicklung lernen Kinder meist auch lesen und bemerken irgendwann, dass es abgesehen von ihrer eigenen Schreibweise eine Übereinkunft zu geben scheint. „Ich schreib jetzt Hallo mit zwei L, denn das machen alle so", sagte Jonathan, als er mit etwa acht Jahren diese Entdeckung machte. Wenn Kinder die allgemeine Konvention bemerken, beginnt sich ihre phonetische Schreibweise nach und nach in Richtung der allgemein üblichen Rechtschreibung zu entwickeln. Dieser Prozess dauert erfahrungsgemäß viele, viele Jahre. Ein echtes Verständnis für Rechtschreibung entwickelt sich in der Regel erst im jugendlichen Alter von zwölf Jahren aufwärts, bei Burschen gemäß dem Entwicklungsunterschied in diesem Alter meist später als bei Mädchen.

Besonders spannend finde ich die Phase, wenn Jugendliche die Rechtschreibung bereits kennen, aber oftmals nicht anwenden. So habe ich einmal mit Mirjam gemeinsam einen ihrer Texte untersucht und festgestellt, dass sie selbst sehr gut die Wörter erkennen konnte, die noch teilphonetisch geschrieben waren, aber keinen Grund sah, während des Schreibflusses darauf zu achten! (Ebenso wie die Rechtschreibung verändert sich nach und nach auch die Anordnung auf dem Papier: Wörter werden getrennt geschrieben, von links nach rechts und dann kommen noch die Satzzeichen dazu.)

Spannend finde ich auch, dass Jonathan mir erst kürzlich erzählte, dass seine Mitschriften auf der Universität oft voller Fehler seien und er sie erst im Nachhinein korrigiere, wenn es nötig sei. Das hat mich insofern verwundert, als Jonathan in seiner Schreibentwicklung aus meiner Warte eigentlich früh dran war und die Rechtschreibregeln schon mit dreizehn Jahren recht gut verinnerlicht hatte. Anscheinend können Erwachsene, die ohne Korrektur schreiben gelernt haben, auch später ungehemmt einen Text „falsch" schreiben, wenn es schnell gehen soll. Mir wäre dies definitiv nicht möglich!

Wie gänzlich anders Jonathan heute mit dem Schreiben umgeht als Mirjam, möchte ich auch noch anhand eines kurzen Textes dokumentieren. Ich habe ihn einem Bericht entnommen, den er nach einer Hospitation in der Musikschule verfasst hat.

Lehrern beim Unterricht zuzuschauen ist sehr spannend, oft inspirierend. Einiges war mir jedoch schwer nachvollziehbar. Beim eigenen Unterrichten passiert es sehr leicht, dass man sich so seine Methoden angewöhnt und gar nicht wirklich hinterfragt, ob es nicht andere Zugange gäbe, die vielleicht besser oder abwechslungsreicher wären. Hierfür war es wirklich großartig die Möglichkeit zu haben einmal andern, meist erfahrenen Lehrern beim Unterrichten zuzuschauen. Aus dieser Beobachterperspektive bekommt man jede Menge interessante didaktische und methodische Details mit, aber auch einfach die gesamt Stimmung und Atmosphäre. Was den technischen Teil anbelangt, war eigentlich kaum etwas einzuwenden. Die Lehrer waren, wie mir scheint, alle sehr gute Instrumentalisten. Ich hab daher mein Hauptaugenmerk eher auf die Methoden im Detail, allgemeine Atmosphäre und die Beziehung zwischen Lehrer und Schüler gelegt. Ich denke es ist wissenschaftlich hinreichend belegt, dass Lernen in einer vertrauten, freudvollen und entspannten Umgebung um ein vielfaches effektiver ist. Genau in dieser Hinsicht war ich ein bisschen überrascht, der Technisch einwandfreie Unterricht schien mir oft recht unpersönlich, die Beziehung zum Schüler ist manchmal ein bisschen auf der Strecke geblieben und ich hab mich als Zuseher nicht so richtig wohl gefühlt.

Natürlich steht Jonathan am Beginn seines Studiums an einem anderen Punkt seiner Entwicklung als Mirjam am Ende des ihren. Sein Text ist auch nicht so weit korrigiert, dass er ganz fehlerfrei wäre. Für den letzten Schliff und die Abgabe fehlte ihm zu Semesterende die Zeit, das muss wohl bis September warten! Für den Abdruck in diesem Buch habe ich bewusst auf komplette Korrektur verzichtet, um das Original nicht zu verfälschen. Auch wenn der Entwicklungsstand der beiden Texte also unterschiedlich ist, ebenso wie ihr Zweck, zeigen sie doch gut den ganz individuellen Zugang zu Schrift. Genau den gleichen Unterschied finde ich übrigens schon in den frühen Texten meiner Kinder wieder: Jonathans Werke sind kurz, prägnant und zweckgebunden, Mirjams Texte sind viel ausladender und um des Schreibens willen geschrieben.

In jedem Fall bin ich dankbar dafür, dass ich auch von meinen erwachsenen Kindern die Erlaubnis bekomme, weiter an ihrer Schreibentwicklung teilzuhaben. Dies erweitert meine Vorstellung davon, wohin denn nun eine natürliche Schreibentwicklung führen kann, und lässt mich die Spur erkennen, wie eben jeder Mensch seine eigene „Schreibe" entwickelt. Ob eben dieses Verständnis es letztlich auch mir ermöglichen wird, so zu schreiben, wie es mir selbst entspricht? Ganz sicher bin ich, dass das Verfassen dieses Textes wieder ein Schritt in die richtige Richtung war: zu einer mit mir selbst verbundenen Schreibweise!

> **Schreibe nur, wie du reden würdest, und so wirst du einen guten Brief schreiben.**
>
> *Johann Wolfgang von Goethe (1749-1832), deutscher Schriftsteller*

BERÜHRT UND GESCHÜTTELT

Eine prägende Begegnung

Ich wusste nicht, was mich erwartet. Doch ich hatte die Vorahnung, es würde mir gefallen, sich wohlig anfühlen und etwas Neues auf mich zukommen. Ich kannte diese Familie noch nicht, ihre Rituale, Gewohnheiten und ihren Lebensstil. Ich hatte mich nur magisch angezogen gefühlt, ohne viel über sie zu wissen. Als ich nach der Zugfahrt an Bergen, Seen, Wäldern und weitläufigen Landschaften vorbei, in Ebensee ankam, lag noch ein Stückchen Fußweg vor mir. Der Weg führte an moosbedeckten Felsen vorbei, über Baumwurzeln und Steine, über den Bach und ich spazierte neugierig vor mich hin, den frischen winterkalten Duft der Bergluft genießend, der so anders riecht als zu Hause in der Großstadt. Nach einer Weile erreichte ich das Haus am Waldrand und öffnete die Türe. Michaela hatte frisch geräuchert. Es duftete nach Salbei, Kräutern und Harz und ein leichter Nebel schwebte im Raum. Der Klang der Posaune drang in mein Ohr, auf der Stephan gerade spielte. Eine angenehme Wärme machte sich in mir breit und ein Lächeln huschte über meine Lippen. Ich atmete tief ein und fühlte mich wohl und heimelig. Maria, die jüngste Tochter von Michaela und Stephan, kam, um mich zu begrüßen und stand mit wachen und leuchtenden Augen vor mir. Noch fremd und unbekannt waren wir uns damals.

Julia, die älteste Tochter, wollte gleich etwas auf dem Klavier spielen. Ich machte es mir neben ihr gemütlich, sie rückte den Klavierhocker zurecht, setzte sich, richtete sich auf, so dass ihr langes Haar eine Gerade mit ihrem Rücken bildete. Ihre Hände berührten die schwarzweißen Tasten und als die ersten Töne erklangen, spürte ich einen warmen Schauer in mir. Ich war auf einmal so berührt, dass mein Herz schneller schlug und mir Tränen in die Augen stiegen. Sie spielte klassische Stücke und einige Lieder, die sie in letzter Zeit einstudiert hatte.

Ich hörte die leicht knarrende Treppe, auf der Maria herunterkam, um Julia auf der Violine zu begleiten. „Wow, was passiert da gerade in mir?" Etwas in mir war auf einmal berührt worden, wachgerufen wie nach langem Schlaf... „Wie war das damals, mit acht Jahren oder mit dreizehn, als ich so alt war wie die beiden jetzt? Wie habe ich all die Jahre meiner Kindheit und Jugend verbracht?" Schmerz stieg in mir hoch. Ich war auf einmal so traurig darüber, dass ich damals nicht in dieser Intensität meinen Bedürfnissen und Interessen nachgehen konnte. „Wo ist die Zeit hingekommen? Was hat mich

bewegt, beschäftigt, wobei war ich erfüllt? Wer war ich denn überhaupt? Und wer bin ich heute?“ Ich saß ganz gebannt da, meine Tränen aus Unsicherheit unterdrückend. Die Melodien drangen in mein Herz und unzählige Gedanken schossen durch meinen Kopf, eine Bewegtheit fuhr durch meinen Körper, ich fühlte mich wie durchgeschüttelt.

Ich bekam eine Ahnung davon, was mir gefehlt hat und, um ehrlich zu sein, was mir auch heute noch manchmal fehlt. Da war eine Leere in mir, die darauf wartete, mit Leben gefüllt zu werden. „Ich will tun, was mich begeistert, etwas beginnen, weil ein Impuls in mir so laut schreit, dass ich ihn nicht ignorieren kann und ihm nachgehe. In meinem Tun aufgehen, ohne auf Zeit und Raum zu achten. Ich will tanzen, nähen, mit Ton werken... Ich wollte doch früher mal ein Buch schreiben und mich seit Jahren wieder mal ans Klavier setzen oder Gitarre spielen... Wann habe ich das alles zum letzten Mal gemacht? Wo sind im Alltag die Momente, in denen ich meine Impulse spüre und sie nicht gleich verschiebe auf unbestimmte Zeit? Ich hatte doch als Kind auch diese Neugier in mir, die Gestaltungslust und den Forschergeist, so wie wir alle.“

Meine Gedanken lenkten mich immer wieder davon ab, Julias Spiel auf dem Klavier meine ungeteilte Aufmerksamkeit zu schenken, zu genießen und präsent zu sein. Ich gehe doch in meinem Leben vielen Tätigkeiten nach, aber anscheinend haben sie nicht viel mit meinem wahren Ich zu tun, bewegen mich nicht wesentlich, fordern mich nicht heraus zu lernen und zu wachsen.

Maria, Julia und ihr Bruder Jonas stellten mir Fragen, auf die ich keine Antworten wusste. „Was hast du gerne gemacht, als du in meinem Alter warst? Was machst du heute am liebsten? Was wolltest du als Kind mal werden, wenn du erwachsen bist?“ Hm, ich weiß nicht mehr, was ich werden wollte. Ich glaube, ich habe als Kind nicht darüber nachgedacht, war mit Subtrahieren beschäftigt oder damit, Wege zu finden, wie sich mein Hirn doch irgendwie merken konnte, wie die Hauptstadt der Ukraine heißt, einem Land, mit dem ich doch gar nichts anfangen konnte. Ich wusste nicht, wo es liegt oder wie es dort aussieht, wie die Menschen dort leben und wie ihre Sprache klingt.

In dieser Familie hier erleben die Kinder etwas anderes, etwas ganz anderes als ich in ihrem Alter. Hier werden alle satt, ohne viel essen oder konsumieren zu müssen. Jeder hat Zeit und Raum, den inneren Impulsen nachzugehen. Sie erleben, wie Salbei riecht, wenn er in der Pfanne in Öl gebraten wird. Sie hören, wie die Mühle das Korn zu Mehl mahlt, und schmecken das selbst gebackene Brot und die im letzten Sommer geernteten Kräuter im Tee. Ich berühre Holzstücke, die Jonas geschnitzt hat, betrachte Naturfotografien, die Julia im Frühling und Herbst in der Umgebung des Hauses gemacht und entlang des Stiegenaufgangs im Haus aufgehängt hatte. Abends spüre ich eine Creme auf meiner Haut, die liebevoll aus Ölen und Blüten selbst hergestellt wurde. Es ist so schön, zu erleben, wie die Kinder hier aufwachsen können, und ich fühle, wie gut ihnen dieses Leben tut.

Wahrscheinlich zog es mich zu diesen Menschen, um mich zu erinnern... an das, was noch in mir ist, was für mich das Leben ausmacht und was alles möglich ist. Ich fühlte Bewunderung und Staunen in mir, und das begleitete mich auch nach Hause, als ich mich wieder in den Zug setzte und zurück in meine Welt fuhr, mit unzähligen Eindrücken und einem Gewirr von Gedanken in meinem Kopf. Gewohnte Muster wollten hinterfragt werden, Dinge, die als „Wahrheiten" in mir gespeichert waren, fühlten sich auf einmal nicht mehr ganz so richtig an. Kaum war der Zug losgefahren, kam eine Nachricht von Julia: „Ich vermisse dich jetzt schon." Und danach noch eine von Jonas und Maria: „Wir dich auch. Bis bald." Wieder stiegen Tränen in mir auf, diesmal jedoch aus Liebe und Dankbarkeit für die neuen Menschen, die ich kennengelernt und die wunderbaren Momente, die ich in diesen Tagen mit ihnen erlebt hatte.

Seit damals ist viel in mir passiert. Ich sitze auf einem großen Stein, strecke meine Arme in die Luft und die Sonne blinzelt ein wenig durch die Blätter der großen alten Weide auf mein Gesicht. Wenn ich auf meinen ersten Besuch in Ebensee zurückblicke, sehe ich, was sich seit damals alles in mir verändert hat. Ein Stein ist ins Rollen gekommen, angestoßen durch diese gemeinsam verbrachte Zeit und vieles mehr, das ich in den letzten zwei Jahren erlebt habe. Ich spüre, dass ich am richtigen Weg bin, auf meinem Weg, wo ich täglich etwas dazulerne, in Verbundenheit und Freiheit zugleich. Ich will mich nicht mehr daran orientieren, was in der Gesellschaft oder für die Wirtschaft richtig ist, will nicht etwas leisten und erreichen müssen, sondern fühlen, was ich selbst will und brauche. Ich will ein einfaches, gutes Leben leben und Dankbarkeit spüren für die kleinen Geschenke, die das Leben täglich für mich bereithält.

> **Kinder sind weder Gefäße, die gefüllt, noch Flammen, die entzündet werden wollen: Sie sind ein brennendes Feuer, das nicht gelöscht werden sollte.**
>
> *André Stern, Autor und Musiker*

LEBEN IM MOMENT

Eine Selbsterfahrung

EINLASSEN

Was soll ich machen? Mit verbundenen Augen einen Holzhocker erkunden? Ein Möbelstück mit vier durch Sprossen verbundenen Beinen und einer Sitzfläche? Das soll mich jetzt interessieren? Ich soll so tun, als würde ich zum ersten Mal Bekanntschaft mit ihm schließen? Innerer Widerstand, Lähmung, Unlust und Langeweile machen sich in mir breit. Dabei bin ich freiwillig hier bei meinem ersten Hengstenberg-Seminar bei Ute Strub[5]. Was hat mich hierher gebracht? Der Magnet war mein Interesse für kindliche Entwicklungsprozesse ab dem ersten Lebenstag. Der Zufall hat Regie geführt. Daniela Pichler Bogner, Mutter meines sechsjährigen Schülers Julian, hat mich mit ihrer Begeisterung für die Pädagogik Emmi Piklers[6] und Elfriede Hengstenbergs[7] angesteckt. Werde ich hier, bei der Selbsterfahrung, Antworten finden auf die brennende Frage: Wie lernen Kinder? Seit achtzehn Jahren, seit dem Beginn meiner Tätigkeit als Montessori-Lehrerin, suchte ich nach Antworten.

Was brauchen Säuglinge, um sich in der Welt wohlzufühlen? Welche Kompetenzen bringen sie mit und wie kann ich als Mutter sie stärken? Das war jetzt mein großes Interesse, denn über kurz oder lang würde ich einem Baby ein Zuhause geben. Die Zusage der Adoptionsstelle hatte ich bereits. Deshalb stehe ich jetzt vor diesem Hocker. Meine Entscheidung ist gefallen. Ich lasse mich auf das Experiment ein. Ich verbinde mir die Augen, werde ruhiger, entspannter. Tief atmend lasse ich mich auf dem Boden nieder. Meinen Kopf lege ich auf der Sitzfläche ab, meine Arme ebenso. Ich verändere meine Position, bis auch Schultern und Arme zufrieden sind. Ich höre meinen Atem, spüre das Holz auf meinem Gesicht und schließe Freundschaft mit dem Hocker. Lebendigkeit geht von ihm aus, Verbundenheit entsteht. Interesse erwacht: Ding, was willst du von mir? Meine Hände streichen sanft über die zylindrischen Beine, jeder Millimeter will erspürt werden. Ich spüre den Rundungen der Hockerbeine nach und gönne mir dann einen Moment Ruhe.

Nun verlangen die Verbindungssprossen meine Aufmerksamkeit. Sie sind dünner, fragiler. Ob ich zwischen Verbindungssprossen und Sitzfläche hindurchpasse? Ein Arm wandert hinein, stützt sich ab, erkundet den inneren Raum mit seinen Grenzen. Der zweite Arm gesellt sich dazu. Der Körper außen, die Arme innen, die Hände erkunden tastend den inneren Raum: die Sitzfläche von unten, die Beine und Sprossen, den Boden – ein enger Raum. Satt von dieser Erfahrung lege ich mich neben dem Hocker in Rückenlage auf den Boden. Hände, Arme und Kopf spüren der Berührung mit dem Holz nach. Die Idee, mich durch den Hocker zu bewegen, gehört der Vergangenheit an. Die Rückenlage gefällt mir, ich hebe den Hocker an den Beinen hoch. Wie schwer er doch ist. Ich bewege ihn in verschiedene Richtungen, lege ihn auf mich, neben mich. Wieder ausruhen. Langsam erhebe ich mich und setze mich vorsichtig auf den liegenden Hocker. „Ding, was bietest du mir an?", ist jetzt die Frage, die mich weiterführt, zu immer neuen Versuchen an und mit dem Hocker.

Ich lasse mich führen. Ich stelle den Hocker wieder aufrecht auf den Boden und setze mich drauf. Mein Körper richtet sich auf, die Schultern entspannen sich, der Kopf findet seine Position. Meine Aufmerksamkeit wandert zu den Stellen, an denen mein Körper und die Sitzfläche des Hockers sich berühren. Ich spüre Verbundenheit, Zufriedenheit und ein angenehmes Gefühl des Sattseins. Wir sind nun ein Paar, mein Freund der Hocker und ich. Mein innerer Antrieb, mehr über Lern- und Lebensprozesse zu erfahren, hat mich hierher geführt. Ein Moment der Entscheidung hat genügt, mich diese Erfahrung erleben zu lassen. Mein inneres Ja hat den Fluss in Gang gesetzt.

IMPULS

Müde liege ich auf dem Boden und bin froh, einfach die Augen geschlossen lassen zu können und mich nicht rühren zu müssen. Ich verspüre auch keine Lust, diese Position, liegend auf dem Rücken, jemals wieder zu verlassen. Mir ist heute überhaupt nicht nach Aktivität zumute. Im Hintergrund höre ich die sanfte Stimme von Ute Strub, der Seminarleiterin: „Übergib dich dem Boden, lass dich von ihm tragen. Du bist entspannt und gleichzeitig hellwach." „Aha", denke ich, „wie soll denn das gehen? Hier entspannt zu liegen heißt also nicht, gleich einzuschlafen?" Das interessiert mich. Ich sage mir: „Ich bin entspannt und gleichzeitig hellwach." Das ist ein interessanter Zustand. Ich fühle mich wohlig entspannt und gleichzeitig ganz anwesend, hellwach. „Wenn du den Impuls verspürst, deine Lage zu verändern, und sei es nur den kleinen Finger zu bewegen, dann folge diesem Impuls", fordert mich die Stimme der Seminarleiterin auf. Ob auch bei mir trotz meiner Müdigkeit ein solcher Impuls kommen wird?

Ich habe keine Ahnung und warte neugierig ab. Der Holzboden des Seminarraumes fühlt sich angenehm heimelig an, eine Decke als Unterlage brauche ich nicht. Meine Augen sind geschlossen, und doch kann ich wahrnehmen, dass sich rund um mich etwas bewegt. Es sind sanfte Bewegungen, die ich – mit welchen Sinnen eigentlich? – bemerke. Ich bin froh, dass ich meine Augen mit einem Tuch bedeckt habe, fühle mich in tiefer Dunkelheit geschützt und sicher. Meine Augen, die während des Tages so viel Arbeit leisten müssen, sind mir dankbar für die Momente des Ausruhens. Ich bin ganz in mir. Meine Wachsamkeit richtet sich ausschließlich nach innen. Siehe da, mein linker Arm beginnt sich zu bewegen, wie von selbst. Ist das der Impuls, von dem die Seminarleiterin gesprochen hat? Der linke Arm streckt sich in die Höhe. Auch der rechte Arm erwacht, die Hand bewegt die Finger. Der Arm wischt den kühlen Boden entlang, auf und ab. Die Bewegung erinnert mich an meine Kindheit. Wir haben uns im Schnee auf den Rücken geworfen und die Arme rauf und runter bewegt, dann sind wir aufgestanden und haben uns an den Engeln im Schnee erfreut.

Während Kindheitserinnerungen an mir vorüberziehen, bewegt sich mein rechtes Bein. Es kommt mir vor, als hätte es ein Eigenleben. Ich lasse die Bewegung zu und folge dem Impuls, neugierig interessiert. Das Knie beugt sich, es erwacht, wird lebendig, ist ein eigenes Wesen, Teil von mir. Es erkundet spielerisch seine Möglichkeiten, vielfältig, erstaunlich. Arme, Hände, ein Bein, das zweite Bein, die beiden Füße beginnen einen gemeinsamen Tanz.

Abgehoben vom Boden suchen sie nach dem idealen Zusammenspiel, nach Harmonie, nach Wohlgefühl. Nun will auch mein Rumpf an dem Spiel teilhaben und lässt sich von den zur Seite gleitenden Beinen mitziehen. Ich lande in Seitenlage. Habe ich jetzt tatsächlich meine Position verändert? Was ist mit meiner Müdigkeit? Was mit meinem Wunsch, mich nie wieder zu bewegen? Ergeben bleibe ich liegen und koste diesen Moment ganz aus. Nur mehr ein schmaler Teil meines Rumpfes berührt den Boden. Die seitlich angewinkelten Beine geben Halt, die angewinkelten Arme liegen nebeneinander. Staunend über die Bewegungen, die eben stattgefunden haben, ruhe ich mich aus. Wach und neugierig warte ich auf den nächsten Impuls. Wird er kommen und mich zu weiteren Schritten anleiten? Ich bin bereit. Eine gewisse Vorfreude auf das Unbekannte erfüllt mich. Das Feuer in mir brennt – ich bin voll und ganz bereit, mich auf den nächsten Moment einzulassen.

Durch die Fenster dringen Sonnenstrahlen. Ich sitze mit den Seminarteilnehmern im Kreis und bin erfüllt von meiner inneren Entdeckungsreise. Mein Körper kribbelt und pulsiert. Ich teile meine Erfahrungen mit den Anwesenden. Ist es wirklich möglich, mein inneres Erleben in Worte zu fassen? Jede meiner Zellen hat die neuen Erfahrungen gespeichert. Alles in mir erinnert sich an die aus dem Nichts auftauchenden Impulse, an die neue Bewegung, die gemacht und erfahren werden wollte. Alles in mir erinnert sich an das Gefühl der Stimmigkeit, an die freudvolle Veränderung, an das neue Körpergefühl und die grenzenlose Bereitschaft, Veränderung und Aktivität zuzulassen.

Während ich im Kreis sitze, das warme Sonnenlicht genieße und in entspannte Gesichter blicke, schweifen meine Gedanken in meine Jugend zu einer Szene im Turnunterricht. In schwarzen kurzen Hosen und weißen Leibchen folgen wir den Anweisungen des Turnlehrers, bemüht, seinen Vorgaben zu entsprechen. Mein Körper verkrampft sich, verweigert. Ich atme aus, lasse die Bilder ziehen, entspanne mich. Jetzt tauchen bewegende Bilder von Säuglingen und Kleinkindern auf, die ihren natürlichen Impulsen folgen: Die Geschmeidigkeit jeder Bewegung – welche Anmut und Schönheit, welche Sicherheit und Freude im Blick, die Eigenständigkeit und das Selbstvertrauen, das sie ausdrücken! Wer hat sie gelehrt, sich so zu bewegen? Welcher Lehrer könnte eine solche Sicherheit in der Bewegung, im Blick, im Sein lehren? Ich sehe noch einmal in die entspannt strahlenden Gesichter meiner Seminarkollegen. Sie alle hatten, so wie ich, eine wunderbare Begegnung – die Begegnung mit ihrem Innersten, die Begegnung mit sich selbst.

ZWANZIG JAHRE DANACH: SPIELRAUM

Ich sitze auf dem Boden im Schneidersitz und bin ganz ruhig. Ich fühle mich verbunden mit dem Boden und dem Raum. Die Holzgeräte zum Klettern für Kleinkinder, entworfen von der ungarischen Kinderärztin Emmi Pikler, stehen an ihrem Platz die Krabbelkiste mit dem eingehängten Rutschbrett, eine Kiste mit zwei schiefen Ebenen, die eine mit Teppichstoff bespannt, die andere aus glattem Holz; dahinter die Dreiecksleiter, hüfthoch; der Tunnel mit den seitlichen Gitterstäben und die Würfel zum Durchkriechen oder Hinaufklettern. Wie oft habe ich in den letzten sechzehn Jahren den Raum vorbereitet? Wie oft die Körbe mit Bällen, Bechern, Holzscheiben, Würfeln, Zylindern, Holzkegeln, Holzringen in verschiedenen Größen, Eierbechern und Bechern bereitgestellt, sie zurechtgerückt, bis sie an der richtigen Stelle standen? Jedes Ding hat seinen Platz. Jeder der acht Polster liegt an der richtigen Stelle, die kleinen Holzhocker stehen daneben. Ich genieße die letzten Minuten, bevor es klingelt und der automatische Türöffner sein krächzendes Geräusch von sich gibt. Die sechzehn Gläser Wasser, acht große und acht kleine, stehen bereit. In Gedanken sehe ich acht Mütter und Väter auf den Polstern sitzen. Ich lese in ihren Gesichtern, erkenne unterschiedliche Befindlichkeiten: Müdigkeit, Wachheit, Anspannung, Entspannung, Freude. Ich sehe ihre Kinder, alle im zweiten Lebensjahr, für die es hier so viel zu entdecken gibt: Die unterschiedlichen Materialien mit ihren Eigenschaften, ihre eigenen Bewegungsmöglichkeiten, die Begegnung mit

Gleichaltrigen, die eigene Wirksamkeit auf Gegenstände, andere Menschen und die ganze Gruppe, die Nähe und Präsenz der Mutter oder des Vaters, die eigene Bedeutsamkeit. Noch ist alles ruhig. Ich weiß nicht, was heute während der fünfundsiebzig Minuten geschehen wird. Ich bin neugierig. Was darf ich heute wieder lernen? Was werden mich die Kinder lehren, was die Erwachsenen? Zur Ruhe gesellt sich eine sanfte, freudige Aufregung: Ich bin zur richtigen Zeit am richtigen Ort, umgeben von den richtigen Menschen.

Der Türöffner knarrt, die Tür springt auf, jetzt strömt Leben herein. Ich erhebe mich und begrüße die Ankommenden im Vorraum. Ich bin in meinem Element als Spielraumleiterin. Kinder kuscheln sich an ihre Eltern oder schauen mich bei der Begrüßung mit offenem Blick an. Gibt es einen Blick, der offener und klarer ist als der eines Kindes? Sie werden auf die Bank gesetzt, aus den Jacken geschält, einfache beschreibende Worte begleiten diesen Vorgang. Die Kinder erleben das Ausziehen mit großem Interesse, so als wäre es das Wichtigste in ihrem Leben. Sie sind präsent, im Moment anwesend, denken noch nicht weiter, wissen, dass der gegenwärtige Moment das Wichtigste ist. Ebenso selbstverständlich lassen sie sich auf den nächsten Moment ein, offen und neugierig. Sie merken sofort, wenn der Erwachsene einen Moment überspringen will. Protest wird hörbar und sichtbar, wenn das Kind dessen Aufmerksamkeit einen Moment verliert. Mich erinnert es an das Hupkonzert, das ertönt, wenn ein Autofahrer, kurz abgelenkt, von der Spur abkommt. Wie empfindsam und weise Kinder doch sind! Sie setzen alles daran, den Erwachsenen wieder ins Hier und Jetzt zurückzubringen.

Mein Raum beginnt zu erwachen, er füllt sich mit den Ankommenden. „Auf welchen Platz setzen wir uns heute?“, fragen Mütter und Väter ihre Kinder. Langsames Ankommen ist wichtig – Zeit nehmen und Zeit geben. Wohin werden meine Augen gelenkt? Habe ich schon alle Kinder und Erwachsenen bewusst gesehen? Habe ich Verbindung hergestellt? Mein Blick fällt auf Susi, die sich genau wie beim letzten Mal ein großes Holzauto geschnappt hat. Sie lässt es auf dem Boden hin und her, auf der schiefen Ebene rauf und runter fahren und hält es auch fest, wenn sie sich bei ihrer Mama ausruht. Als wäre nicht eine ganze Woche vergangen seit dem letzten Spielraum, macht sie nahtlos da weiter, wo sie letztes Mal aufgehört hat. Meine Aufmerksamkeit wandert zu Anna, die es sich auf dem Schoß ihrer Mama gemütlich macht. Sie lässt ihren Blick durch den Raum schweifen. Mutter und Kind beobachten das Geschehen im Raum. Das gemeinsame Schauen erinnert mich an Synchronschwimmerinnen: Fast gleichzeitig bewegen sich ihre Augen, fast identisch ist der Ausdruck in ihren Gesichtern. Ob sie das Gleiche empfinden bei dem, was sie sehen?

Der fast zweijährige Clemens sitzt vor seiner Mutter Jana und greift nach dem Korb mit den Birkenhölzern. Die Birke stand einst im Garten meiner Schwiegereltern. Jedes einzelne Stück habe ich eigenhändig abgeschliffen. Der eineinhalbjährige Tino wird durch die Bewegung aufmerksam, nähert sich und greift auch nach dem Korb. „Nein", höre ich Jana vehement zu ihrem Sohn sagen, der den Korb mit einem Schwung vor Tino in Sicherheit zu bringen versucht. Noch fester reißt Clemens am Korb, während sein Körper und sein Gesicht sich verspannen. Ich setze mich neben Jana, schaue Clemens an und sage: „Willst du den Korb für dich alleine haben?" Sofort entspannen sich Gesicht und Körper, er stellt den Korb ab. Intensiv beobachtet er Tino, der nun zwei Hölzer in die Hand nimmt und dabei Clemens ansieht. Jana atmet erleichtert auf. Ihr Blick drückt Erstaunen und Erkenntnis aus. „Es genügt also, das Bedürfnis meines Sohnes in Worte zu fassen? Ich muss ihm nicht sagen, dass alle Kinder mit dem Korb spielen dürfen?" Ich bestätige ihre Erkenntnis. „Und wie ist das bei meinem fünfjährigen Neffen? Der will auch immer die Sachen für sich allein." Diese Frage hat Jana an ihr eigenes Inneres gerichtet. Ich lasse ihr schweigend einen Moment Zeit. „Ja", ist ihre Antwort, „auch er will darin bestätigt werden, dass er in dem Moment das Spielzeug für sich haben will." Clemens und Tino sitzen nun beide friedlich vor dem Korb und spielen mit den Hölzern. Anna klettert die Bogenleiter drei Sprossen hinauf, hält einen Moment inne, klettert weiter. Oben angekommen, schwingt sie ein Bein auf die Seite und thront jetzt mit strahlendem Blick auf der Leiter. Sie hat das heute zum ersten Mal gemacht. Sie genießt die Sicht aus luftiger Höhe. Anmutig stellt sie die Beine dann wieder nebeneinander, hält sich mit den Händen an einer Sprosse fest und klettert hinab. Anna folgt ihrem inneren Antrieb, die Welt, die sie umgibt, zu erforschen. Der Bogen war schon immer da. Warum erklimmt sie ihn gerade jetzt?

Mein Herz geht auf und Wärme breitet sich in mir aus. Fühlt sie sich ebenso? Vor zwanzig Jahren, als ich meine Müdigkeit und Unlust erkannte, habe ich nur einen Moment gebraucht, um mich für Aktivität und Präsenz zu entscheiden und darin einzutauchen. Offenheit und Lebendigkeit waren die Geschenke, die ich erhalten habe.

> **Das einzig lebenswerte Abenteuer kann für den modernen Menschen nur noch innen zu finden sein.**
>
> *Carl Gustav Jung (1875-1961), Schweizer Psychologe und Psychotherapeut*

MEINE ZEIT LEBEN

Eine Pionierin selbstbestimmten Lernens stellt sich vor

Ich liebe mein Leben!

Am allerschönsten erlebe ich jene Tage, an denen ich keine fix vereinbarten Termine habe und ganz in meiner eigenen Zeit meinen vielfältigen Aktivitäten nachgehe.

Es gibt einen inneren Rhythmus, eine ganz „eigene Zeit". An manchen Tagen werde ich von Sonnenstrahlen geweckt und weiß sofort: Heute will ich in den Garten – da gibt es immer was zu tun! Dann wieder habe ich zu gar nichts richtig Lust und erlaube mir ein wohltuendes Innehalten und Ruhen, bis wieder ein Impuls zur Aktivität kommt. Manchmal kommt dieser Impuls schon nach wenigen Stunden, manchmal aber auch erst nach mehreren Tagen. Es gibt Tage, an denen ich in ganz kurzer Zeit sehr vieles von meiner selbst zusammengestellten Liste erledigen kann, und andere, an denen einfach nichts funktionieren will... ein sicheres Zeichen dafür, dass gerade etwas anderes gelebt werden will.

Die Kunst, auf diesen Wellen zu surfen, habe ich mir im Lauf der Jahre durch achtsames Hinspüren auf meinen eigenen „Begeisterungs-Level" angeeignet. Und ja, manchmal war ich auch gefordert, Geduld zu üben und meine Auszeiten zu genießen.

In dieser eigenen Zeit zu fließen, ermöglicht mir, mehrere Projekte gleichzeitig zu verwirklichen! Da ist das Online-Sprachportal, bei dem ich mitwirke und Verantwortung übernommen habe. Oder die Bewegung rund um neue Geldsysteme. Oder die regionale Vernetzung und Organisation von gemeinsamen Veranstaltungen. Und natürlich der große Garten, Haus und Tiere, meine Familie, unser Gemeinschaftsprojekt MITANANDA L(i)ebenswert und Lebensfreu(n)de...

Da sind so viele Dinge zu tun, die mich begeistern, erfreuen und erfüllen! Dass ich dabei ständig Neues lerne, ist ohnehin ganz selbstverständlich. Ich erlerne neue Fähigkeiten durch mein Tun, und ich lerne an manchen Stellen, bereitwillig Verantwortung abzugeben und Hilfe anzunehmen.

Ich war schon immer „ein bisserl anders", aber insgesamt doch im herkömmlichen Sinne erfolgreich. Schon Jahre, bevor ich durch meine Tochter in einen völlig neuen Lebensabschnitt geführt wurde, habe ich manche vorgegebenen Bahnen verlassen. Zum Beispiel habe ich noch nie für ein Unternehmen oder einen Chef gearbeitet, der von mir eine schriftliche Bewerbung oder Zeugnisse verlangt hätte. Die Gelegenheiten sind mir immer (ganz zufällig!) zugefallen, meistens im Gespräch mit Freunden: „Bei uns im Büro ist die Sekretärin ausgefallen, und ich hab so viel zu tun! Kannst du vielleicht stundenweise Schreibarbeiten übernehmen?" Obwohl ich nur eine AHS-Matura und einige Jahre Studium an der TU Graz ohne Abschluss habe (weil ich bald erkannte, dass mir praxisbezogenes Tun wichtiger ist als theoretisches Wissen), hatte ich interessanterweise seit meinem 18. Lebensjahr durchwegs hochinteressante und gut bezahlte Arbeitsmöglichkeiten. Ich übernahm Vermessungs- und Planungsaufträge als Subunternehmerin in einem Ingenieurbüro, ich entwickelte mich aufgrund meines Interesses für die neu aufkommenden Computertechniken zu einer gefragten Erstellerin von Präsentationsunterlagen im Immobilienbereich, ich lernte viel über Vertragsrecht, Behördenverfahren, Banken und Finanzierungen. Am Höhepunkt meiner „beruflichen Karriere" leitete ich ein gut gehendes Immobilienbüro mit achtzehn Angestellten. Ich verdiente gut und hatte freie Hand bei der Einteilung meiner Arbeitszeiten, was besonders nach der Geburt meiner Tochter hilfreich war. Damit fühlte ich mich privilegiert und erfolgreich im Vergleich mit anderen Müttern.

Und doch war ich vielen Zwängen unterworfen, was mir erst durch das Hineinwachsen in unser neues Sein als Freilernerfamilie in aller Deutlichkeit bewusst wurde.

Je mehr ich mein Kind sein lassen und mich selbst zurücknehmen konnte, desto mehr erkannte ich, wie oft ich meine eigene Kreativität und Lernfreude und damit ja auch meinen Lebensfluss behinderte! Ständig war da eine innere Stimme: „Ich muss noch dieses und jenes tun..." oder „Dafür habe ich keine Zeit, das mache ich später" oder „Eigentlich finde ich das gar nicht gut und sinnvoll, aber ich mach es eben, weil es mir so aufgetragen wurde"...

Gemeinsam mit meinem Partner und unserer Tochter habe ich gelernt, den eigenen Weg zu finden, dem eigenen Fluss zu folgen und einfach die Dinge zu tun, zu denen das Herz „Ja" sagt. Ich habe Tätigkeiten ausgeübt, für die früher einfach keine Zeit war. Zum Beispiel konnte ich mich eine Zeitlang als Köchin in einem Seminarhaus meiner

Begeisterung hingeben, für viele Menschen supergesundes Essen zubereiten – vom selbst gebackenen Brot bis zu Kuchen und einer bunten Vielzahl an vegetarischen Gerichten. Oder bei der Erstellung einer Ortschronik in unserem Dorf mitarbeiten – dabei habe ich mir auch den Umgang mit einem Layout-Programm angeeignet, das ich schon seit Längerem einmal näher kennen lernen wollte. Meine organisatorischen Fähigkeiten habe ich beim Aufbau von mehreren Vereinigungen erweitert und dabei wieder viel neues Wissen und neue Fertigkeiten erlangt – einfach dadurch, dass ich dem nachging, wohin mich meine innere Stimme rief.

Natürlich gab es auch einige Hindernisse auf diesem Weg. Vor allem die vorgegebenen Lehrpläne und darüber abzulegenden Jahresprüfungen haben sehr viel an Engagement gefordert und waren wohl auch eine wesentliche Motivation für den Aufbau des Freilernernetzwerks. Letztendlich haben wir es geschafft, die Pflichtschulzeit meiner Tochter ohne „richtige" Prüfungen in Kooperation mit uns wohlgesonnenen Schulen, Lernfortschrittsdokumentationen und mehreren Besuchen in der Schule hinter uns zu bringen.

Heute, zehn Jahre später, ist mein Leben – unser Leben als Familie – völlig jenseits aller Normalität (falls es so etwas gibt). Wir gehen alle keiner herkömmlichen Arbeit nach, sondern gestalten unsere Termine nach unseren Interessen. Petz ist als Musiker oft am Wochenende unterwegs, sodass ein gemütlicher gemeinsamer Familientag eher an einem Dienstag oder Freitag stattfindet. Lisa ist viel zu Hause, dann allerdings wieder mehrere Tage lang unterwegs. Wir hatten im Lauf der Jahre viele Besucher, zeitweise auch Mitbewohner wie nun schon seit einem halben Jahr eine Mutter mit ihrer fünfzehnjährigen Tochter aus Deutschland. Daraus ergeben sich gemeinsame Unternehmungen und Veranstaltungen…

Für alle, die sich fragen, wie wir auf diese Weise unser Leben finanzieren können: Es war immer genug da! Und auch hier hat es sich so gefügt, dass wir jenseits der herkömmlichen Regeln Wege gefunden haben, um alles zu tun, was uns wichtig war und ist.

Es war ein herausfordernder Weg, eine abenteuerliche Entwicklung für uns alle und rückblickend: eine der besten Entscheidungen, die wir jemals getroffen haben!

MANIFEST FÜR EINE NEUE REALITÄT

Die alte Realität

Ein Kind auf die Welt zu bringen, bedeutete bisher eine komplette Veränderung der Lebensumstände: zuerst die Schwangerschaft als eine Reihe von medizinischen Prozeduren, dann eine High-Tech-Geburt im Krankenhaus, viel zu oft per Kaiserschnitt, und anschließend mangelnde Unterstützung und Isolation der jungen Eltern und Babys vom Rest der Gesellschaft.

So bald wie möglich sollten die Kleinen in Betreuungseinrichtungen den „Experten" übergeben werden, um der Gesellschaft die Arbeitskraft der Mutter rasch wieder zur Verfügung zu stellen und die Kinder Schritt für Schritt den Eltern zu entfremden. Der Mangel an stabilen Bindungen und das überwiegende Beisammensein mit Gleichaltrigen führte zu emotionalen Verletzungen, die viele Lern- und Reifungsprozesse erschwerten oder sogar verhinderten.

Konkurrenz, Leistungsdruck, ständige Beurteilung, Disziplinierungsmaßnahmen und Strafen dienten zur Vorbereitung auf die künftige Arbeitswelt. Die jungen Menschen waren ständig fremdbestimmt und hatten kaum Gelegenheit, eigene Fähigkeiten zu entdecken und diese in ihrem individuellen Tempo zu entwickeln. Sie wurden der Natur entfremdet und manipulativ zu unkritischen Konsumenten und gehorsamen Bürgern und Arbeitskräften herangebildet. In Folge davon mangelte es ihnen an Problemlösungskompetenzen, kreativen Fähigkeiten sowie Bindungs- und Gemeinschaftsfähigkeit.

Im gemeinschaftlichen Leben litten alle unter der künstlichen Trennung der Generationen und deren Kasernierung in Kinderbetreuungs- und Bildungseinrichtungen Arbeitsplätzen und Seniorenheimen.

Die neue Realität

Wir entwickeln uns in Richtung einer Gemeinschaft, in der die Ankunft und das Heranwachsen eines neuen Menschen mit großer Freude erwartet und von allen gemeinschaftlich begleitet werden. Mütter und Väter werden von erfahrenen Gemeinschaftsmitgliedern beraten und unterstützt, Schwangerschaft und Geburt erleben sie als natürliche Vorgänge.

Unsere Kinder sind allen willkommen – wir sorgen gemeinsam dafür, dass sie bestmögliche Gegebenheiten für ihre Entwicklung vorfinden! Von Anfang an wird der neue Mensch als eigenständiges Individuum wahrgenommen und wertgeschätzt. Respekt und Achtung vor allen Lebewesen und im Umgang mit der Natur sind im gemeinschaftlich gelebten Vorbild der Rahmen, in dem sich die Kinder bewegen und ihre Erfahrungen machen.

Bildungssysteme, Arbeit und Freizeit, Erwerbsleben und Pension vereinen sich zu dem LEBEN... Es ist ein wechselseitiges Miteinander-Sein und Voneinander-Lernen von Jung und Alt, ohne Wertung oder Zielvorgaben außer der einen: Jeder Mensch, gleichgültig, wie viele Jahre er schon auf diesem Planeten gelebt hat, hat die Möglichkeit, sein volles Potenzial zu entwickeln. Indem er seinem ureigenen Wesen Ausdruck verleiht, nimmt er seinen rechtmäßigen Platz ein im harmonischen Miteinander mit allen Lebewesen und der Natur.

> **Wo kämen wir hin, wenn alle nur sagten, wo kämen wir hin? Und keiner ginge, um einmal zu schauen, wohin wir kämen, wenn wir gingen!**
>
> *Kurt Marti (1749-1832), Schweizer Theologe und Poet*

MUßE, NICHT ARBEIT, IST DAS ZIEL DES MENSCHEN

Leben unterwegs

REISEN

„Ich dagegen rufe die Menschen zu dauernden Freuden auf und nicht zu nutzlosen und sinnlosen Tugenden, deren Früchte man nur voller Unruhe erhoffen kann.“ (Epikur)

Im Juli 2011 änderten wir unser Leben. Jonathan, unser Ältester, war seit einem Jahr in der Schule, und unser gesamter Tagesablauf war durch diesen Umstand getaktet und in ein erbarmungsloses Raster gezwängt worden. Wir lebten in einer kleinen Wohnung, in der jeden Morgen um sechs Uhr der Wecker läutete. Eine sechsköpfige Familie wurde aus ihren Träumen gerissen. Zwei Erwachsene und vier Kinder konnten nicht mehr frei über ihre Zeit verfügen, weil einer von ihnen seine Vormittage in einer Schule absitzen musste. Und auch dieser eine war sehr unglücklich dabei. Wir machten das Beste aus diesen Monaten und gingen jeden Tag ins Schwimmbad oder in ein Museum. Wir hätten uns damit abfinden können. Wir hätten uns einreden können, dass es nicht um die äußeren Umstände, sondern um die innere Haltung gehe. Dass man sich auf Kompromisse einlassen müsse und die wahre Freiheit darin bestehe, mit jeder Situation zurechtzukommen. Doch das wäre eine Beleidigung unseres Intellekts gewesen. Sich Dinge schönzureden, ist eine nützliche Gabe, durch die man sich mit unveränderlichen Situationen arrangieren kann. Aber eine solche unveränderliche Situation lag hier nicht vor. Wir waren frei, unser Leben selbst in die Hand zu nehmen.

Als das Schuljahr zu Ende war, meldeten wir Jonathan von der Schule ab und brachen zu Fuß auf. Unsere vier Kinder waren damals zwischen sechs Monate und sieben Jahre alt. Für das Gepäck hatten wir zwei alte Fahrradanhänger zu einem Gespann umgebaut, das wir wie eine Rikscha hinter uns herzogen. Abends schlugen wir in dichten Wäldern oder an Flussufern unser Zelt auf. Wir kochten mit einem kleinen Gaskocher, wuschen die Wäsche im Fluss und sprangen bei jeder Gelegenheit ins Wasser. Abends erzählten wir einander Geschichten oder lauschten in unserem Zelt den Geräuschen der Tiere, bis uns ein wohliger Schlaf überfiel. Wir bewegten uns viel und atmeten rund um die Uhr frische Luft ein. Wir waren immer zusammen. Streit kannten wir nicht. Probleme oder Sorgen waren uns fremd.

Hier, in diesem vagabundierenden, ungeplanten Leben inmitten der Natur lag unser Glück. Es war nicht etwa so, dass wir viele schöne Momente erlebten,

sondern wir befanden uns in einem anhaltenden Zustand rauschender Lebensfreude.

Vier Monate waren wir zu Fuß unterwegs. Sie waren der Anfang eines neuen Lebens. Seit dieser Zeit sind wir fast nur noch auf Reisen. Wir ziehen in einem Auto oder einem Wohnmobil durch Europa und Nordafrika, fahren dorthin, wo es uns gerade hinzieht. Wir schlagen unser Lager an den Stränden Andalusiens, in den einsamen Korkwäldern Portugals, in der Steinwüste Marokkos, in den weißen Sanddünen Mauretaniens oder an den heißen Quellen der Toskana auf. Wenn es uns gefällt, bleiben wir. Wenn uns etwas Neues in den Sinn kommt, fahren wir wieder los.

Am wohlsten fühlen wir uns in der Abgeschiedenheit der Wüste. Wir biegen von der Asphaltstraße ab, folgen Schotterwegen, bis sie irgendwo enden, und fahren dann noch ein paar Kilometer quer durch den Kies hinter den nächsten Hügel. So kommen wir an Plätze, an denen man am endlosen Horizont weder Häuser noch Stromleitungen oder sonstige Anzeichen menschlicher Zivilisation sieht. Es ist dort so ruhig, dass man das Blut durch seinen eigenen Kopf zischen hört. Einmal schlief ich ein ganzes Jahr lang auf einem Liegestuhl unter freiem Himmel. Wenn ich dann morgens in meinem Schlafsack von den ersten Sonnenstrahlen und einem warmen Wind geweckt wurde, war ich innerlich vollkommen ausgeglichen und hatte ein tiefes Glücksgefühl, das mich durch den ganzen Tag begleitete.

Wir verbringen diese Tage in der Wüste mit keinen geregelten Tätigkeiten, sondern machen, was gerade anfällt oder worauf wir gerade Lust haben. Wir kochen, backen Brot, essen, sitzen auf unserem Teppich, lesen Bücher und machen Musik. Die Kinder gehen auf Expedition, sammeln Steine, erkunden Schluchten oder besteigen kleine Berge. Gelegentlich bekommen wir Besuch von Nomadenfamilien, die mit ihren Schafherden durch das Land ziehen. Ihren ganzen Besitz haben sie in den Packtaschen von drei oder vier Eseln verstaut. Wir reden mit ihnen, trinken zusammen Tee und verabschieden uns wieder. Abends schauen wir lange in die Sterne. Wir haben ein Buch, in dem alle Sternbilder beschrieben sind, und können uns schon recht gut am Sternenhimmel orientieren. Wir haben Vorräte für eine Woche dabei. Danach fahren wir wieder los. In die nächste Stadt auf den Markt und zu einem Brunnen, um die Wasserkanister aufzufüllen.

Es gibt in Europa mehrere tausend Familien, die auf Reisen leben. Wir treffen sie zufällig und beschließen manchmal, zusammen weiterzureisen. Nach ein paar Wochen oder auch Monaten trennen sich unsere Wege wieder. Nie macht uns ein Abschied unglücklich, immer sind wir von Dankbarkeit für die gemeinsame Zeit erfüllt und von der Vorfreude auf ein Wiedersehen – wann und wo auch immer. Manchmal bleiben wir wochenlang allein. Diese Abwechslung ist es, die unser Leben erfüllt.

Das Leben ist schöner, wenn man viel in der Natur ist, oft den Ort wechselt, immer wieder Neues sieht und sich immer wieder mit neuen Menschen umgibt. Mehr noch, wir glauben sogar, dass Kinder kein festes Zuhause, keinen geregelten Tagesablauf, keine täglichen Rituale oder dergleichen brauchen. Sie profitieren von ständigen Veränderungen, solange sie die Liebe ihrer Familie haben.

ARBEIT

„Die Arbeit bekommt immer mehr alles gute Gewissen auf ihre Seite: Der Hang zur Freude nennt sich bereits „Bedürfnis der Erholung" und fängt an, sich vor sich selber zu schämen. „Man ist es seiner Gesundheit schuldig" – so redet man, wenn man auf einer Landpartie ertappt wird. Ja, es könnte bald so weit kommen, dass man einem Hange zur vita contemplativa (das heißt zum Spazierengehen mit Gedanken und Freunden) nicht ohne Selbstverachtung und schlechtes Gewissen nachgäbe."
(Friedrich Nietzsche, Die fröhliche Wissenschaft)

Oft werden wir gefragt, wovon wir leben und ob wir denn nicht arbeiten. Wir halten Arbeit für ein notwendiges Übel und nicht für einen erstrebenswerten Lebensinhalt. Arbeiten ist normalerweise anstrengend und langweilig. Das ist auch der Grund, weshalb man Menschen dafür bezahlen muss. Der Begriff der Arbeit sollte nicht ausgeweitet oder mit den Lorbeeren der Selbstverwirklichung geschmückt werden. Er sollte nicht schleichend auch noch die letzten davon unberührten Bereiche unseres Lebens kolonisieren. Arbeit sollte zeitlich und begrifflich scharf abgegrenzt bleiben, damit keine Verwirrung entsteht.

Einmal erzählte mir unsere Freundin Dominique, dass es indigene Völker gibt, in deren Sprache es kein Wort für Arbeit gibt, weil die Arbeit so in ihren Alltag eingebettet ist, dass man sie von der Freizeit nicht abgrenzen kann. Sie fragte mich, wie es mir in einer solchen Gesellschaft gefallen würde. Es würde mir gar nicht gut gefallen. Es würde mir so gehen wie bei jeder anderen Arbeit. Wenn ich am ersten Tag gebückt in einem Reisfeld stehe, werde ich noch motiviert und neugierig sein. Am zweiten Tag werde ich schon träge und mache immer längere Pausen. Und ab dem dritten Tag suche ich nach einem Ausweg. Denn nicht das Wort Arbeit ist es, das mein Unbehagen auslöst, sondern das Gefühl Arbeit. Es ist ein unangenehmes Gefühl und es lässt sich nicht abschalten, indem man die Definition des Wortes ändert. Es würde mich stören, wenn jemand unsere Reisen oder die Kindererziehung als Arbeit definiert. Das wäre eine Abwertung. Reisen und Kindererziehung haben mit Arbeiten nicht das Geringste zu tun.

Es wundert mich, dass der Mensch die Menge der Arbeit nicht so weit wie nur irgendwie möglich reduziert. Der technologische Fortschritt der letzten zweihundert Jahre zielte darauf ab, uns das Leben zu erleichtern, uns von der Last der Arbeit zu befreien. Keine einzige der vielen großen Erfindungen und Entdeckungen unserer Vorfahren war dazu gedacht, Arbeitsplätze zu schaffen. Sie hatten alle das Ziel, Arbeitsplätze zu beseitigen, damit den Menschen mehr Zeit für das Schöne im Leben bleibt. Wenn man es uns nicht ständig sagen würde, würden wir nicht im Traum auf die Idee kommen, dass dieses Schöne im Leben etwas damit zu tun haben könnte, eine Tastatur zu bedienen, Sitzungen abzuhalten oder Zementsäcke zu schleppen. Es hat damit zu tun, frei zu sein, ein gutes Buch zu lesen, Musik zu machen, spontan zu tanzen, einen schönen Menschen zu lieben, im Frühling in einer Wiese zu liegen, Berge zu besteigen und die Wunder der Welt zu entdecken. Wo und wann verlernen die Menschen, sich erfüllend selbst zu beschäftigen, wenn sie gerade keine Arbeit haben? Wir wissen, wo und wann das passiert.

Unsere Haltung zur Arbeit ist rational. Dort, wo sie notwendig ist, soll sie schnell und gut erledigt werden. Sobald man das Notwendige erreicht hat, sollte man aber auch gleich wieder damit aufhören. Wir arbeiten nur, weil es manchmal sein muss, und zwar gerade genug, um unseren bescheidenen Lebensstandard zu halten. Das ist sehr wenig, denn wir brauchen nicht viel. Der Rest unserer Zeit ist Urlaub, Genuss, Leben, Muße. Wie schon Oscar Wilde sagte: „Muße, nicht Arbeit, ist das Ziel des Menschen." Und diese Muße wird uns nie langweilig.

Urlaub ist schöner als Arbeit und Arbeit sollte nicht mit Selbstverwirklichung verwechselt werden.

LERNEN

Im Grunde ist uns Bildung, zumindest das, was man in unserer Gesellschaft darunter versteht, nicht so wichtig. Es geht uns darum, dass unsere Kinder glückliche Menschen werden. Es stellte sich für uns aber heraus, dass das

Lernen ohnehin ein natürlicher Vorgang ist, der wenig Leitung benötigt. Unsere Kinder lernten fast alles durch Vorbilder, kleine Anregungen und eigenes Experimentieren.

Wir brachten unseren Kindern Grundkenntnisse im Lesen und Schreiben bei. Doch das war nur eine kleine Anregung, verglichen mit dem, was sie aus eigenem Antrieb daraus machten. Unser Ältester fing beispielsweise mit acht Jahren an, kleine Büchlein zu verfassen. Wochenlang arbeitete er an seinen Werken. Er war völlig vertieft in seine Welt der spannenden Tiergeschichten, die er immer mit viel Fachwissen ausschmückte. Um sich die nötigen Informationen zu verschaffen, las er in Wikipedia nach. Er wurde dabei zu einem regelrechten Tierlexikon und konnte hunderte Tierarten erkennen und beschreiben. Seine Büchlein versah er mit Bildern, druckte sie aus, band sie mit Nadel und Faden und verschenkte sie in unserem Bekanntenkreis. Sein Schreibfieber verebbte nach zwei Jahren wieder und er wurde zum leidenschaftlichen Leser. Allein im letzten Jahr las er 54 Bücher mit durchschnittlich 400 Seiten. Neben Karl May hatte er es vor allem auf Autoren der Weltliteratur wie Charles Dickens oder Oscar Wilde abgesehen. Jonathan entwickelte dabei ganz selbstständig eine sehr gute Rechtschreibung und einen wunderbaren Schreibstil.

Wir sind eine musikalische Familie und ich habe immer gehofft, dass sich unsere Musikliebe auch auf die Kinder überträgt. Als Jonathan sechs war, wollte ich ihm erste Griffe auf der Gitarre beibringen. Doch ich sah schnell, dass er kein Interesse hatte und sich nur wenig von meinen Lektionen merkte. Mit viel Motivation, regelmäßigem Unterricht und ständigen Wiederholungen hätte er vermutlich etwas Gitarre gelernt, aber es wäre ein schwerfälliges Unterfangen gewesen, aus dem weder echte Leidenschaft noch besonderes musikalisches Können entstanden wäre. Ich gab den Versuch auf.

Zwei Jahre später lernten wir an einem Strand in Spanien eine Familie mit zehn Kindern kennen. Sie lebten schon seit über zwanzig Jahren im Wohnmobil. Einige der Kinder hatten Gitarren und spielten virtuos Flamenco in Lokalen und auf der Straße. Jonathan war so fasziniert von diesen Musikern, dass er sich am nächsten Tag von mir einen Gitarrenakkord und das Anschlagmuster des Flamenco zeigen ließ. Die Lektion dauerte etwa fünf Minuten. Danach übte er das Gelernte einige Wochen. In den nächsten zwei Jahren folgten höchstens zehn weitere Kurzlektionen: ein paar Akkordfolgen und zwei oder drei weitere Anschlagmuster. Die gesamte Unterrichtszeit aller Lektionen zusammen betrug geschätzte zwei Stunden. Aber Jonathan übte jeden Tag, manchmal nur kurz, manchmal eine ganze Stunde lang.

Er wurde immer besser und begann zu experimentieren, dachte sich neue Akkorde und neue Anschlagmuster aus. Er entdeckte musikalische Grundprinzipien, begann zwischen Vierer- und Dreiertakten zu unterscheiden und jeweils eigene Anschlagtechniken dafür zu erfinden. Ab und zu trafen wir auf unseren Reisen professionelle Gitarristen, die ihm weitere Tipps gaben. Ein Berufsmusiker wurde auf uns aufmerksam und bat darum, sich Jonathan für ein paar Auftritte in Spanien „ausborgen" zu dürfen. So sammelte er erste Bühnenerfahrungen.

Inzwischen wurden auch die jüngeren Geschwister vom Musikfieber angesteckt. Als Paul acht Jahre alt war, fing er an, Melodien zu den Akkordfolgen seines Bruders zu improvisieren. Er hatte daran große Freude und sang von Anfang an sehr genau. Von nun an verbrachten die beiden viel Zeit mit dem gemeinsamen Musizieren. Sie verteilten selbstständig die Rollen. Paul entwickelte genaue Vorstellungen, wie ein Musikstück ablaufen musste. Er übernahm die Rolle eines Dirigenten und Komponisten, der seinen älteren Bruder musikalisch leitete und Melodien und Rhythmen vorgab. Jonathan lernte dabei wiederum, selbst die Begleitung zu den Melodien zu finden. Sie fingen an, bekannte Volkslieder zu arrangieren. All das entwickelte sich ohne Einfluss von unserer Seite.

Dann kamen wieder ein paar Anregungen von uns. In einem Wald in Marokko bastelte ich eines Abends am Lagerfeuer aus einer Blechdose, etwas Reis und einem Aststück eine Rassel und zeigte Paul einen einfachen Rasselrhythmus. Ab jetzt sang Paul nicht nur, sondern spielte auf Rasseln und Trommeln dazu. Im Internet suchte ich den Text eines bekannten spanischen Flamencoliedes und zeigte den Kindern, wie sie es mit ihren schon erlernten Techniken spielen konnten. Von nun an war dieses Lied „ihr Lied" und sie spielten es jeden Tag mehrmals. Schnell lernten auch die beiden Mädchen den Text und sangen immer öfter mit ihren Brüdern mit. Sie hatten das Bedürfnis, ihr Lied aufzuführen, und setzten sich dazu in Fußgängerzonen und auf Strandpromenaden. Ihre Musik war inzwischen richtig professionell. Sie sangen laut und zweistimmig, begleitet von feinstem Gitarrenspiel und einem mitreißenden Rasselrhythmus. Die Zuhörer waren begeistert und warfen ihnen Münzen zu. Die Kinder sahen diese Straßenauftritte, den Applaus und das Geld als Anerkennung und schöpften daraus viel Selbstbewusstsein. Als sie eines Tages in zwei Stunden hundert Euro verdienten, mussten wir ihnen das Musizieren auf der Straße verbieten, um nicht ins Visier von Polizisten oder Sozialarbeitern zu geraten.

Während eines Aufenthalts in Österreich durften die Kinder bei den Auftritten ihrer Großmutter, einer Berufsmusikerin, mitwirken. Dann hatten sie die Gelegenheit, bei einem Konzert des bekannten französischen Gitarristen Felipe Sauvageon auf der Bühne aufzutreten. Zu diesem bisherigen Höhepunkt ihrer musikalischen Laufbahn bekamen sie tosenden, minutenlangen Applaus.

Kinder entwickeln viel mehr Lernenergie und Begeisterung, wenn man sie etwas selbst herausfinden lässt.

> **Trudele durch die Welt.**
> **Sie ist so schön,**
> **gib dich ihr hin,**
> **und sie wird sich dir geben.**
>
> *Kurt Tucholsky*

LANGSAM HINEINWACHSEN

Zwei Väter im Gespräch mit Michael Karjalainen-Dräger

M: *Wann beziehungsweise auf welche Weise hat bei euch der Weg des Freilernens eurer Kindern begonnen?*

R: Also bei uns ist das irgendwie gewachsen. Der erste Schritt war eigentlich die Zeit, wo der Jonas so alt war, dass er in den Kindergarten gehen hätte können bzw. hätte gehen müssen, weil es gab ja eine Kindergartenpflicht. Und da haben wir uns verschiedene Kindergärten angeschaut, auch Alternativgeschichten wie Montessori und so. Aber das war nicht das, was wir uns vorgestellt haben. Dann sind wir draufgekommen, dass man die Kinder abmelden kann von dieser Pflicht, und das war irgendwie der erste Schritt. Eigentlich habe ich nie das Bedürfnis gehabt, dass das Kind irgendwo hin muss. Ganz im Gegenteil, das hätte ich gar nicht wollen, denn es war immer eine schöne Zeit, die beste Zeit eigentlich, wenn wir gemeinsam waren.

Und dann kam natürlich die Schulzeit, die Schulpflicht. Weil Jonas ja im August geboren ist, haben wir uns gesagt: Naja, soll er ein Jahr später anfangen, melden wir ihn einmal ab. Und dann war das erste Jahr vorbei. Für die Sigi war das vielleicht schon früher klar, dass es länger so bleibt. Dann habe ich mich auch mehr damit auseinandergesetzt. Mit der Schule, wie sie ist. Meine Schulerinnerungen sind eigentlich keine schlechten. Ich habe keine wirklichen Probleme gehabt, zumindest nicht in der Volksschule. Danach bin ich in die Hauptschule gegangen. Es war damals wenig Stress, ich bin oft um elf zu Hause gewesen, dann musste ich vielleicht eine halbe Stunde was machen und der restliche Tag war frei. Ich habe aber schon mitgekriegt, dass die Schule anders geworden ist heutzutage. Was es für Belastungen gibt und wie die Kinder da eingeteilt sind.

Zu der Zeit hatten wir auch schon Kontakt mit dem Freilernerforum und haben gesehen, dass es eigentlich auch ganz anders ginge. Und je mehr wir bei Jonas gesehen haben, dass Lernen wirklich auch anders geht und gewisse Sachen einfach passieren, desto mehr habe ich mich gefragt: Muss er jetzt wirklich jeden Tag dort hingehen, damit er das lernt, was er eh so nebenbei macht? In der Zeit kann er doch was anderes machen. Also melden wir ihn ab, machen die Prüfung und fertig. Die ersten beiden Jahresprüfungen haben wir mit dem Jonas gemacht. So sind wir da hineingewachsen. Mit der Zeit hat sich aber herauskristallisiert, dass das mit der Prüfung immer schwieriger wird. Wir haben immer mehr Informationen gehabt, wie das andere erleben, und mittlerweile sind wir überzeugt, dass Leben einfach in unserem Zusammenleben besteht. Ich sehe Jonas in seiner Art, wie er ist. Jetzt ist er schon elf, und ich sehe immer noch diese Begeisterung, die vielleicht viele Kinder vor der Schule haben, die aber bei den meisten nach kürzester Zeit absinkt. Das ist bei uns ausgeblieben. Und ehrlich gesagt ist der Unterschied zu Gleichaltrigen bei vielen Dingen relativ gering. Obwohl wir nie gesagt haben: Das gehört so oder so, hat er uns irgendwann gefragt, ob das jetzt richtig ist, was er schreibt. Er hat also irgendwie mitgekriegt, es gibt eine Grammatik, es gibt eine Rechtschreibung, und dann fragt er einfach und lernt es auf diese Weise.

Ich habe auch überhaupt keine Angst, dass der Jonas womöglich untergeht. Das glaube ich überhaupt nicht, ich glaube das Gegenteil. Er macht Sachen, bei denen ich mir denke: Na, das wird nicht gehen! Aber ich denke es mir nur und sage höchstens: Na, Jonas, glaubst du, das geht? Und dann kriegt er es wirklich hin! Das ist mein ständiges Erlebnis, auch mit dem Elias. Die Kinder haben eine solche Energie und finden einen komplett anderen Weg, als ich mir das je gedacht hätte. Und ich denke mir: Super, das ist ja wie im Film vom Wagenhofer – die Kinder sind insofern schon Genies, weil sie so viele Lösungen finden, die du dir ja nie träumen lässt. Und das ist alles so schön!

M: *Eine Zusatzfrage noch: Wer hat die Entscheidung getroffen, dass dieser Weg gegangen wird?*

R: Wir haben sie eigentlich gemeinsam getroffen, also auch mit dem Jonas zusammen. Weil der Jonas das natürlich auch so sieht. Mittlerweile hat er ja auch schon mehr Überblick, wie es anderen geht. Wir sind uns also total einig, dass das der richtige Weg ist. Die Probleme, die auftauchen, die möchte ich jetzt nicht ansprechen, denn das sind Probleme, die von außen reingetragen werden.

M: *Darauf kommen wir dann später noch. Jan, wie war das bei euch?*

J: Bei uns war es nicht unbedingt das Freilernen an sich, sondern die Frage: Wie geht man mit Kindern um, wie lebt man mit Kindern? Als Gudrun zum ersten Mal schwanger war, hat sie sich für Hausgeburt interessiert. Da gab es eine Schwägerin, die das ein paar Jahre vorher gemacht hatte, als wir beide noch die Einstellung hatten: Wie kann man nur die Sicherheit des Krankenhauses aufgeben?! Aber Gudrun hat sich dann etwas mehr damit beschäftigt, und so sind wir nach und nach erst draufgekommen, was da noch alles zu bedenken ist, und dass eine Geburt im Krankenhaus nicht unbedingt besser ist. Über die Hebamme, die wir uns ausgesucht haben für die Hausgeburt, bekamen wir ein paar Buchempfehlungen zur Vorbereitung. Und da war ein

Buch dabei, das für mich prägend war: „Das kompetente Kind“ von Jesper Juul. Das war für mich beim Lesen ein echtes Aha-Erlebnis, weil der Autor so schön Situationen schildert, wo ich mir beim ersten Lesen aus dem alten Denken heraus gedacht habe: Das ist doch eine ganz normale Reaktion der Erwachsenen! Und dann erklärt er, was diese Reaktion der Erwachsenen jetzt aus der Sicht des Kindes bedeutet hat, und da denkst du dir als werdender Vater: Scheiße, was hätte ich da jetzt gerade angestellt!

Das hat wirklich ein totales Umdenken, eine komplette Kehrtwende in unserer Einstellung ausgelöst, wie wir mit den zu diesem Zeitpunkt noch nicht geborenen Kindern umgehen werden. Von Freilernen war da noch nicht die Rede. Als Kaia drei war, haben wir über weitere Geschwisterchen nachgedacht und fanden, Kindergarten wäre eine gute Sache. Wir hatten schon eine klare Vorstellung, dass es vom pädagogischen Konzept her passen muss, und haben uns für einen Montessori-Kindergarten entschieden. Aber dann war es für uns total überraschend, dass sich Kaia innerhalb kürzester Zeit verändert hat, total andere Verhaltensmuster nach Hause gebracht hat, die ihr vorher völlig fremd waren. Konkurrenzdenken zum Beispiel: Ich habe das bessere, größere und schönere Stofftier oder Fahrrad und solche Sachen. Oder: Wenn du das und das nicht machst, dann bin ich nicht mehr deine Freundin. Das haben wir vorher überhaupt nicht gekannt von ihr, das kam offensichtlich aus dem Kindergarten. Außerdem haben wir gemerkt, dass es für sie auch stressig ist. Sie hat zu dem Zeitpunkt Daumen gelutscht, doch scheinbar war das nicht gerne gesehen im Kindergarten. Ich weiß nicht, wer ihr da was gesagt hat, jedenfalls ist es so weit gekommen, dass sie stattdessen an ihrem Ärmel genuckelt hat. Wenn wir sie abgeholt haben, waren die zwei T-Shirts, die sie mit hatte, bis oben nass, so groß war ihr Stress!

Kaia war insgesamt eineinhalb Jahre im Kindergarten. Am Anfang hat sie gesagt, sie geht gerne hin, aber dann wollte sie immer öfter zu Hause bleiben, bis wir schließlich mit ihr gemeinsam die Entscheidung getroffen haben, dass wir das beenden. Ab da ging es ihr sehr rasch viel besser. Als logische Konsequenz daraus haben wir sie vom verpflichtenden Kindergartenjahr abgemeldet und uns gleichzeitig Gedanken gemacht, was wir dann mit der Schule tun werden. Wir haben uns verschiedene freie Schulen in Wien und Umgebung angeschaut aber eigentlich das Gefühl gehabt, dass dort nicht dieses freie Lernen stattfindet, wie wir es uns vorgestellt haben. Aus den Notwendigkeiten des Schulbetriebs war doch immer eine Art Lenkung, ein Drängen in gewisse Richtungen dabei. Also haben wir uns eben entschlossen zum häuslichen Unterricht.

Im ersten Jahr habe ich noch gehadert, ob wir die Jahresprüfung machen oder nicht. Wir waren damals schon in Kontakt mit der Initiative Freilernen 2013 und waren voll dafür, sie zu unterstützen. Aber dann dachte ich mir, in den ersten zwei, drei Jahren Volksschule sind die Prüfungen ja überhaupt kein Thema, und wir sind schließlich überzeugt davon, dass das Freilernen zu vernünftigen Ergebnissen führt. Warum sollen wir also jetzt schon in Konfrontation mit den Behörden gehen? Lassen wir die Prüfungen mal vorbeiziehen, und wenn wir merken, nein, da können wir jetzt nicht mehr mit, hören wir einfach auf. Aber wir haben uns schließlich doch entschlossen, die Prüfungen schon im ersten Jahr nicht zu machen. Auch wieder in Absprache mit Kaia. Und schon auch deswegen, weil wir das Gefühl gehabt haben, wir können vielleicht auch mit der Initiative etwas mit bewegen, wenn wir jetzt sagen: Nein, es passt grundsätzlich nicht, auch wenn es kein Problem für die Kaia gewesen wäre. Dafür wollen wir lieber von Anfang an klar und offen eintreten, anstatt uns irgendwie durchzuwursteln, solange es irgendwie geht. Denn sonst heißt es: Naja, jetzt wo ihr die Prüfungen nicht mehr „besteht“ unter Anführungszeichen, jetzt fangt ihr an, sie zu kritisieren. Aber das ist es ja nicht! Es geht darum, was wissenschaftliche Studien alle zeigen: Kinder lernen am effektivsten, am effizientesten durch Spielen, durch Kontakt mit Erwachsenen und Kindern verschiedenen Alters. Es müssen nicht enge, kleine Gruppen von lauter Gleichaltrigen sein.

Aber ich muss ehrlich sagen, befasst habe ich mich damit erst ab dem Zeitpunkt der Schwangerschaft. Davor habe ich mich mit solchen Sachen überhaupt nicht beschäftigt und hatte dementsprechend auch einen ganz normalen, herkömmlichen Zugang dazu. Hätte man mich in dem Jahr, bevor wir uns für Kinder entschieden haben, zu meiner Einstellung dazu befragt, hätte ich Leute, die das tun, was ich heute mache, wahrscheinlich ziemlich schräg angeschaut! Für seltsam gehalten, sagen wir es mal so… (lacht)

R: Ich möchte auch noch mal was dazu sagen, weil du jetzt so ganz früh angefangen hast. Das ist bei mir nämlich ganz ähnlich gewesen. Es hat begonnen, als Sigi schwanger war, davor habe ich mich auch gar nicht mit Kindern auseinandergesetzt. Und dann haben wir uns genau wie ihr für eine Hausgeburt entschieden. Da bist du natürlich als Vater viel mehr involviert, da musst du dich natürlich ein bisschen auskennen, weil keiner dir das abnimmt.

Ein Schlüsselerlebnis war dann auch für uns dieser Spielraum nach Emmi Pikler. Dort habe ich ganz was Wichtiges erkannt: Erstens, wenn man ein Kind hat und sich mit dem Kind auseinandersetzt, dann kommen die eigenen Sachen rauf, die man schon längst vergessen hat. Du musst dich also mit deinem eigenen Kindsein auseinandersetzen, damit du dein Kind verstehst, gerade in diesem frühen Alter. Man fragt sich nicht, wie muss das Kind jetzt reagieren, sondern hinterfragt: Wie reagiere ich auf gewisse Dinge? Dann merkt man, ah, das Kind ist ganz normal. Für mich gibt es sowieso sowas wie Erziehung nicht, das ist ja nur eine Konstruktion von Erwachsenen. Es geht nur ums Vorleben – so wie du tust, so tun die Kinder. Du kannst ihnen erzählen, was du willst, wenn du es nicht machst, dann wird es einfach nicht funktionieren.

Und was ich auch immer mehr spüre, ist das Vertrauen in die Kinder, das ist irrsinnig gewachsen. Ich sehe, dass die Kinder eigentlich ganz super sind, dass nur wir sie oft nicht verstehen. Und sobald du mehr verstehst, siehst du auch, wie das alles passt. Und was da noch dazugekommen ist, durch Jonas und Elias, wobei das erste Kind natürlich der größte Umschwung gewesen ist für mich: Ich habe auch zur ganzen Welt und zu anderen Menschen eine andere Beziehung entwickelt. Ich bin eigentlich viel menschenfreundlicher geworden durch das Kind. Früher habe ich mich immer gefragt, warum kommen da so viele Arschlöcher heraus, wenn es eigentlich so super anfängt bei jedem Kind. Woran liegt das? Ich denke, es liegt an diesem Unverständnis, das ihnen entgegengebracht wird. Das war eine Entwicklung, die, wie gesagt, schon vor der Geburt angefangen hat, weil ich mich auseinandersetzen habe müssen mit der Hausgeburt. Schon da habe ich gesehen: Je weniger du eingreifst, desto besser ist es eigentlich. Und das kannst du auch auf alles andere umsetzen: Wenn etwas von allein fließt, dann ist es optimal. Die Welt funktioniert eigentlich eh von allein, man muss sie nur lassen.

J: Das möchte ich auch noch bestätigen von meiner Seite. Denn eigentlich haben wir uns ja über den Spielraum kennengelernt. Noch vor der Episode mit dem Kindergarten war die Zeit im Pikler-Spielraum. Bücher von Jesper Juul und anderen Pädagogen hatten wir zwar schon gelesen, aber das praktische Umsetzen ist dann doch noch was anderes. Dann sitzt du da im Spielraum, rundherum und in der Mitte alle möglichen tollen Sachen für die Kinder, und das Kind sitzt die ganze Zeit nur bei dir am Schoß. Am liebsten würdest du sagen „willst du nicht" und „schau doch" und „du könntest doch"... Das braucht es alles nicht! Aber so, wie wir aufgewachsen sind, ist es echt schwer, loszulassen und, wie du sagst, das Vertrauen zu haben, dass das Kind genau das jetzt mitnimmt und tut, was es gerade braucht. Und dann auch mitzubekommen, wie viel da trotzdem passiert, auch wenn es nur dasitzt aber mit total neugierigen Augen alles beobachtet. Und dass halt erst einen oder zwei Tage später irgendwie herauskommt, was sie da alles mitgenommen haben – ja, das ist ein Wahnsinn. Und das Vertrauen, dass das Lernprogramm schon in den Genen angelegt ist!

Manche meinen, das Freilernen wäre jetzt eine neue Mode, und vergessen, dass wir das seit Jahrmillionen machen! Die Kinder wachsen, leben einfach neben den Erwachsenen mit und lernen durch Beobachtung. Auch eine Binsenweisheit der Pädagogik, dass Kinder achtzig bis neunzig Prozent aus dem lernen, was du tust oder was sie miterleben, und vielleicht zehn Prozent aus dem, was du ihnen sagst. Das heißt, dass das aus gutem Grund so angelegt ist in unserer Evolution und dass Kinder daher nicht nur Krabbeln, Gehen, Laufen, Sprechen und so weiter ganz natürlich lernen, ohne dass man einen Pädagogen dafür braucht, sondern dass das einfach das Natürlichste auf der Welt ist, so zu lernen, und daher auch alles Weitere genauso natürlich erlernt werden kann. Dieses Vertrauen ist auch etwas, das man sich erst erwerben muss oder das langsam wächst im Zuge der Beschäftigung mit dem Kind. Es ist aber ganz wesentlich, denn sonst fragst du dich ja doch wieder die ganze Zeit, ob dein Kind nicht im Vergleich zu anderen Kindern dies oder das jetzt auch schon können müsste. Und das ist etwas, das eure Beziehung schwer belastet und letztlich das Ganze zunichte macht.

M: *Eine Frage ist jetzt ganz wesentlich für mich geworden durch eure Wortmeldungen: Gab es in eurer Partnerschaft manchmal unterschiedliche Perspektiven auf dieses Thema? Es klingt jetzt alles ganz harmonisch, wie ihr euch gemeinsam entschieden habt, diesen Weg zu gehen. Gab es auch Momente, wo das anders war?*

J: Ich würde ganz klar sagen, dass bei uns die treibende Kraft, also diejenige, die sich damit beschäftigt hat und bereit war, neue Ideen auszuprobieren, definitiv meine Frau war. Ich bin dann schon auch mit hineingewachsen, aber sicherlich war ich längere Zeit der Skeptiker: Kann das wirklich funktionieren? Das heißt nicht, dass wir bei den Entscheidungen irgendwie unharmonisch gewesen wären. Wir haben die Entscheidungen immer gemeinsam getroffen, weil mich die intensivere Beschäftigung auch jeweils überzeugt hat. Ich bin halt eher der Kopfmensch, und von der Hausgeburt bis zum Freilernen und allen Entscheidungen, die dazwischen lagen, haben mich schon auch die wissenschaftlichen Daten und Fakten, die es dazu gibt, letztlich davon überzeugt. Wenn man zum Beispiel Statistiken hört oder liest, dass es in Ländern mit mehr Hausgeburten keineswegs mehr Probleme bei den Geburten gibt, sondern im Gegenteil eigentlich weniger und auch viel weniger Kaiserschnitte, dann fängt man schon an, die Zusammenhänge zu hinterfragen. Und beim Freilernen das Gleiche: Die wissenschaftlichen Studien, die es mittlerweile vor allem aus dem angloamerikanischen Raum gibt, die sprechen ja Bände darüber, dass das funktioniert und nur das Beste ist für das Kind. Aber diese Informationen hat es für mich schon gebraucht.

M: *Richard, wie war das bei euch?*

R: Bei uns war es ähnlich. Die Sigi hat immer den ersten Schritt gesetzt, mit der Schwangerschaft beginnend. Ich wäre nie auf die Idee gekommen zu sagen: „Geh Sigi, weißt was, machen wir eine Hausgeburt!" (lacht) Das hätte ich mich nicht getraut, abgesehen davon, dass ich nicht mal wusste, dass es das gibt. Aber es waren auch immer gemeinsame Entscheidungen. Meine Skepsis ist vielleicht auch stärker gewesen. Ich habe nicht so viel Literatur gelesen wie die Sigi, aber wir haben viel darüber geredet. Für mich war das Entscheidende, beim Jonas zu sehen, das funktioniert alles. Es ist tatsächlich so. Ich brauche kein Buch lesen, ich sehe es, jeden Tag. Das hat mich viel mehr überzeugt als jede Theorie, obwohl das natürlich schon auch ein bisschen Sicherheit gibt. Ganz wichtig für die Sicherheit war für uns eine gewisse Gemeinschaft. Dass du nicht ganz allein bist, das war ein ganz wesentlicher Punkt. Also, wenn wir das allein machen würden, wären wir wahrscheinlich gar nicht so weit gekommen, denn es gibt immer wieder auch Tiefs, weil es von außen so viel Widerstand gibt. Da war es schon wichtig, dass man eine Gemeinschaft hat wie das Freilerner-Forum und die Menschen, die man da kennenlernt. Dass man sieht, wie das bei den anderen geht und welche Erfahrungen die haben, das war ganz wichtig für das Vertrauen.

M: *Welche Nachteile oder Herausforderungen sind es denn, die auf Familien, die diesen Weg gehen, vor allem von außen einprasseln, wie du sagst?*

R: Das erste, was mir natürlich dazu einfällt, ist die rechtliche Situation, wie sie ist. Und dass die Behörden uns nicht unterstützen. Das ist eigentlich das große Ding. Wir müssen aufpassen, dass diese Angriffe und Versuche, uns mit allen möglichen Drohungen und Strafen zu stoppen, uns in der Gemeinschaft nicht entzweien. Denn es ist schon oft so, dass ich mir sage: Nein, ich habe jetzt keine Lust mehr, mich wieder zu rechtfertigen. Und das wirkt sich aus. Das kann schon dazu führen, dass man ungut ist zu den anderen, weil es einem selber gar nicht gut geht. Es ist eigentlich primär das. Das zweite, das für uns aber nicht so schwierig ist: Man muss natürlich sein Leben anders organisieren. Bis zum Jugendalter der Kinder, würde ich sagen, musst du da sein. Diese Bereitschaft braucht es. Wenn du sagst, den halben Tag möchte ich meine Ruhe haben, dann wird das nicht gehen. Denn das ist keine Halbtagsgeschichte. So wie wir das machen, ist das eigentlich eine Lebenshaltung. Die kannst du nicht einmal ausschalten und einmal anschalten. In Wirklichkeit geht das über das Kleinfamiliäre ja weit hinaus. Das hat mit allen Menschen zu tun, wie man andere Menschen sieht und wie man mit ihnen umgeht.

M: *Jan, wo siehst du Herausforderungen, Schwierigkeiten?*

J: Also auf jeden Fall auch in erster Linie die rechtliche Situation und die daran geknüpften Verhaltensweisen der Behörden uns gegenüber. Ich muss sagen, als wir da am Anfang bei der Initiative angedockt und mitgemacht haben, da war ich echt noch so begeistert und überzeugt, dass die Leute in den Ministerien und Schulbehörden, die sich ein bisschen mit Pädagogik beschäftigt haben, die entsprechenden Bedingungen schaffen werden, damit das auch in Österreich funktioniert, weil in der Verfassung ja steht: Der häusliche Unterricht unterliegt keinen Beschränkungen. Ich meine, es gibt andere Länder, zivilisierte Industriestaaten wie Kanada, USA oder Großbritannien, wo das seit Jahrzehnten unterstützt wird vom Staat, wo dafür finanzielle Beihilfe ausbezahlt wird und natürlich auch alle möglichen Vergünstigungen, Schulmaterialien usw. zur Verfügung gestellt werden. Und bei uns in Österreich versucht man es nur zu verhindern, so gut es geht...

Ich will jetzt nicht alle über einen Kamm scheren – es gibt sicherlich ganz viele engagierte Pädagogen, die wirklich in ihren Bereichen versuchen, etwas zu verändern, „Schule im Aufbruch" zum Beispiel. Aber diese grundsätzliche Trägheit, sich damit gar nicht beschäftigen zu wollen, ist das größte Hindernis, denn es wäre nicht schwer, für die Freilerner irgendeine rechtliche Lösung zu schaffen. Und ich glaube, man braucht nicht zu befürchten, dass dann gleich Hunderttausende zu diesem Modell wechseln werden, dass die Schulen plötzlich leer stehen und alle Kinder zu Hause bleiben. Die Sorge braucht die Bildungspolitik nicht haben, weil es, wie du schon gesagt hast, Richard, eine ganz andere Lebensform voraussetzt.

Warum man trotzdem so vehement versucht, das zu verhindern und uns Prügel in den Weg zu werfen, wo es nur geht, das ist für mich nicht nachvollziehbar. Und es ist belastend, da bin ich ganz bei dir. Mittlerweile habe ich auch keine Lust mehr, weiter großartig dafür zu kämpfen oder den nächsten Einspruch, Rekurs, Verfassungsgerichtshofbeschwerde zu machen, wenn wir dann, wie bei unserer Verfassungsgerichtshofbeschwerde, nur eine schlecht begründete, nicht auf die Sache eingehende Entscheidung zurückbekommen, in der praktisch nur steht: Was im Einklang mit der Verfassung steht ist nicht verfassungswidrig.

Denen, die sich wirklich damit beschäftigen wollen, glaube ich mittlerweile auch sagen zu können, dass es kein wirklich gangbarer Weg ist, sich fürs Freilernen zu entscheiden und zu sagen: aber die Prüfungen machen wir. In den ersten zwei, drei Volksschuljahren ist das vielleicht machbar, aber danach wird es einfach nicht mehr funktionieren. Das haben wir von zig Familien gehört, die das probiert haben. Schlussendlich haben sie alle kapituliert. Irgendwann im zweiten Semester müssen sie nämlich anfangen, die Kinder sanft aber doch dort hinzubringen, dass sie sich für die Jahresprüfung mit dem Schulstoff beschäftigen. Damit hört das ganze Freilernen auf, dann kann man es gleich sein lassen, denn das ist Schule zu Hause und nicht das, was eigentlich die Pädagogik empfehlen würde, dieses freie, aus sich selbst heraus motivierte, begeisterte Lernen. Allen, die echtes Freilernen in Österreich machen wollen, muss man also ganz klar sagen, dass sie unter den derzeitigen Voraussetzungen mit den Behörden früher oder später Schwierigkeiten bekommen werden. Von Verwaltungsstrafen bis hin zu stärkeren Geschützen, die da aufgefahren werden – ob rechtens oder nicht rechtens, ist eine zweite Frage, aber das ist sicherlich eine sehr große Herausforderung.

Ein zweiter Bereich, der von außen her einwirkt, ist aus meiner Sicht einfach das Umfeld, also die eigenen Eltern, Freunde, Bekannte usw. Denen nahezubringen oder verständlich zu machen, um was es da geht, kann einen schon auch ziemlich unter Druck setzen. Ich weiß nicht, wie es bei dir ist, aber meine Mutter versteht zum Beispiel immer noch nicht, warum wir diesen Weg gewählt haben. Auch für viele Freunde ist es nicht einfach, man muss sich damit ernsthaft über längere Zeit beschäftigen, damit man anfängt, das zu verstehen. Bei denen, die selber Kinder haben und voll im Wirtschafts- und Berufsleben stehen, kommt manchmal eine gewisse Abwehrhaltung dazu. Da will ich jetzt niemandem irgendeinen Vorwurf deswegen machen, aber für diese Menschen ist es natürlich schwierig, das bei jemand anderem zu akzeptieren, denn irgendwann kommt ihnen vielleicht schon der Gedanke: Naja, wenn ich mich jetzt tatsächlich damit beschäftige und draufkomme, dass das, was ihr da macht, gut ist – was heißt das dann in Bezug darauf, was ich mit meinem Kind mache?

R: Das ist sicher ein Aspekt.

J: Ob diese Schlussfolgerung jetzt bewusst stattfindet oder unbewusst, sei dahingestellt, aber ich glaube, dass das viel damit zu tun hat. Und manchmal denke ich mir schon auch selber: Warum tu ich mir das an, es könnte anders ja vielleicht leichter gehen oder so. Aber ich glaub's nicht, dass es anders leichter wäre. Es gibt in den anderen Familien, wo die Kinder in die Schule gehen, genauso Konflikte, ja wahrscheinlich noch viel mehr.

R: Die du teilweise nicht lösen kannst, weil sie gar nicht mehr in deinem Bereich sind...

M: ***Habt ihr auf diesem Weg mit euren Kindern auch echte Ängste erlebt oder waren es eher Zweifel und Bedenken?***

R: Also, Ängste hat es schon auch gegeben, vor allem in Zusammenhang mit diesen Schocks, dieser rechtlichen Geschichte, als uns der Entzug der Obsorge angedroht wurde. Das waren wirklich Ängste, aber die sind von außen gekommen. Zweifel gibt es schon manchmal auch, wenn alle sagen:

Was ihr da macht, das versteht niemand – glaubst du wirklich, dass das so super ist? Aber der Zweifel löst sich auf, weil wenn ich wieder das Ganze sehe – nicht nur unsere Familie, sondern die Gesellschaft und auch ein bisschen die Zukunft der Gesellschaft – dann denke ich mir: Pah, es muss irgendwer machen! Wo steuern wir hin? Die Gleichmacherei findet ja nicht nur in der Schule statt... Es muss fast jemanden geben, der ein bisschen Freiheit und Eigeninitiative aufrecht erhält, weil die Menschen einfach nicht alle gleich sind! Und ich bin überzeugt, dass unsere Kinder uns nie einen Vorwurf machen werden, dass wir das gemacht haben! Ich glaube, sie werden, wenn sie groß sind, sagen: Gott sei Dank habt ihr das gemacht und habt das alles ausgehalten, auch die negativen Sachen von außen! Und was ich noch glaube: Sie werden einfach wissen, was sie machen wollen, und sie werden alles, was sie angehen, deshalb machen, weil sie es wollen. Und dann wird das auch funktionieren, und es wird ihnen Freude machen! Eigentlich ist ja das, was ich den Kindern am meisten wünsche, dass sie einfach glücklich werden.

M: *Gab es bei deinen Kindern einmal Zweifel an diesem Weg?*

R: Bei meinen Kindern? Nein, nein, denen geht es gut!

J: Ja, das kann ich auch gleich sagen: Die Kinder haben da keinen Zweifel daran. Welches Kind mag nicht den ganzen Tag spielen und nicht zur Schule gehen müssen? Aber prinzipiell betrachtet weiß natürlich kein Mensch, was jetzt besser ist für die Kinder. Wir wissen auch nicht im Vorhinein, wie sich unsere Kinder entwickeln werden. Das Problem ist, dass wir mit unserer unorthodoxen Entscheidung ständig in diesem Zweifel drinnen sind und uns sozusagen rechtfertigen müssen, dass wir etwas anderes machen als die anderen. Dabei müsste es, wenn man es so betrachtet, für die anderen in Wirklichkeit dieselben Zweifel geben! Es ist halt nur einfacher, mit dem Strom zu schwimmen und zu sagen: 99 Prozent schicken ihre Kinder in die Schule, also wird es schon gut sein. Ja, und wenn dabei was Schlechtes rauskommt, dann kann man mir keinen Vorwurf daraus machen, weil das ist ja gesellschaftlicher Konsens, nicht? Wenn aber bei uns was Falsches rauskommen würde, dann würde es bestimmt heißen: Na klar, ihr seid schuld! Haben wir es nicht gleich gesagt? Wie konntet ihr nur? Usw.

Das Gleiche spiegelt sich ja auf der juristischen Ebene wider: Wenn ein Kind in die Schule geht und die Prüfungen am Ende des Schuljahres nicht besteht, dann ist das Kind nicht reif oder intelligent genug gewesen oder was auch immer und muss die Klasse wiederholen. An der Schule gibt es keine Kritik. Wenn ein Kind im häuslichen Unterricht die Prüfung nicht schafft, dann liegt das nicht am Kind oder an seiner Veranlagung – nein, es ist der Unterricht schlecht und das Kind muss sofort in eine Schule gehen. Das heißt, wenn wir einen grundsätzlich anderen Weg nehmen, dann ist, wenn etwas schiefläuft, unser Weg falsch. Und das spürt man natürlich schon auch als Eltern, diese Belastung, die da zusätzlich dazukommt.

Aber so ein Moment, wo ich echt Angst hatte, war der Moment, als uns von der Post der Antrag auf Entzug der Obsorge seitens des Stadtschulrates zugestellt wurde. Was, wie ja mittlerweile festgestellt wurde, rechtswidrig war, weil sie gar nicht befugt waren, einen solchen Antrag zu stellen. Aber da kriegst du schon irgendwie echte Sorge, wie weit geht das jetzt? War das ein Fehler, dass wir uns darauf eingelassen haben, so prominent mit der Initiative nach außen zu gehen? Wäre es vielleicht gescheiter gewesen, einen österreichischen Weg zu gehen und uns irgendwie zu arrangieren? Hätten sie dann vielleicht nicht so reagiert? Weil ich meine, das ist dann schon heftig…

M: *Okay, jetzt waren wir also vertieft in Ängste, Zweifel, Sorgen… Ist euch als Kontrapunkt dazu vielleicht ein symptomatisches Erlebnis, das sehr positiv war, in Erinnerung? Irgendein schöner Moment, der nochmals deutlich macht, was denn das Schöne an dem Weg ist, den ihr da mit euren Kindern geht?*

R: Mir fällt jetzt ein, dass der Jonas und der Elias oft am Abend sagen: Maa, ich freu mich schon so auf morgen! Ist das nicht schön? Dass sie vor dem Einschlafen sagen: Das möchte ich noch tun, und das möchte ich machen, ich freue mich schon so auf morgen. Wunderbar.

M: *Fällt dir auch etwas ein, Jan?*

J: Mir fällt jetzt spontan eine Situation mit dem Jarik ein. Ich weiß nicht genau, wie alt er war, drei vielleicht. Wir waren am Spielplatz mit befreundeten Familien, deren Kinder nicht freilernend aufwachsen. Der Jarik hatte sich in seinem Rucksack extra ein paar Kekse mitgenommen. Die hat er dann ausgepackt und hat angefangen zu essen. Darauf sind die anderen gekommen und wollten unbedingt auch welche haben, aber er hat gesagt, nein, das sind seine, die will er nicht teilen. Und jetzt die natürliche, logische Reaktion der anderen Eltern, der Blick zu mir: Wann tut der Jan denn endlich was und sagt: Na komm, du kannst doch teilen, oder sowas… Und ich, schon so Pikler-Raum-mäßig geschult von der Brigitte, habe dann zum Jarik gesagt: „Ja gelt, die Kekse hast du dir mitgenommen, die hast du für dich eingepackt und magst sie nicht teilen, die magst du jetzt ganz für dich allein haben." Zuerst großes Erstaunen bei allen anderen: Was wird jetzt passieren? Der Jarik hat sich bestätigt gefühlt und die Kinder haben das akzeptiert. Sie sind weggegangen, und dann, vielleicht eine halbe oder eine Minute später, hat der Jarik von sich aus die Entscheidung getroffen: So, jetzt gehe ich mit den Keksen zu den anderen und biete allen welche an.

Hätte ich ihm gesagt: Man teilt mit den anderen, Jarik, man muss sich so und so verhalten, dann hätte er sich das vielleicht gemerkt, vielleicht auch nicht, aber es wäre immer gewesen: Ja, okay, ich habe so gehandelt, weil es so von mir erwartet wird. Jetzt dagegen kam die Entscheidung ganz von ihm selbst, aus seiner eigenen Überzeugung und Großzügigkeit: Ich möchte das jetzt mit den anderen teilen. Das ist für mich ein ganz klassisches Beispiel, wo ich gesagt habe: Ja, das ist echt der richtige Weg!

R: Ja, auch umgekehrt. Wenn unsere Kinder etwas wollen von jemandem, dann fragen sie erst einmal. Und wenn der andere sagt „nein", dann ist das für sie voll okay. Es stimmt, wie du sagst, dass das für die anderen Kinder auch meistens okay ist, das habe ich oft gesehen, nur für die Erwachsenen manchmal nicht. Aber das Gute, das gesellschaftlich Gute, das Wissen, wie man sich dem anderen Menschen gegenüber verhält, das muss nicht von außen reingestopft werden, das kommt aus den Kindern selbst. Und meine Erfahrung ist, dass Kinder, die Freilerner sind, meistens sogar viel achtsamer sind mit den anderen. Weil sie selber achtsam behandelt werden, werden sie natürlich auch andere achtsam behandeln.

Das ist übrigens auch so eine Geschichte, die ich bei der Schule nicht verstehe: Wer würde auf die Idee kommen, einem Baby das Reden oder Laufen beizubringen? Würde niemand auf die Idee kommen. Aber dann geht es auf einmal los, dass mir alle anderen sagen, was und wie ich tun muss. Und dann, mit achtzehn, muss ich auf einmal wieder selbständig denken, dann muss ich wählen und selbst entscheiden, was ich mache. Ist das nicht irgendwie komisch? Das ganze Modell ist eigenartig, denn das sind ja alles Widersprüche. Das ist es auch, was mich immer wieder sicher macht: Das kann nicht stimmen, das kann nicht sein. Da kommt nichts raus. Da kommt nur eine Gleichgültigkeit allem gegenüber raus: Wohin geht die Gesellschaft eigentlich? Ich schimpfe jetzt ein bisschen über das Schulsystem, aber das muss ich jetzt mal sagen – es hat schon damit zu tun. Da hat sich viel verändert. Wie ich in die Schule gegangen bin, war das System noch nicht so einbetoniert wie heute: Alle müssen gleich sein zum Schluss. Sind sie eh nicht, funktioniert eh nicht, funktioniert überhaupt nicht!

J: Wie du sagst, ist das wirklich eine Frage, wo wir als Gesellschaft hin wollen. Unser Schulsystem ist ja großteils zu Zeiten Maria Theresias entstanden, denn man brauchte Beamte, Soldaten usw., die diese Bürokratie führen, die lesen und schreiben können und die selbstverständlich Befehlen gehorchen und das tun, was man ihnen sagt. Da kann es nicht sein, dass einer links geht statt rechts, da muss alles genormt sein. Ist heutzutage sicherlich nicht mehr ganz so, aber es ist doch vieles davon erhalten geblieben. Ich habe letztens gerade wieder eine Diskussion geführt mit einer Frau, die meinte: Das kann doch nicht wirklich unser Ernst sein, dass wir für die Wirtschaft möglichst viele Leute produzieren, die brav das tun, was man ihnen sagt, aber selbst völlig unkreativ sind, unmotiviert, nicht begeistert von ihrer Sache. Wenn wir irgendwie als Gesellschaft eine Chance haben wollen in Zukunft, brauchen wir doch ganz was anderes: selbstverantwortliche, selbstmotivierte Menschen, die in Eigenverantwortung Sachen erledigen, ohne dass man ihnen sagen muss, was sie tun sollen...

R: und die kooperativ sind!

J: Ja, und aus sich heraus auch bereit sind, zu teilen und an die Mitmenschen zu denken usw. Ich glaube, dass sich in vielen Bereichen unserer Gesellschaft auch schon vieles verändert, aber die Schule erzeugt oft immer noch genau das Gegenteil...

M: *Das ist jetzt ein langer Exkurs gewesen, der letztendlich die Frage aufwirft: Wie könnte sich die Gesellschaft mit dem Freilernen akkordieren? Ja, wo gibt es schon jetzt Berührungspunkte oder sogar Perspektiven? Wo könnten Familien, die diesen Weg gehen, auch als Motor einer Weiterentwicklung der Gesellschaft dienen? Ich denke, es war schon sehr wesentlich, dass wir diesen Aspekt jetzt noch in den Fokus genommen haben.*

Und vielleicht noch abschließend zu unserem Gespräch: Wenn jetzt Menschen auch diesen Weg gehen wollen oder in dieser ersten Phase sind, dass die Kinder sagen „Ich geh nicht mehr in den Kindergarten", oder man merkt selber, das funktioniert nicht, die Schule passt nicht für mein Kind: Worauf ist zu achten? Was ist wichtig? An was muss man denken?

R: Ich glaube, wenn jemand das macht, muss er davon wirklich überzeugt sein, weil es muss ihm klar sein, dass es Widerstände gibt, auch von außen. Und ich würde mal sagen, man müsste auch, so wie wir, ein bisschen reinwachsen. Also, ich kann nicht sagen, in drei Monaten fängt die Schule an – soll mein Kind jetzt gehen oder nicht? – und ich lese noch schnell viele Bücher darüber. Das muss wachsen. Vielleicht fängt man an, sich mit dem Kind intensiv auseinanderzusetzen, oder man geht, bevor die ganzen Pflichten kommen, zum Beispiel in den Spielraum und schaut einmal, ob das was ist, was mir passt. Für das Kind wird es schon passen, nehme ich mal an, aber es muss für dich auch passen.

J: Hundertprozentig! Ich glaube auch, dass man geradezu davor warnen muss, wirklich davor warnen muss, zu glauben, das ist jetzt der super easy

Weg, damit erspar ich mir alle Schwierigkeiten, die es vielleicht in der Schule oder im Kindergarten gibt, und damit ist alles gelöst. So wird es nicht funktionieren. Es muss die Überzeugung und die Bereitschaft da sein, sich wirklich damit zu beschäftigen – nicht mit der Sache an sich, sondern mit dem Kind! Damit kann jeder auch mal beginnen, ganz unabhängig davon, ob man überlegt, das Kind aus der Schule zu nehmen. Schaden würde es auf keinen Fall, sich mal wirklich intensiver mit den Kindern zu beschäftigen. Beispielsweise zu schauen, was mir das Kind denn sagen will, wenn es so wie jetzt gerade reagiert. Es gibt immer einen Grund dahinter! Es liegt nicht einfach daran, dass das Kind jetzt böse sein will oder gerade zornig ist, sondern es gibt wahrscheinlich eine sehr gute, vernünftige Begründung für sein Verhalten, und das muss man versuchen herauszufinden. Es ist unsere Verantwortung als Erwachsene, zu verstehen, was dahinter ist, denn das Kind kann sich vielleicht gerade nicht anders ausdrücken als es sich jetzt gerade ausdrückt.

Auf diese Art und Weise einem anderen Menschen insbesondere dem eigenen Kind zu begegnen, führt auch zu einem Prozess der Veränderung und der Entwicklung in einem selbst, wie du ja schon am Anfang gesagt hast, Richard. Und auch dazu muss man bereit sein. Also das wären so die ersten Schritte aus meiner Sicht. Und wenn man dann zu dem Punkt kommt, dass man sagt: „Ja, das macht für mich Sinn.", wäre es für mich ganz wichtig, das mit dem Kind auch gut abzusprechen. Bei uns sind alle Entscheidungen immer in Absprache getroffen worden, und zwar nicht in irgendeiner manipulativen Art und Weise. Es geht darum, herauszufinden, was will meine Tochter, mein Sohn jetzt wirklich? Wenn Kinder schon in die Schule gehen und dort vielleicht Freunde haben, wäre es ganz wichtig, das auch mit den Freunden zu besprechen, mit allen Für und Wider. Da genügt es nicht, einfach zu sagen: „So, ab jetzt gehst du nicht mehr in die Schule und hast immer frei..."

R: Was ich jetzt sage, ist kein Ratschlag, aber ich denke, wir haben da einen ganz anderen Zugang, weil wir es von Anfang an so gemacht haben. Es gibt aber auch Freilerner, die schon im Schulsystem waren, und dann herausgenommen wurden, weil irgendwas überhaupt nicht hingehaut hat in der Schule. Ich denke mal, wenn ich merke, dass es dem Kind echt schlecht geht, und es ist wirklich die Schule daran schuld, kann man es auch spontan versuchen und einfach einmal schauen, wie es dem Kind damit geht. Weil eigentlich ist es schon auch eine Möglichkeit, vom Kind Stress und Druck zu nehmen, wenn der einfach zu groß geworden ist. Ich möchte diese Option nicht direkt empfehlen, aber ich glaube, es ist wichtig, dass man nicht vergisst: Okay, diese Möglichkeit gibt es auch.

M: *Wir haben jetzt viel darüber gehört, wie ihr zum Freilernen gekommen seid und wie der Alltag mit euren Kindern ausschaut. Für mich stellt sich nun die Frage, wie das alles mit eurem Beruf vereinbar ist? Wie schafft ihr das finanziell? Das wird die Leser sicher interessieren.*

R: Am Anfang steht auf jeden Fall der Entschluss, das so zu machen. Hat man sich für diese Art der Begleitung mal entschieden, ist das dann natürlich eine individuelle Geschichte, denke ich. Bei mir konkret ist es so, dass ich mir als Freiberufler ja meine Zeit ganz gut einteilen kann. Nur einige Tage in der Woche sind fixe Arbeitszeit. Bei bei meiner Frau Sigrid ist es auch so, dass sie gewisse Fixzeiten hat, aber wir können unsere Arbeitszeiten gut koordinieren. Natürlich kann man in der Zeit, die man mit den Kindern verbringt, keiner Beschäftigung nachgehen, die Einkommen bringt. Aber mir stellt sich die Frage, was ist wertvoller: mehr Geld zu haben, oder mehr Zeit für die Kinder? Solange sie noch jung sind, fordern sie unsere Begleitung, weil sie sie noch brauchen und wir sie ihnen auch gerne geben.

Also uns beiden ist diese Zeit wertvoller als das Mehr, das wir verdienen könnten. Sicher ist es so, dass man dafür auf gewisse Dinge verzichten muss, eben auf einen gewissen „Luxus" unter Anführungszeichen. Trotzdem ist es für uns konkret so, dass wir uns alles, was wir wirklich brauchen, auch leisten können. Wir haben eine Mietwohnung, können uns gut ernähren, wir haben alle Dinge, die wir brauchen, und wir können auch auf Urlaub fahren. Allerdings haben wir zum Beispiel kein Auto, was schon eine große Einsparung ist. Bei Bedarf können wir uns ja ein Auto ausleihen. Das Gefühl, dass wir auf irgendwas verzichten müssen, haben wir eigentlich überhaupt nicht. Weil wir gewinnen ja diese gemeinsame Zeit mit den Kindern, die uns so wertvoll und im Grunde unbezahlbar ist.

Ich denke, wenn die Kinder einmal größer sind, kann man sich vielleicht wieder etwas mehr auf einkommensorientierte Beschäftigungen konzentrieren, wenn man will. Bis dahin versuchen wir unsere Ausgaben so zu gestalten, dass wir immer auskommen. Dazu gehört für mich persönlich, dass wir versuchen, den Konsum etwas einzuschränken oder bewusst zu machen. Zum Beispiel Dinge nicht wegzuwerfen, wenn es möglich ist, oder auch etwas einzusparen, indem man gebrauchte Sachen kauft. Aber nicht unbedingt, weil die Situation uns dazu zwingt, sondern ganz bewusst, um ein vernünftiges Leben zu führen und nicht in der Verschwendung zu leben.

Also insofern passt das wieder zusammen. Ich kann mir natürlich vorstellen, dass es für manche Menschen, die unsere Voraussetzungen nicht haben, schwieriger ist. Aber im Grunde ist die Kernfrage immer: Will ich meine Zeit mit den Kinder verbringen oder nicht? Wenn mir jetzt ein höheres Einkommen wichtiger ist, dann wird das natürlich nicht so einfach sein. Aber da geht es darum, Prioritäten zu setzen. Wir sehen es so, dass wir aus dem Zusammenleben mit den Kindern einen riesigen Gewinn ziehen, der vielfach das übersteigt, worauf wir vielleicht verzichten müssen. Das Geld ist nur eine Notwendigkeit, aber es sollte kein Ziel sein im Leben. In Wirklichkeit ist, glaube ich, unser kostbarster Besitz die Zeit. Was bringt uns irgendein materieller Luxus? Ich brauch weder eine größere Wohnung noch ein größeres Auto - wir haben ja gar keines (lacht) - oder schöneres Gewand. Und in solche Sachen mehr Geld zu investieren, nur weil das nach außen vielleicht irgendwas transportiert, das interessiert mich nicht. Es geht darum, dass wir innerhalb der Familie ein harmonisches Leben haben, das ist eigentlich das Wertvolle.

M: *Und wie war das bei dir, Jan?*

J: Ich kann auf jeden Fall dem, was Richard gesagt hat, voll und ganz zustimmen. Das Wertvollste, was man seinen Kindern schenken kann, ist gemeinsame Zeit miteinander! Das ist nicht mit Geld in irgendeiner Form aufzuwiegen. Die Prioritäten richtig zu setzen ist also einmal definitiv das Entscheidende. Bei uns ist es konkret so, dass ich schon vor den Kindern den Beruf auf Teilzeit reduziert hatte, um mehr Zeit für Familie und andere Aktivitäten zu haben. Als die Kinder kamen, habe ich meine Arbeitszeit dann noch weiter reduziert. Und so ist es kein Einschnitt oder keine Einschränkung wegen der Kinder gewesen, sondern eine Entscheidung, die wir schon vorher getroffen haben, und mit der ich nach wie vor sehr zufrieden bin. Bei uns ist es aktuell so, dass wir meistens von zuhause, vom Homeoffice aus arbeiten. Dabei ist für uns entscheidend, dass es immer einen von uns beiden gibt, der jederzeit sein Tun unterbrechen und für Anfragen der Kinder da sein kann. Finanziell stellt es bei uns keine große Einbuße dar, weil durch die verschiedenen Teilzeittätigkeiten immer genug Geld für diese Form des Miteinanderlebens vorhanden ist.

Dazu braucht es aber schon auch eine geänderte Einstellung oder Konsumhaltung in vielen Bereichen. Während wir früher unsere Urlaube sehr oft in Hotels verbrachten und auch Flugreisen gemacht haben, hat sich das jetzt mit den Kindern eigentlich so eingespielt, dass wir keine Fernreisen mehr machen, sondern eher Reisen im näheren Umfeld. Wir haben auch auf ganz andere Angebote gewechselt wie zum Beispiel Home For Home, eine Tauschbörse für die Wohnung oder das eigene Haus, wo man nicht nur eine günstige Unterkunft am Urlaubsort bekommt, sondern gleichzeitig einen Austausch mit neuen Leuten dabei pflegt und die fremden Länder aus einer anderen Perspektive kennenlernt. Das ist uns sehr wichtig. Oder wir fahren im Urlaub Campen, was für die Kinder total spannend und interessant ist und gleichzeitig die Kasse weniger belastet. Oder ein anderes Beispiel: Nicht teuer essen in irgendwelchen besonderen Lokalen, sondern auch im Urlaub zu Hause kochen. Also es gibt da viele Möglichkeiten, das Konsumverhalten zu verändern und dabei Geld zu sparen, ohne auf irgend etwas verzichten zu müssen. Aus dem Blickwinkel des Freilernens ergeben sich daraus sogar noch zusätzliche Vorteile.

Dazu fällt mir auch noch ein, dass unter „normalen" Verhältnissen viele Familien mehr Geld verdienen müssen, um sich die Privatschule oder die Nachhilfestunden leisten zu können. Auch die Urlaube sind teurer, wenn man nur während der Schulferienzeiten wegfahren kann. All diese Dinge führen dazu, dass man wiederum mehr Geld verdienen muss und noch weniger Zeit hat für die Kinder. Eigentlich beißt sich da ein bisschen die Katze in den Schwanz! Und wie Richard vorher gesagt hat, geht es auch uns natürlich völlig unabhängig von den Kindern darum, immer mehr ein bewusstes und nachhaltiges Leben zu führen. Da spielt z.B. die Wiederbenutzung von alten oder gebrauchten Sachen, Reparatur statt Neukauf, einfach eine wichtige Rolle. Nimmt man das alles zusammen, dann stellt diese Form des Lebens für uns finanziell keine Herausforderung dar.

M: *Vielen Dank für das Gespräch! Ich spüre, wie sehr ihr in Einklang mit eurer Entscheidung lebt, und auch ganz viel Gelassenheit und Zuversicht. Euer Weg ermutigt mich, auch den meinen vertrauensvoll zu gehen.*

> **Ein neuer Weg ist immer ein Wagnis. Aber wenn wir den Mut haben loszugehen, dann ist jedes Stolpern und jeder Fehltritt ein Sieg über unsere Ängste, über unsere Zweifel und Bedenken.**
>
> *Demokrit (ca. 460 – ca. 370 v.Chr.), griechischer Philosoph*

WIE DÜRFEN KINDER LERNEN?

Die rechtliche Situation in Europa

Die erste Frage, die Deutsche oder Österreicher stellen, wenn sie zum ersten Mal vom Freilernen hören, lautet gewöhnlich: „Ja, ist denn das erlaubt?!" Engländer würden wahrscheinlich schmunzeln über das selbstverständliche Obrigkeitsdenken, das aus dieser Frage spricht. In Großbritannien und anderen angelsächsischen Ländern liegt es nämlich allein im Ermessen der Familien selbst, ob die Kinder eine öffentliche, eine private oder gar keine Schule besuchen. Von staatlicher Seite wird darüber nicht einmal Buch geführt, so dass genaue Zahlen fehlen. Laut Schätzungen aus dem Jahr 2016 gibt es allein in Großbritannien etwa 30.000 bis 36.000 Kinder, die ihre Bildung außerhalb der Schule erwerben, Tendenz stark steigend.

Nach einer öffentlichen Kontroverse über die Frage, wie weit staatliche Stellen sich in die Kindererziehung einmischen dürfen oder sollen, veröffentlichte das britische Bildungsministerium im Jahr 2010 erstmals eine eigene Broschüre[8], um übereifrige Beamte davon abzuhalten, das demokratische Recht auf freie Selbstbildung einzuschränken. Hier ein Auszug daraus, der jedes Freilernerherz höher schlagen lässt:

„Von Freilerner-Eltern darf NICHT gefordert werden:

dass sie sich an den nationalen Lehrplan halten
dass sie für eine breite und ausgewogene Bildung sorgen
dass sie einen Zeitplan aufstellen
dass sie über Räumlichkeiten verfügen, die nach bestimmten Standards ausgerüstet sind
dass sie Unterrichtszeiten einhalten
dass sie irgendwelche speziellen Qualifikationen mitbringen
dass sie im Voraus genaue Pläne vorlegen
dass sie sich an Schulstunden, Schultage oder Schuljahre halten
dass sie Unterricht abhalten
dass sie die Arbeiten ihrer Kinder korrigieren
dass sie deren Fortschritte dokumentieren oder Entwicklungsziele festlegen
dass sie sich an schulische oder altersspezifische Vorgaben halten."

Paragraf 5.12 dieses offiziellen Dokuments deutet darauf hin, dass die Briten mit dieser liberalen Regelung gute Erfahrungen gemacht haben: *„Dem Bildungsministerium liegen zwar keine genauen Daten vor doch Einzelberichte* *lassen den Schluss zu, dass viele zu Hause erzogene Kinder als begabte und talentierte Schüler gelten würden, wenn sie zur Schule gingen. Einige Freilernerkinder haben wahrscheinlich überdurchschnittliche Fähigkeiten, bei anderen wird ein Bedarf nach zusätzlicher Ausbildung bestehen."*

Jugendliche, die an einer weiterführenden Schule oder Universität studieren wollen, müssen eventuell einen Qualifikationstest ablegen, Schulzeugnisse brauchen sie keine. In den angelsächsischen Ländern wurden bereits mehrere wissenschaftliche Studien über den weiteren Lebensweg frei lernender Kinder erstellt. Deren Ergebnisse deuten klar darauf hin, dass sich die meisten von ihnen im Berufsleben als überdurchschnittlich tüchtig und erfolgreich erweisen und auch einer akademischen Karriere nichts im Wege steht. Vor allem aber konnten diese Studien auf eindrucksvolle Weise das beliebteste Argument gegen das Freilernen entkräften, die gebetsmühlenartig wiederholte Behauptung nämlich, zur Ausbildung der sozialen Fähigkeiten eines Kindes sei das regelmäßige Zusammensein mit gleichaltrigen Mitschülern unerlässlich: Menschen ohne schulische Bildung, so zeigte sich, nehmen intensiver am Gemeinschaftsleben teil als vergleichbare Schulabsolventen! Sie engagieren sich häufiger ehrenamtlich, gehen regelmäßiger zur Wahl und geben öfter an, ein glückliches Leben zu führen! Es gibt also viele gute Gründe dafür, dass staatliche Stellen aber auch private Organisationen in Kanada, den USA und Großbritannien inzwischen sogar spezielle Angebote für Freilerner entwickeln und solche Familien finanziell unterstützen.

Auch andere europäische Staaten wie etwa Frankreich, Spanien oder Italien respektieren den Entschluss der Eltern, ihre Kinder, aus welchem Grund auch immer, nicht zur Schule zu schicken. Es gibt dort zwar eine Meldepflicht und verschiedene Auflagen aber keine prinzipielle Einschränkung des Rechts auf freie Bildung.

Das einzige europäische Land, in dem seit 1938 Schulpflicht tatsächlich mit Schulanwesenheitspflicht gleichgesetzt wird, ist Deutschland. Dort machen sich Eltern, die ihre Kinder nicht regelmäßig zur Schule schicken, strafbar. Auch wenn die gesetzlichen Bestimmungen in den einzelnen deutschen Bundesländern mit unterschiedlicher Härte durchgesetzt werden, sind schon viele deutsche Freilernerfamilien ins Ausland übersiedelt, um der Verfolgung durch die Behörden zu entgehen. Trotzdem geben einige besonders mutige Eltern nicht auf – unterstützt von Anwälten und engagierten Aktivisten, kämpfen sie weiter um das Recht auf freie Selbstbildung und finden dabei immer mehr Unterstützer.

Auch in Österreich bemühen sich engagierte Freilernerfamilien unter Berufung auf die Menschenrechte um eine Gesetzesänderung, denn rechtlich gesehen nimmt Österreich bisher eine Zwischenstellung ein. Einerseits wird in dem im Verfassungsrang stehenden Staatsgrundgesetz aus dem Jahr 1867 garantiert, dass der häusliche Unterricht keinen Beschränkungen unterliegt. Andererseits ist im Bundes-Verfassungsgesetz eine neunjährige Schulpflicht verankert: Kinder im häuslichen Unterricht müssen demnach einen mindestens gleichwertigen Unterricht erhalten, dessen Erfolg alljährlich durch eine Externistenprüfung an einer öffentlichen Schule nachgewiesen werden muss. Die Prüfungsfragen orientieren sich am offiziellen Lehrplan für die jeweilige Schulstufe.

Das klingt zunächst durchaus einleuchtend und vernünftig, doch in der Praxis zeigt sich recht bald, dass diese Regelung nur dann funktioniert, wenn zu Hause Schule gespielt wird. Freie Selbstbildung dagegen ist mit jährlichen Prüfungen über den Schulstoff unvereinbar: Kein Kind entfaltet sich ohne äußeren Druck genau nach Lehrplan! Die Reihenfolge und das Tempo, in dem es sich auf seine individuelle Weise verschiedenste Fähigkeiten und Fertigkeiten aneignet, lassen sich beim besten Willen nicht vorausbestimmen... Schon mit sieben oder acht Jahren kann ein Kind auf einzelnen Gebieten weit mehr wissen als die meisten Gleichaltrigen, oder es beschäftigt sich intensiv mit Dingen, die auf keinem Lehrplan stehen. Dafür wird es manchen „Pflichtfächern" seine Aufmerksamkeit vielleicht erst Jahre später freiwillig zuwenden.

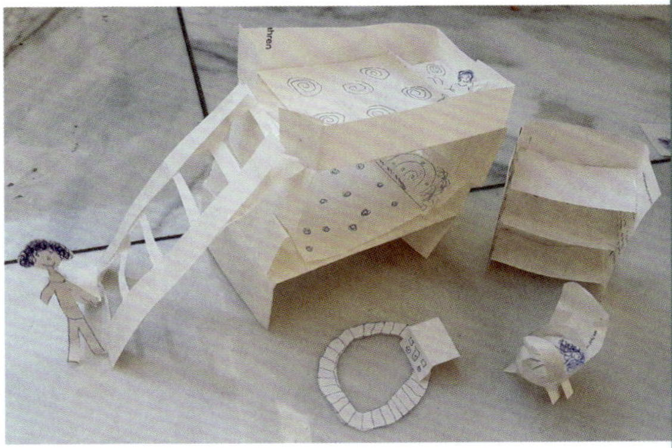

Dazu kommt, dass die weit wesentlicheren, menschlichen Qualitäten vor Prüfungskommissionen überhaupt nicht zählen: Nach welchen Maßstäben sollten sie die intrinsische Motivation eines Freilernerkindes, seinen Sinn für Eigenverantwortung, seinen achtsamen Umgang mit Menschen und Dingen, sein soziales Engagement oder die philosophische Tiefe seiner Gedanken, um nur einige zu nennen, denn auch bemessen und benoten? Und welcher Prüfer unterscheidet zwischen auswendig Gelerntem, das kurz darauf wieder vergessen wird, und nachhaltigem Wissen, das auf selbst gemachten Erfahrungen beruht? Schulzeugnisse mögen vielleicht Auskunft geben über die Quantität des Gelernten, über die Qualität des Gelernten sagen sie, wie wir alle wissen, gar nichts aus.

Von Natur aus sind wir zum Glück ja alle lebenslang Freilerner – als kleine Kinder, vor der Schule, nach der Schule, in unserer Freizeit. Nachdem man uns über Jahrhunderte aber daran gewöhnt hat, Bildung mit Schulbildung gleichzusetzen, können die meisten Menschen zunächst kaum glauben, dass ein Kind auch ohne Schule alles lernt, was es für ein erfülltes Leben braucht. Die einzige Möglichkeit, derlei prinzipielle Zweifel zu zerstreuen, ist die Begegnung mit lebendigen Freilernerkindern! In den letzten Jahren ist deren Zahl auch stark angestiegen, und das hat ein allmähliches Umdenken eingeleitet. Weil sie sich mit eigenen Augen von den erstaunlichen Kompetenzen frei lernender Kinder überzeugen konnten, zeigen in Österreich einzelne besonders aufgeschlossene Behördenvertreter Gesprächsbereitschaft und bemühen sich um eine gemeinsame Lösung.

In vielen Ländern beginnen sich Bildungs- und Erziehungswissenschaftler-Innen, PädagogInnen und PsychologInnen vermehrt für das Thema Lernen außerhalb der Schule zu interessieren. Deshalb gibt es zur Zeit etwa Bemühungen, formelle Prüfungen durch anteilnehmende, wissenschaftliche Beobachtung frei lernender Kinder zu ersetzen. Dies würde nicht nur ihnen zugute kommen, sondern allen Kindern. Einerseits wird es der bisher auf schulisches Lernen fokussierten Forschung ungeahnte Einblicke in die Staunen erregende Vielfalt informeller Lernstrategien eröffnen. Anderseits wird es aber auch viele scheinbare Gewissheiten darüber, was für Kinder wichtig und richtig ist, in Frage stellen.

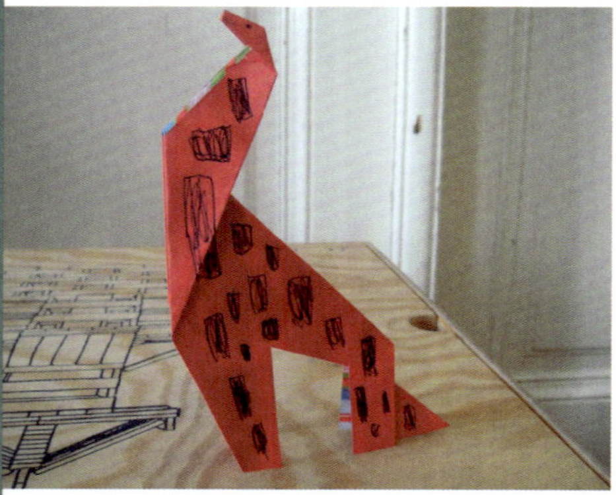

Die anhaltende Krise des Bildungssystems hat in den letzten Jahren an vielen Orten alternative Projekte mit völlig neuen Ansätzen entstehen lassen. Ein fundamentaler Wandel ist offenbar nicht mehr aufzuhalten, denn in allen demokratischen Gesellschaften ertönt immer lauter der Ruf nach Selbstbestimmung: Die Zivilgesellschaft wird sich ihrer Macht und Verantwortung mehr und mehr bewusst. Das wachsende Interesse an natürlichen Lebensweisen, natürlicher Ernährung, natürlichen Heilmitteln usw. geht Hand in Hand mit einem immer tieferen Verständnis für die komplexen Lernprozesse, die in der Natur des Menschen angelegt sind. (Sogar die Informatik hat begonnen, sich an diesen natürlichen Lernprozessen zu orientieren: Das Übersetzungsprogramm von Google beispielsweise setzt schon seit einiger Zeit auf assoziatives Lernen und konnte dadurch enorme qualitative Verbesserungen erzielen!) Die steigende Mobilität und die rasante Entwicklung der Kommunikationsmedien eröffnen uns völlig neue Möglichkeiten eines freien, individuellen Wissenserwerbs, wie er noch vor zehn Jahren undenkbar gewesen wäre. Die Kinder unserer Zeit, die mit diesen Medien ganz selbstverständlich aufwachsen, entwickeln von Anfang an ein extrem vernetztes Denken. Und die moderne Gehirnforschung bestätigt die Grundüberzeugung aller Freilerner, dass Lernen unter Druck gar nicht möglich, ohne Druck dagegen gar nicht aufzuhalten ist.

> **Die Menschheit wird keine großen Entdeckungen und Fortschritte machen, solange es noch EIN unglückliches Kind auf Erden gibt.**
>
> *Albert Einstein (1879-1955), theoretischer Physiker*

SPAß ODER FREUDE?

Eine Betrachtung

Schon zum fünften Mal war ich diesen Sommer mit meinem Mann in einem griechischen Dorf, wo eine ganz andere Atmosphäre herrscht als in den benachbarten Ortschaften, die vom Massentourismus gezeichnet sind: Shops und Vergnügungsprogramme aller Art, laut dröhnende Musik, gemietete Motorräder und Funmobile, die rücksichtslos über die engen, kurvigen Straßen düsen, ganze Schiffe, voll besetzt mit alkoholisierten Jugendlichen, die sich von brüllenden Animatoren über Lautsprecher willenlos manipulieren lassen... Urlaubs-SPASS in Reinkultur!

Am Strand unseres Küstendorfes dagegen sehen wir stille, zufriedene Menschen mit großen schwarzen Mappen am Meeresufer entlangschlendern. Kinder spielen ohne Animatoren und ohne aufwendiges Spielzeug miteinander im Sand oder in den Wellen. Auf den Liegen unter den ausgefransten Schirmen aus Palmblättern werden dicke Bücher gelesen. In dem kleinen Lokal direkt darüber gibt es nur wenige Getränke, eine Eiskiste und drei von der alten Mama gekochte Tagesgerichte. Dafür hat man von hier aus den schönsten Blick auf das endlose Farbenspiel von Meer und Himmel. Und an einem der Nebentische klimpert einer der Stammgäste, ein griechischer Liedermacher, leise und versonnen alte und neue Melodien auf seiner Gitarre, während drei Hunde und mehrere Hühner um seine und unsere Beine streichen.

Das Geheimnis dieses Ortes ist sehr einfach: Die Menschen, die hierher kommen, sind mit sich und der Welt zufrieden, weil sie schöpferisch tätig sind! Sie malen, singen, tanzen, dichten, trommeln, machen Sport und Yoga, erforschen die Gegend oder spielen Theater. Zwischen Mai und Oktober kommen Woche für Woche Erwachsene und Kinder hierher, um begleitet von Künstlern und/oder Kunsttherapeuten in entspannter Atmosphäre, ohne Druck oder Zwang ihre schlummernden Talente zu entfalten. Ihre Begeisterung lässt eine Atmosphäre echter FREUDE entstehen, die auch von den griechischen Gastgebern geschätzt und gewürdigt wird.

Ich habe auf dieser Insel viel gelernt, vor allem den himmelweiten Unterschied zwischen SPASS und FREUDE. Diese beiden Begriffe werden irreführenderweise nämlich oft gleichgesetzt, doch bei näherer Betrachtung erweisen sie sich als absolut unvereinbar: Wer sich für den lauten, grellen Urlaubsspaß entscheidet, entscheidet sich damit automatisch gegen die Urlaubsfreude und umgekehrt – passives Bespaßtwerden von außen und aktives Erkunden der eigenen innersten Bedürfnisse schließen einander definitiv aus...

Wie oft habe ich in Diskussionen mit Kritikern des freien Lernens das Argument an den Kopf geworfen bekommen, DASS AUS KINDERN, DIE IMMER NUR TUN, WAS IHNEN SPASS MACHT, DOCH NICHTS WERDEN KANN! Diese Leute glauben, damit die Notwendigkeit schulischer Disziplin hinreichend bewiesen zu haben, und reagieren daher meist einigermaßen verblüfft, wenn ich ihnen aus ganzem Herzen zustimme! Die Aufgeschlosseneren unter ihnen hören sich sogar meine Begründung noch an: weil Kinder schon JEMAND SIND und nicht erst ETWAS (?!) WERDEN müssen. Und weil SPASS mit freiem Lernen überhaupt nichts zu tun hat! Spaß ist nichts als ein Ausgleichsventil für Kinder, die ständig unter Druck gesetzt werden – lautstark muss sich dann natürlich in Schulpausen oder Ferien ihre unerträgliche Anspannung entladen. Gleiches gilt für den Urlaubsspaß im „normalen" Arbeitsleben, auf das die Schule uns ja bestmöglich vorbereiten soll...

Freilerner dagegen wollen ihre natürlichen Anlagen in FREUDE ausleben, ohne Druck, mit spielerischer Leichtigkeit. Doch die Freude ist ein Kind der Muße – sie lässt sich nicht organisieren, nicht kaufen, nicht erzwingen und nicht gesetzlich verordnen. Außerdem ist echte Freude eine sehr ernste Sache, die nur in einer besonderen Atmosphäre der Freiheit und Geborgenheit gedeihen kann.

Ernst und Freude, Freiheit und Geborgenheit – gleich zwei Widersprüche, zwei Paradoxa in einem Satz! Da steigt der reine Rationalist natürlich aus, denn sein ängstlicher Verstand teilt die Welt fein säuberlich in schwarz-weiße Gegensatzpaare ein, die einander doch definitionsgemäß ausschließen müssen! In unverbildeten Menschen dagegen breitet sich ein warmes Gefühl der Vollständigkeit aus – die scheinbaren Gegensätze vereinen sich in ihrem Geist zu den zwei Seiten einer Medaille!

Spüre doch einfach selbst einmal nach: Kann ich Geborgenheit empfinden, wenn mich jemand in seinen Armen hält, ich aber nicht sicher sein kann, dass er oder sie mich sofort wieder freilässt, wenn ich das will? Kann ich mich andererseits wirklich frei fühlen, solange ich schutzlos ausgesetzt und ohne Zufluchtsmöglichkeit bin?

Genauso verhält es sich auch mit den scheinbaren Gegensätzen Ernst und Freude, die einander nicht ausschließen, sondern bedingen: Wir brauchen nur den kleinen Kindern zuzuschauen – nichts ist so freudvoll und zugleich so ernsthaft wie ihr selbstvergessenes Spiel! Es erfüllt sie vollkommen, sie fühlen sich eins mit sich und der Welt und brauchen nicht mehr zu ihrem Glück, als dass niemand sie stört oder ablenkt.

DAS ist Freilernen – ein anderes Wort für LEBEN, für lebenslanges, selbstbestimmtes, ernsthaftes und freudiges Weiterwachsen in uneingeschränkter Freiheit und Geborgenheit!

> **Menschen wurden geschaffen, um geliebt zu werden. Dinge wurden geschaffen, um benutzt zu werden. Die Welt ist im Chaos, weil Dinge geliebt und Menschen benutzt werden.**
>
> *John Petrov Plamenatz (1912-1975),*
> *politischer Philosoph*

EIGENTLICH HABEN WIR IMMER FREI

Die verschiedenen Aspekte der Zeit

Heute habe ich „frei". Nun ja, eigentlich haben wir immer frei. Damit meine ich die Möglichkeit, unsere Zeit nach unseren Interessen oder Berufungen einzuteilen. Heute ist es aber nochmals etwas Besonderes: Richard ist mit Jonas und Elias zu einer befreundeten Familie gefahren. Somit stehen mir ein paar Stunden des Tages zur freien Verfügung, die ich ganz bewusst und ohne Unterbrechungen meinen eigenen Tätigkeiten widmen kann.

Ich sitze im Bus. Während der Fahrt zum Park in der Innenstadt lasse ich meinen Blick über die vorübergleitenden Häuser schweifen. Sehe, wie vielfältig die einzelnen Fassaden gestaltet sind, bemerke die Schattenspiele in den Auslagen. Ich erfreue mich daran, nicht umsonst habe ich Architektur studiert. Der Umgang mit Formen und Raum hat mich schon als Kind interessiert. Nun habe ich Zeit, mich ganz dem Betrachten hinzugeben. Erst durch das gemeinsame Wachsen mit unseren Söhnen ist mir so deutlich bewusst geworden, dass der Weg das Ziel ist.

Unzählige Male haben wir – oft bis zu einer Stunde und natürlich nur, wenn das meine Zeit auch zuließ – am Weg zum Einkaufen angehalten: Um den Kanalarbeiter zu beobachten, wie er durch den Gully in das Abflussrohr hinunterkriecht, um es zu reinigen. Nach schier endloser Zeit gelangt er schließlich wieder an die Oberfläche – verschmutzt aber froh, dass er es geschafft hat, den dort unten befindlichen Schutt in kleinen Eimern nach oben zu befördern. Oder um an einer anderen Baustelle dem Bodenleger beim Verlegen der Pflastersteine zuzusehen. Bis so ein riesiger Pflasterstein waagrecht im Sandbett verlegt ist, dauert es eine ganze Weile. Doch an den Handgriffen der Arbeiter merkt man, dass sie das öfter machen, so selbstverständlich gehen sie ihnen von der Hand. Ein anderes Mal lädt ein Kran die neuen Fenster auf einem umgebauten Dachstuhl ab. Dazu muss der Kranführer die Last mit seiner Fernsteuerung genau führen, damit er sie exakt durch die schmale Öffnung bekommt. Erst nachdem die Fenster gut im Inneren des Hauses gelandet sind, können wir weitergehen.

Viel später wird mir Elias einmal von einer Beobachtung berichten, die er auf einem dieser Wege gemacht hat. Seither weiß ich, dass er dank der Zeit, die wir uns damals genommen haben, genau weiß, wie ein Handhubwagen funktioniert. Welcher Hebel wie gedrückt werden muss, damit der Wagen fährt und die Palette abgestellt werden kann.

Und nun sitze ich im Park und kann meinen Gedanken für dieses Buch freien Lauf lassen. Was bewegt mich gerade? Was möchte ich noch mit den zukünftigen Leserinnen und Lesern teilen?

Gestern habe ich mir im Internet Kurzinterviews zur Frage „Verhätscheln wir unsere Kinder?" angeschaut. Entsetzt habe ich die meisten Aussagen verfolgt. Die Konklusion: Ein Großteil der Befragten befürwortet nach wie vor „die gesunde Watsch'n". Die Kinder müssen ja funktionieren, da darf schon mal härter rangegangen werden! Unter dem Motto „Das hat noch nie jemandem geschadet, mir auch nicht", wird hier gerechtfertigt, dass einem Menschen, nur weil er noch „minderjährig" ist, körperliche Gewalt angetan wird. Derartige Aussagen machen es mir schwer, hinter dem gewalttätigen Erwachsenen den verletzten Menschen zu sehen. Alice Miller, die bekannte polnisch-schweizerische Psychotherapeutin, beschreibt dieses Verhaltensmuster eingehend in ihren Büchern: Den meisten Menschen, die so argumentieren, ist selbst Ähnliches passiert. Ihre Strategie, mit dem damaligen Schmerz umzugehen – nein, nicht damit umzugehen, sondern ihn zu verdrängen – besteht darin, die alte Wunde bloß nicht anzurühren, es könnte ja wieder wehtun. Und so wird dieser Schmerz unreflektiert an die nächste Generation weitergegeben, wodurch man die Gewaltspirale nicht unterbricht, sondern sich auf ihr weiter nach oben bewegt.

Wenn wir unser Zusammenleben mit Kindern genauer anschauen, werden wir erkennen, wie viele unterschiedliche Arten von Gewalt oft gut versteckt darin immer noch vorhanden sind. Ist es zum Beispiel nicht auch eine Form von Gewalt, dass Kinder ungefragt im Zeitraster der Eltern funktionieren müssen? Als ich über unsere Entdeckungen auf den Wegen durch die Stadt berichtete, habe ich geschrieben: „... natürlich nur, wenn das MEINE Zeit auch zuließ." Gestehen wir uns im Zusammenleben mit Kindern ein, dass auch sie ihren ganz eigenen Rhythmus haben? Geben wir ihnen den dafür benötigten Zeit-Raum? Das Leben mit Kindern – und das müssen nicht die eigenen sein – sehe ich also auch als Einladung, uns selbst die Frage zu stellen: Nach welchem Zeitraster funktionieren wir beziehungsweise glauben wir, funktionieren zu müssen?

Nach der Geburt unseres ersten Kindes habe ich bald erkannt, wie einfach das Zusammenleben mit einem Säugling ist, wenn ich mich auf seinen Rhythmus einlasse. Also habe ich mir die notwendigen Erledigungen so eingeteilt, dass sie möglichst wenig in den Rhythmus des Babys eingriffen. Termine zu einem genauen Zeitpunkt habe ich damals als extrem stressig empfunden. Denn ich konnte ja im Voraus nicht wissen, zu welcher Zeit Jonas an diesem Tag aufwacht, hungrig ist, eine nasse Windel hat oder einfach meine Nähe einfordert.

Rückblickend war diese erste Phase meiner Mutterschaft für mich die größte Herausforderung: Von der unabhängigen Frau und Partnerin, die zu jedem Zeitpunkt entscheiden konnte, was sie wann und wie lange macht, zur stillenden Mutter, die auf Abruf als Nahrungs- und Wärmequelle gebraucht wird. Einerseits hat mich das Muttersein natürlich erfüllt, andererseits fühlte ich mich ziemlich gefordert durch die Erkenntnis, dass da plötzlich jemand ist, der ab sofort mein Leben sehr stark mitbestimmen wird.

Ich erinnere mich noch gut an eine Übung, die uns unsere Hebamme während des Geburtsvorbereitungskurses durchführen ließ: Wir sollten aufschreiben, wie wir uns den Tagesablauf mit Baby so vorstellen. Heute muss ich lachen, wenn ich an meine damaligen Aufzeichnungen denke: Aufstehen, Baby stillen, dann schläft es zwei Stunden, in denen ich Zeit für mich habe, zum Lesen, zum Entspannen, für die Hausarbeit... Es kam ganz anders: Jonas brauchte in den ersten Monaten ganz viel Körperkontakt – auch beim Schlafen. Und untertags schlief er oft nur eine halbe Stunde. Mir blieb also nicht viel Zeit, um daneben etwas anderes zu tun – noch dazu, da Jonas es sofort merkte, wenn er plötzlich allein lag.

Außerdem habe ich mich als junge Mutter sehr verunsichert gefühlt durch die unterschiedlichsten Ratschläge, die damals auf mich einprasselten – sei es von Menschen oder aus Büchern. Im Rückblick kann ich nun erkennen, dass ich einfach meine Zeit gebraucht habe, um in der Begleitung unseres Sohnes meinen ganz eigenen Weg zu finden. Eine große Hilfe waren dabei die Eltern-Gesprächsabende im Rahmen der Emmi-Pikler-Spielgruppen. Dort erfuhren wir, wie wichtig es ist, gerade in der ersten Zeit die Bedürfnisse dieser ganz kleinen Wesen sofort zu erfüllen, weil ihr Zeitempfinden ein völlig anderes ist: Wenn sie Hunger haben, will dieser sofort gestillt sein, denn sie wissen noch nicht, dass es ein „später" gibt. „Lass ihn halt mal schreien" oder „Warte nur, der wird euch noch auf der Nase herumtanzen!" haben wir etliche Male zu hören bekommen, wenn wir Jonas' Bedürfnis nach Nahrung oder Nähe sofort nachgekommen sind. Und was sagt man darauf, wenn man – so wie die anderen auch! – nicht in die Zukunft schauen kann und daher nicht weiß, ob sich ihre Voraussagen nicht vielleicht doch bewahrheiten?

Trotzdem haben wir ganz bewusst begonnen, unser Leben nach unserem Kind auszurichten. Ausschlafen lassen, bis Jonas von allein aufwacht, auch wenn deshalb ein Termin verschoben werden muss. Oder ihn in seiner Tätigkeit, zum Beispiel beim Betrachten eines Gegenstandes, nicht unterbrechen. Im Zuge dessen durften wir erleben, wie entspannt ein Miteinander sein kann, wenn wir Großen uns entscheiden, unsere Bedürfnisse hinter die der Kinder zu stellen. Nicht um sie ganz aufzugeben! Aber da wir im Unterschied zu den kleinen Kindern ja wissen, dass es ein „später" gibt, können wir die Erfüllung unserer eigenen Bedürfnisse eben auf einen anderen, späteren Zeitpunkt verschieben.

Das war und ist natürlich nicht immer einfach. Bis zur Geburt unseres ersten Kindes haben wir die zweite sonntägliche Tasse Kaffee immer gleich nach dem Frühstück beim Zeitungslesen auf der Couch getrunken. Das machte den Sonntag erst zum Sonntag! Und nun? Häufig kommen wir erst am Nachmittag dazu, uns eine zweite Tasse Kaffee zu gönnen – inzwischen immerhin schon auf der Couch. Denn wir werden ständig gebraucht, zum Beispiel als Handlanger beim Origami-Falten. Zwar schaffen wir es zwischendurch vielleicht, die Wäsche, die schon seit Tagen an der Leine hängt, endlich abzunehmen und zusammenzulegen. Doch dann wird wieder ein Apfel zur Jause verlangt – am liebsten aufgeschnitten, denn so schmeckt er noch viel besser, finden unsere Söhne, weshalb sie jedes Mal ausdrücklich darum bitten. Beim Abstellen der Kaffeetasse fällt mir auf, dass der Couchtisch eine Überholung brauchen würde. Ich beginne also erst einmal damit, die Dinge, die sich auf ihm stapeln, an ihren Platz zurückzustellen. Und so vergeht ein solcher Sonntagmorgen, indem ich den Bedürfnissen meiner Söhne nachkomme und mich dazwischen den Dingen hingebe, die mir gerade ins Auge springen. Wenn ich mich darauf einlasse, ergibt sich alles wie von selbst, und dann finde ich es gar nicht mehr schlimm, wenn sich die zweite Tasse Kaffee auf den Nachmittag verschiebt. „Aufgeschoben ist nicht aufgehoben" sagt schon ein altes Sprichwort – und es bewahrheitet sich: Am Nachmittag ergibt sich dank des vertieften Spiels unserer Söhne eine Lücke, die es mir ermöglicht, in aller Ruhe meinen Kaffee zu trinken.

Selbstverständlich finden in diesem „fließenden Tun" auch meine eigenen Begeisterungen Raum. Es hängt jedoch von mir ab, welchen Impulsen ich nachgehe: Denke ich, wenn mein Blick über die verstaubte Stereoanlage gleitet, nur ans Staubwischen, oder wird mir bewusst, dass ich schon lange nicht mehr Musik gehört habe? Ich bin Schöpferin meiner Realität, ich bestimme, welche Tätigkeit mir im jeweiligen Augenblick gerade guttut, und nur ich kann meinen Impulsen nachgeben, sie Wirklichkeit werden lassen. Und mir dabei auch zugestehen, dass mich Staubwischen in den Momenten, wo ich mich bewusst dafür entscheide, durchaus glücklich macht.

In diesem Miteinander-Wachsen habe ich auch gelernt, dass ich damit rechnen muss, mit meinen Tätigkeiten nicht zügig und ohne Unterbrechung voranzukommen, wenn meine Söhne anwesend sind. Denn immer wieder werde ich gebraucht, sei es als Jausenlieferantin, sei es um auftauchende Fragen zu beantworten oder einfach da zu sein, ihren Spielen beizuwohnen und sie spüren zu lassen, dass sie gesehen werden. Und es gelingt mir nicht immer, dabei auch entspannt zu bleiben.

Unsere Söhne sind mittlerweile acht und elf Jahre alt, und wir achten weiterhin darauf, dass sie ausreichend Zeit für ihre Bedürfnisse und selbst gewählten Tätigkeiten haben. Natürlich gibt es auch in unserem Alltagsleben genug Termine, die eingehalten werden müssen, sei es die Abfahrt des Zuges, wenn wir die Großeltern besuchen, oder der Akrobatikkurs, der zu einer bestimmten Uhrzeit beginnt. Aber diese Termine halten wir bewusst in Grenzen, denn es ist uns wichtig, dass Jonas und Elias genügend Zeit bleibt für ihr freies Spielen. So können sie nach Herzenslust ihren Begeisterungen nachgehen, aus denen sich mittlerweile sogar die eine oder andere Kompetenz entwickelt. Jonas zum Beispiel hat bereits im Alter von fünf Jahren sehr gerne fotografiert. Immer wieder integrierte er diese Leidenschaft auch in seine Spiele und eines Tages entstanden dabei Stop-Motion-Aufnahmen. Das Zusammensetzen der einzelnen Bilder zu einem Film weckte nun sein Interesse für dieses Medium. Eine Videokamera im Freundeskreis war schnell gefunden, sodass er seiner Begeisterung weiter folgen konnte und als ein großes Fest anstand, entschied er sich, dieses filmisch festzuhalten. Die dort getätigten Aufnahmen wurden anschließend von ihm fachmännisch mit dem dazugehörigen Computerprogramm geschnitten und es entstand eine wundervolle Zusammenfassung dieses besonderen Abends. Mittlerweile steht die nächste Veranstaltung an und wir wissen, wen wir für die filmischen Belange einsetzen können.

So wie wir von Anfang an auf ihre Bedürfnisse eingegangen sind, respektieren sie nun auch schon unsere Bedürfnisse. Zum Beispiel wenn sie uns in Ruhe besagten Sonntagskaffee trinken lassen – und zwar wirklich gleich nach dem Frühstück. Oder sie uns zu einem Vortrag begleiten und dabei ebenso interessiert zuhören wie wir. Oft bekommen wir dann die Rückmeldung, welch lange Aufmerksamkeitsspanne die beiden haben. Ich jedoch glaube, dass einfach eine Wechselwirkung eingetreten ist. Ich bin überzeugt davon, dass unser respektvoller Umgang mit ihnen und ihren Bedürfnissen die Grundlage dafür ist, dass sie das Gleiche nun auch für uns und andere Menschen tun.

Die geschilderten Alltagsszenen machen deutlich, dass wir in unserem eigenen Zeitraster leben. Das meinte ich, als ich schrieb: „Eigentlich haben wir immer frei.“ Wir geben sozusagen den Takt vor. Die verschiedenen Melodien, die zwischen den Taktstrichen entstehen, sind ein Zusammenspiel aus dem Befolgen unserer eigenen inneren Impulse und den wechselnden äußeren Gegebenheiten

Dass Pausen dabei einen ganz besonderen Stellenwert haben, ist klar. Eine Auszeit ist immer wieder notwendig, um ganz bei uns ankommen zu können. Unsere Söhne verlangen bewusst danach: So haben sie nach intensiven, erfüllten Tagen, an denen sie Freunde treffen oder Ausflüge machen, ein besonders großes Bedürfnis nach Ruhe: Einfach zu Hause bleiben und an den eigenen Projekten weiterarbeiten. Zeit haben, um die vielen Eindrücke der vergangenen Tage zu verarbeiten. Von den Kindern habe auch ich gelernt, immer wieder gut auf mich zu schauen: Fühlt sich der Alltag mit seinen zahlreichen Terminen noch stimmig an, oder brauchen wir wieder einmal einen Tag nur für uns, zum Durchatmen und Ankommen?

Früher habe ich Listen geschrieben, auf denen alle Arbeiten standen, die noch zu erledigen waren. Hausarbeit, Einkäufe, Projekte, Treffen mit Freunden etc. – sorgfältig gereiht, um möglichst bald abgehakt werden zu können. Diese Listen haben mich immer gestresst. Sobald mein Blick darauf fiel, wurde mir bewusst, wie viel noch zu tun war. Anfangs war ich ja noch hoffnungsfroh, bis zu dem festgesetzten Zeitpunkt alle aufgelisteten Termine schaffen zu können, doch je näher der Termin kam, umso mehr erkannte ich, dass es sich auch diesmal wieder nicht ausgehen würde. Also erneut verschieben! Zurück blieb ein Gefühl des Versagens.

Das ist heute zum Glück ganz anders: Ich schreibe zwar nach wie vor Listen, doch sie erfüllen nun einen anderen Zweck: Sie dienen ganz einfach als Gedächtnisstütze. Ob und wann die einzelnen Punkte erledigt werden, ist nicht mehr relevant. Es geht nur darum, dass sie nicht vergessen werden. Ich vertraue darauf, dass die Dinge zur rechten Zeit erledigt werden oder sich von allein erledigen. Und ich erfreue mich daran, wie leicht es auf einmal ist, diese Listen „abzuarbeiten“. Ich denke dabei an jenen Sonntag, als „Den Couchtisch Aufräumen“ und „Staubwischen“ so ganz nebenbei von meiner Liste verschwanden.

Dieses entspannte Vertrauen braucht es auch, wenn es um das für unsere Augen unsichtbare Reifen einer Fertigkeit geht, das unmerklich in seiner Zeit stattfindet. In den meisten Fällen braucht es dazu nämlich gar kein Üben! Jonas hat diesen Prozess in folgende Worte gefasst: „Am besten lernt man in der Pause.‘ Denn irgendwann, ohne äußeres Zutun, ohne regelmäßiges Üben entwickelt sich eine Fertigkeit, wächst in den Körperzellen heran und kommt oft erst Monate später ans Tageslicht, dann nämlich, wenn der sprichwörtliche Knopf aufgegangen ist. Ein Beispiel:

Seit zwei Jahren kann Jonas bereits schwimmen. Allerdings liegt er noch zu steil im Wasser, seine Bewegungen sind viel zu schnell und verkrampft. Es kostet mich Mühe, ihm nicht ungefragt Verbesserungsvorschläge zu machen. Ich selbst liebe das Brustschwimmen, weiß, wie gut es sich anfühlt, vom Wasser getragen zu werden und gleichzeitig durch exakt ausgeführte Bewegungen schnell und zügig vorwärts zu kommen. Nach der langen Winterpause – ohne zwischenzeitliche Hallenbadbesuche – steht nun der erste Ausflug ins Freibad an: Dort steigt Jonas ins Becken und schwimmt sofort „richtig". Wir erkennen eine Sicherheit und Präzision in seinen Bewegungen, die uns staunen lässt. Unsichtbar ist in ihm etwas gereift, das nun an die Oberfläche gelangt, so dass auch wir daran Anteil haben können.

Solche Erlebnisse bestärken uns in unserer Haltung, dass es uns nicht zusteht, die Entfaltung unserer Kinder beschleunigen zu wollen, auch wenn wir das vermeintlich Beste für sie wollen. In Wahrheit braucht es nicht mehr als Vertrauen in die Lebensprozesse. Einige Bücher zu diesem Thema (Rebeca Wild, Olivier Keller, André Stern sowie Bertrand Stern), vor allem aber die praktischen Erfahrungen mit unseren eigenen Söhnen haben mir geholfen, dieses Vertrauen tatsächlich aufzubringen.

In Bezug auf mich selber kann ich von ihnen noch einiges lernen: Bei der Aneignung einer neuen Fertigkeit bin ich sehr ungeduldig. Einfach spielerisch an die Sache heranzugehen, so dass auch das Scheitern seinen Platz hat, fällt mir schwer. Zu sehr stecke ich hier noch in meiner eigenen Bewertung fest. Denn ich möchte die neue Fertigkeit am liebsten sofort perfekt beherrschen. Doch durch den Druck, den ich mir selbst auferlege, verliere ich dann oft die Lust, dranzubleiben und gebe zerknirscht auf. Immerhin fällt es mir schon viel leichter als früher, die Kostbarkeit des Augenblicks zu sehen – nichts anderes mehr wahrzunehmen als den Moment, der gerade ist. Und dabei, wie während der vorhin geschilderten Busfahrt, ganz bei mir zu sein.

Das Dienen in meinem Malort war und ist mir in dieser Hinsicht eine große Unterstützung. Vor mittlerweile sechs Jahren absolvierte ich bei Arno Stern die Ausbildung zur im Malort dienenden Person. Wie durch ein Wunder ist mir kurz danach ein Raum „zugefallen", so dass ich seit damals Menschen jeden Alters bei ihrem Malspiel bedienen darf. Der Raum fasst bis zu zwölf Personen, die sich entschieden haben, mindestens ein Jahr lang einmal pro Woche für neunzig Minuten an diesen besonderen Ort zu kommen, um ihre ureigene Spur zu ziehen. Absichtslos, ohne das Bedürfnis, ein Werk zu erschaffen, malen sie Bilder, die keiner Bewertung unterzogen werden.

Meine dienende Haltung ermöglicht es den Malenden, sich ganz ihrem Spiel hinzugeben. Für diese eineinhalb Stunden gibt es für jeden der Anwesenden nur noch die Pendelbewegung zwischen dem Palettentisch mit den schon angerührten Farben, der in der Mitte des Raumes steht, und der Wand, an der sein Blatt mit Reißnägeln befestigt ist. Einen Pinsel in die Hand nehmen, die Spitze erst ins Wasser und danach in die Farbe tauchen, damit zum Blatt gehen und seine Spur ziehen. Sobald zu wenig Farbe im Pinsel ist, wieder zurückgehen zum Palettentisch und den Pinsel erneut eintauchen, oder einen neuen Pinsel und eine neue Farbe auswählen. So füllt sich das Blatt nach und nach mit dem, was genau in diesem Augenblick von innen nach außen getragen werden will. Und noch etwas habe ich im Malort gelernt: Welch großen Wert die Beständigkeit im Leben hat. Was es bedeutet, ganz sicher sein zu können, dass mir genau in einer Woche derselbe wertfreie Raum wieder offenstehen wird, damit ich mein Spiel von letzter Woche fortsetzen kann.

„Alles hat seine Zeit." Dank meiner Söhne hat dieser Satz für mein Leben eine völlig neue Bedeutung bekommen. In meiner Kindheit bedeutete er: „Jetzt ist es aber genug, ihr solltet euch endlich wieder den ernsten Themen des Lebens zuwenden!" Dazu passte auch gut der Spruch: „Erst die Arbeit, dann das Spiel." Zuerst mussten die Hausaufgaben erledigt werden, erst dann ging es runter in den Hof zum Spielen. Andere bestimmten darüber, wie lange ich mich welchen Tätigkeiten widmen durfte. So hatten wir es alle in der Schule gelernt, und niemand hinterfragte diese Dinge damals, das war einfach so und aus. Kritische Fragen wie „Warum sollen alle Sechsjährigen zur gleichen Zeit Lesen und Schreiben lernen?" wären keinem eingefallen, auch mir nicht.

Erst heute und dank meiner hier geschilderten Erfahrungen kann ich dem Satz „Alles hat seine Zeit" freudig zustimmen. Sich Zeit nehmen für etwas, sich diese Zeit zugestehen (auch oder gerade für etwas angeblich Unwichtiges), darauf vertrauen, dass es für alles die „rechte Zeit" gibt, wieder lernen, in seiner eigenen Zeit, im eigenen Rhythmus zu leben – mögen diese Zeilen eine Einladung dazu sein.

> **Zeit, die wir uns nehmen,**
> **ist Zeit, die uns etwas gibt.**
>
> *Ernst Ferstl, österreichischer Lehrer*
> *und Schriftsteller*

MEINE STIMME WIEDERFINDEN

Die Elternschaft als Weg zu sich selbst

Wie sehr genieße ich jene Momente unseres Familienlebens, in denen wir gemeinsam Dinge unternehmen, die uns alle begeistern! Wie Reinspringen in die frische Nordsee und mit den Wellen spielen.

Abend ist es schon, doch die Sonne steht hier im Norden noch hoch am Himmel. Nach einem bewölkten Tag hat ihr der Wind eine große blaue Lücke in das Himmelszelt geblasen, aus der sie nun mit einer Intensität scheint, als habe sie sich all ihre Kraft für diesen einen Moment aufgehoben.

Doch das hat nur uns und eine Schar Möwen an den einsamen Strand gelockt. Wir ziehen uns schnell im Windschatten eines Strandkorbes aus, da wir weit entfernt sind von üblichen Badetemperaturen, 34 Grad ergeben Luft- und Wassertemperatur gemeinsam! Und dann laufen wir los, so wie Gott uns schuf, aufs Wasser zu. Kaia (neun Jahre) wagt sich heute Hand in Hand mit ihrem Vater wieder ein Stückchen weiter rein, sie will die Wellen am ganzen Körper spüren. Jarik (sechs Jahre) hingegen fasziniert das Vor und Zurück des Meeres, er läuft am Ufer entlang. Das Meer und er sind Tanzpartner geworden, die den Kontakt mal suchen, mal voreinander ausweichen. Ina mit ihren zweieinhalb Jahren beobachtet das noch Unbekannte zunächst aus dem sicheren und windgeschützten Inneren eines Strandkorbes. Später will sie dann auf meinem Arm ins Wasser gehen. Einen Moment halte ich inne und freue mich daran, wie jedes unserer Kinder seinen Weg, sich dem Meer anzunähern, findet.

Ein Satz taucht in mir auf, den ich mal wo aufgeschnappt habe: Stell dir vor, du wärst ein Kind, und ungeahnte Kräfte werden frei. Ich laufe aufs Wasser zu, beginne über die Wellen zu springen, mich von ihnen schaukeln zu lassen. Ich bin wieder selbst zum Kind geworden, schwerelos.

Zehn Jahre Elternschaft! Wie viel haben wir von unseren Kindern gelernt oder wiederentdeckt in dieser Zeit! Vor Jahren schon habe ich begonnen, Kapitelüberschriften zu sammeln, für ein mögliches Buch darüber. Meine drei Hauptkapitel wären folgende:

Kapitel 1: Auf meine Kraft und Intuition vertrauen

Karin, unsere Hebamme, sitzt neben mir, ich liege im Bett, weiß nicht, wie mir geschieht. Angst in jeder Zelle vor der nächsten Wehe. Nun steht sie auf. „Nein, bitte nicht weggehen, ich kann das nicht allein!“ Sie drückt meine Hand: „Ich rufe im Krankenhaus an und gebe Bescheid, dass wir kommen. Der Abstand zwischen den Wehen ist wieder größer geworden.“ Tränen steigen in mir hoch, es wird keine Hausgeburt werden, doch ich habe nur kurz Zeit, enttäuscht zu sein. Die nächste Wehe kommt und fünf weitere am Rücksitz von Karins Auto, mit dem wir ins Krankenhaus fahren. Es ist, als ob es mein Körper doch noch allein versuchen wollte. Später erzählt uns Karin, sie habe befürchtet, es werde ihre erste Geburt in einem Auto...

Dass wir uns für eine Hausgeburt bei unserer ältesten Tochter entscheiden würden, hätten wir uns ein knappes Jahr vorher absolut nicht vorstellen können. Die Hausgeburt meiner Nichte zu dieser Zeit kommentierten wir noch sehr skeptisch. Doch als wir dann selbst schwanger waren und ich das Buch „Geburt ohne Gewalt“ von Frédérick Leboyer las, begann zum ersten Mal ein Glaubenssatz in uns zu wanken, viele weitere würden ihm folgen.

Nun lag ich also im Krankenhaus, angehängt am Wehentropf. Ein Oberarzt drückt mit seiner ganzen Kraft auf meinen Bauch, eine Ärztin zieht mit der Saugglocke an Kaias Köpfchen, unsere Hebamme – inzwischen in weißer Krankenhauskleidung – steht mit der Schere bereit, meinen Damm aufzuschneiden. Ein bisschen mithelfen müsse ich schon, sagt die Ärztin. Aber ich weiß nicht wie, bin völlig losgelöst von meiner Kraft! Ich übergebe die Geburt den Menschen im Krankenhaus.

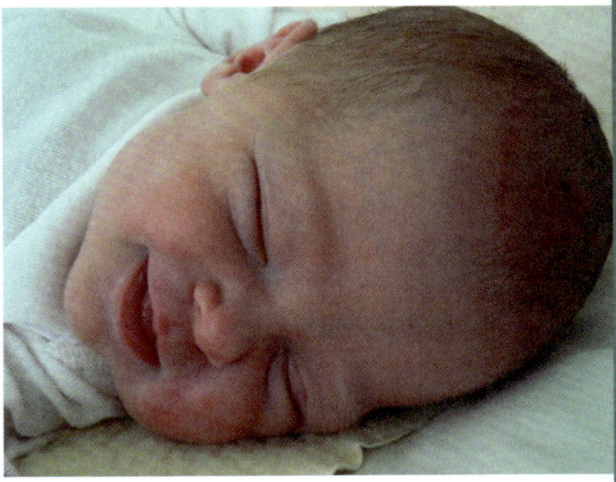

Drei Jahre später, Jariks Geburt. Ich beginne zu erahnen, welche Kraft in mir steckt. Doch erst bei Ina weitere drei Jahre später habe ich so viel Vertrauen in mich, dass ich die Geburt ganz selbst in die Hand nehme. Unsere Hebamme Karin ist nur noch stille, doch für mich unentbehrliche, Zeugin. Ihre Präsenz und Erfahrung gibt mir Sicherheit.

So wie bei den Geburten haben wir auch bei der Begleitung unserer Kinder nach und nach gelernt, natürlichen Vorgängen zu vertrauen, in sie nicht einzugreifen, sie nicht beschleunigen zu wollen oder sie outzusourcen aus Angst und Unsicherheit. Immer mehr sehen wir uns, ähnlich wie unsere Hebamme bei Inas Geburt, als zurückhaltende Zeugen ihrer Entwicklung. Zeugen, die wissen und darauf vertrauen, dass das Wie, Wann und Warum ihres Weges in ihnen steckt.

So vollzogen wir eine 180-Grad-Drehung in allen Anschauungen über das Heranwachsen junger Menschen: Die ersten Jahre meines Mutterseins vertraute ich noch mehr Ratgebern und üblichen Meinungen denn dem, was sich für mich richtig anfühlte. Ich ging nach zehn Monaten wieder arbeiten, saß mit tropfenden Brüsten an meinem Schreibtisch in einem Büro mit neun männlichen Arbeitskollegen und konnte es nicht erwarten, wieder nach Hause zu fahren. Wir gingen zum Babyschwimmen und befolgten die Anweisungen der Kursleiterin, unsere vier Monate alte Tochter unterzutauchen – obwohl mir die Tränen hochstiegen und ich nicht zusehen konnte, geschweige denn diese „Übung" ausführen, das musste mein Mann machen. Bei Kaia haben wir auch noch nicht hinterfragt, ob es denn Alternativen zum Kindergarten gäbe. Erst als wir ihren Stress dort spürten und ihren Wunsch hörten, zu Hause zu bleiben, begannen wir nachzudenken.

Uns in unsere Tochter hineinzuversetzen, ihre Bedürfnisse ernst zu nehmen, hat uns ermutigt, immer wieder zu hinterfragen, ob das, was von außen kommt, mit unserem Inneren in Einklang steht. Und wenn nicht, auch dementsprechend zu handeln. Stell dir vor, du wärst ein Kind, und ungeahnte Kräfte werden frei.

Kapitel 2: Wiederfinden, was mich begeistert

35 Jahre nachdem ich vom Schulchorleiter aufgefordert worden war, vor meinen Mitschülern etwas vorzusingen, und keinen Ton herausbekam, bin ich in einer ähnlichen Situation. Doch dieses Mal ist sie freiwillig. Gleich werde ich an der Reihe sein. Ich habe all meinen Mut zusammengenommen und mich als Vorsängerin gemeldet. Lange schon liebäugle ich damit es auszuprobieren. Die Singleiterin dreht sich zu mir und nickt mir lächelnd zu. Jetzt ist mein Auftritt.

Dass ich Begeisterungen und Talente, die in mir stecken, wieder auf die Bühne zu bitten beginne, auch das verdanke ich meinen Kindern. So war es zum Beispiel mit dem Singen und Musizieren: Begonnen hat es damit, dass ich ganz intuitiv unserer ältesten Tochter Lieder aus meiner Kindheit vorgesungen habe und bemerkte, wie gerne ich sang und welch beruhigende Atmosphäre uns dabei umhüllte. Ich wunderte mich, wieso ich so lange, Jahrzehnte, nicht mehr gesungen hatte. Da stieg in mir die Erinnerung an dieses oben erwähnte Erlebnis im Schulchor hoch. Als wir Zitate für dieses Buch bei unseren Lieblingsautoren suchen, stoße ich auf einen Text von Gerald Hüther, in dem er ein ganz ähnliches Erlebnis schildert.[9] Ich hatte in der Schule meine Stimme verloren und mich damit abgefunden, unmusikalisch zu sein. Doch als ich nun ganz intuitiv meiner Tochter vorsinge und -summe, wird die Musikbegeisterte in mir wach.

Ich schließe mich einer Singgruppe an, und als ich in einem Buch die Anregung lese, sich selbst doch jetzt schon einen Wunsch zu erfüllen, den man auf die Pension verschoben hat, muss ich nicht lange nachdenken: Ich kaufe mir ein Klavier. Ich kann mich noch genau an den Tag erinnern, an dem es geliefert wird. Jarik und ich sind allein zu Hause. Jarik ist eineinhalb Jahre alt, er lässt sich sofort von mir auf den Klavierhocker setzen und spielt drauf los. Eigentlich hat mir Jarik damals schon (s)einen Weg, Musik zu machen, aufgezeigt, doch begriffen habe ich ihn erst vor wenigen Tagen. Ich erzähle beim Abendbrot, dass ich Improvisieren lernen möchte. Jarik und Kaia fragen, was das ist, und ich sage: Frei drauf los spielen. Daraufhin setzt sich Jarik ans Klavier und macht eben das, und wir staunen, wie gut das klingt. Als ich mich dann ans Klavier setze und es auch versuche, schaue ich zu Jan und wir müssen herzhaft lachen: Jariks Spiel klang nach viel mehr!

Und plötzlich ist ein ganz anderes, tieferes Vertrauen da, dass ich auch bei ihrem Weg, sich Musikinstrumente anzueignen, nicht eingreifen muss. Ich habe mich auch bisher zurückgehalten, doch war ich nicht recht davon überzeugt, dass die Kinder, so wie sie an die Sache herangingen, etwas lernen würden. Ich müsse ihm doch schon mal die Akkorde auf der Gitarre beibringen, dachte ich mir, als Jarik sich eine Gitarre zu Weihnachten wünschte. Und Kaia, die sich auch immer wieder ans Klavier setzt, den üblichen Fingersatz zeigen. Nun sehe ich ihr Musikmachen mit ganz anderen Augen, kann die Musiklehrerin in mir, die sagt, das wäre ja noch keine Musik, die verbessern und korrigieren will, besänftigen. Staune über die Kreativität, mit der Musik in ihr Spielen einfließt: Sie dichten Lieder. Jarik spielt immer wieder Rocker und eignet sich so nebenbei Schlagrhythmen an. Manchmal setzen sie sich auch zu dritt hin, um gemeinsam zu musizieren. Oder mit einer Freundin der Familie, mit der sie ein Liederbuch von der ersten bis zu letzten Seite durchspielen. Diese musiziert nämlich genau so mit ihnen, wie sie es gerade gerne haben. Wild und fetzig. Meine langsamen Lieder interessieren sie nicht. Sie haben sich ihre eigene Lernbegleiterin gefunden, mit der sie frei von Ansprüchen ausprobieren und experimentieren können.

Und noch etwas wird mir klar: Auch hier geht es um Zeugenschaft: Sie suchen sich jemanden aus – Mitspieler, Zuseher, Zuhörer –, welche ihre momentane Freude und Begeisterung teilen oder sehen und sie bezeugen, mehr nicht! Sie suchen einen Raum, in dem sein darf, was grad lebendig ist. Ein solcher Raum scheint eine große kollektive Sehnsucht zu sein, denn er ist mir in den vergangenen Jahren in so vielen unterschiedlichen Kontexten begegnet: im

Pikler-Spielraum, im Malort nach Arno Stern, im Authentic Movement, bei Redekreisen, in der Gewaltfreien Kommunikation, im Freewriting. Das, was gerade ist, wird als einzig authentischer Ausdruck wahrgenommen. Eine Begegnung mit mir selbst, die bezeugt und nicht bewertet wird.

Stell dir vor, du wärst ein Kind, und ungeahnte Kräfte werden frei. Ich habe meinen Auftritt und spüre diesen wohlwollenden Raum, der von meinen Zuhörerinnen gehalten wird. Mein Herz klopft wie wild, jedoch nicht aus Nervosität, sondern weil ich mich so darüber freue, dass ich mich traue und dass ich meine Stimme wiedergefunden habe. Und das mit diesem ganz speziellen Lied. Ich singe, und meine Zuhörerinnen wiederholen und bekräftigen damit jede Phrase:

Free your soul,
free your voice,
sing your song,
this is your choice.

Free your heart,
free your mind,
sing your song,
this is your time.

Kapitel 3: Das ist unsere Zeit, unser Weg.

15. Jänner 2016:

Ich hänge mich bei Jan ein, als wir, so hübsch gemacht wie zu einem Date, zur U-Bahn gehen. Ja, wir haben eine Verabredung. Der Richter, dem unser Verfahren zugeteilt wurde – im Sommer 2015 stellte der Stadtschulrat einen Antrag auf Entzug der Obsorge – bittet uns zu einem Gespräch. Ich fühle mich sicher, uns wird nichts passieren. Wir werden einfach von unserem Weg erzählen. Ein bisschen aufgeregt bin ich dann doch, als uns der Richter mit bestimmter Stimme in sein Zimmer ruft: Dr. Totschnig und Mag. Engelberger. Er sei neugierig gewesen, beginnt unser Richter das Gespräch, warum Menschen mit einer so hohen Ausbildung ihre Kinder nicht zur Schule schicken. Ich schmunzle in mich hinein: Mit unseren Titeln haben wir Interesse für unseren Weg, bei dem Titel keine Rolle mehr spielen, geweckt! Zum ersten Mal in unserem Leben nützen sie uns! Wir beginnen zu erzählen und meine Nervosität vor der Autorität des Richters weicht langsam jener inneren Aufregung, die ich immer empfinde, wenn ich jemandem von unserem Staunen und unseren Erfahrungen mit dem freien Lernen unserer Kinder erzähle. Er wisse nicht, wie er sich entscheiden werde, sagt der Richter uns zum Abschluss unseres Gesprächs. Einen Entzug der Obsorge sieht er auf keinen Fall gerechtfertigt. Wir verlassen das Gerichtsgebäude Hand in Hand und voller Zuversicht, dass wir bei unserem Gesprächspartner eine kleine Tür für neue Blickwinkel aufgemacht haben.

30. Juli 2016:

Sommerfest in Hasendorf. Wir haben uns vor einem Jahr einem gemeinschaftlichen Wohnprojekt angeschlossen. Ich selbst komme aus einer Großfamilie und fand es immer wieder schade, dass wir, meine Geschwister und Eltern so weit verstreut voneinander leben. Doch war ich auch ein wenig menschenscheu geworden. Im Zuge der letzten Jahre aber haben die Neugierde und Offenheit unserer Kinder für andere Menschen auch uns angesteckt. Und wir haben immer stärker den Wunsch verspürt, dass wir alle in unserem Alltag eine Vielfalt an Menschen, von denen wir lernen und mit denen wir weiter wachsen können, um uns haben wollen.

Alles ist vorbereitet, das alte Presshaus am Grundstück ist geschmückt mit Blumen, Fotos und Plänen. Dort, wo in knapp einem Jahr unsere Gemeinschaftsküche stehen wird, haben wir Sonnenzelte mit Tischen und Bänken aufgestellt. Und weiter oben auf unserem Grund ist die von großen Steinen umsäumte Erdgrube, in der heute Abend unser erstes Lagerfeuer brennen soll.

Unsere Kinder haben wie immer, wenn wir hier draußen sind, mal hier mal dort mitgemacht. Ina und Kaia waren zunächst bei Lea und haben kleine Blumensträuße für die Tische mit ihr arrangiert, dann mit Alice Lampions aufgehängt. Jarik dagegen zog es zu den Handwerkern unserer Gruppe: zu Michael, der Holz fürs Lagerfeuer zurechtsägte, und dann zu Gerhard, der die Tür für unser Kompostklo zimmerte.

Die ersten Gäste aus unseren Familien und der neuen Nachbarschaft werden in einer Stunde eintreffen. Wir nutzen die Zeit, um noch gemeinsam über den Baustart zu sprechen. Reihum wird jede und jeder gehört, bis wir eine gemeinsame Entscheidung gefunden haben. Die Kinder sind bei diesen Redekreisen immer in unserer Nähe, manchmal setzen sie sich auch zu uns in den Kreis. Immer wieder hören wir von den Menschen unserer Wahlgroßfamilie, dass sie staunen, wie gut es klappt, dass unsere Kinder einfach immer mit dabei sind. So sehr ist unsere Gesellschaft schon an diese Trennung in Kinder- und Erwachsenenprogramm gewöhnt.

Dieses Wohnprojekt und das Freilernen haben viele Gemeinsamkeiten: eigentlich hat uns alle ja das zusammengeführt, was die Haltung des Freilernens ausmacht: Wir schaffen uns gemeinsam einen Ort, wo sich jeder mit seinen Gaben und seiner Begeisterung einbringen kann. Einen Ort, an dem man gesehen aber nicht bewertet wird. Einen Ort, wo wir wieder langsam zurückfinden können zu dem ursprünglichen Bedürfnis eines jeden Menschen nach Verbundenheit.

5. Oktober 2016:

Ein unerwarteter Anruf überrascht mich bei einem Spaziergang im Prater. Ich habe im vergangenen Jahr eine Ausbildung absolviert, die ganz auf meine Interessen und Ideen zugeschnitten war. Mir selbst Freilernen erlaubt. Das erste Mal in meinem Leben habe ich nicht für später gelernt und nicht versucht, mich auf eine mögliche Zukunft vorzubereiten, sondern bin ganz von meinen aktuellen Interessen ausgegangen. Dieses Buchprojekt ist daraus entstanden.

Und nun dieser Anruf: Es ist die Herausgeberin des TAU Magazins. Sie fragt mich, ob ich ins Redaktionsteam kommen möchte. Was für ein Angebot! Ob Freilernen denn berufstauglich sei, wird André Stern immer wieder gefragt – seine Antwort hat sich mir eingeprägt und findet gerade Bestätigung: Folgst du deiner Begeisterung, wirst du kompetent in den Bereichen, die dich begeistern, und die beruflichen Tätigkeitsfelder eröffnen sich ganz von selbst! Stell dir vor, du wärst ein Kind, und ungeahnte Kräfte werden frei!

Ich habe mich nach unserem gemeinsamen Bad in einen Strandkorb gesetzt, um an diesem Text zu schreiben. Das kraftvolle Kommen und Gehen der Wellen vor meinen Augen findet seine Fortsetzung im Pulsieren meines Herzens, ich fühle mich jung und lebendig. Ich sehe Kaia und Jarik ihre kleine Schwester am Bodyboard durch den Sand ziehen. Freue mich an diesem Anblick. Unser Weg ermöglicht den Geschwistern, uns allen, so viel Zeit gemeinsam zu verbringen. An den Wegen der anderen teilzuhaben. Unseren Weg zu gehen.

> **Von deinen Kindern lernst du mehr als sie von dir: Sie lernen eine Welt von dir, die nicht mehr ist. Du lernst von ihnen eine, die nun wird und gilt.**
>
> *Friedrich Rückert (1788-1866), deutscher Poet und Übersetzer*

OPEN SOURCE LEARNING

Auf dem Weg zu einer freien und friedlichen Menschheitsfamilie

Was mich auf verschlungenen Umwegen zum Freilernen geführt hat, war die intensive Beschäftigung mit Kindern, die aus ganz verschiedenen Gründen nicht ins Schulsystem passten. Ich sage ganz bewusst: ins SYSTEM, denn natürlich bin ich vielen großartigen, hoch engagierten Lehrerinnen und Pädagogen begegnet, doch gegen prinzipielle Mängel des Systems konnten letztlich auch sie wenig ausrichten.

Einer meiner frühen Schützlinge war der Sohn unserer allein erziehenden serbischen Hausbesorgerin. Er hätte das Zeug dazu gehabt, ein wunderbarer, selbstbewusster Handwerker zu werden. Die Schule hat sein Selbstbewusstsein aber früh geknickt. Angeblich wegen zu geringer Deutschkenntnisse wurde er viel zu lange zurückgestellt und danach, mit durchwegs jüngeren Kindern in einer Klasse sitzend, als dummer großer Störenfried gebrandmarkt. Sein Bewegungsbedürfnis blieb unberücksichtigt, seine handwerklichen Talente waren in der Schule überhaupt nicht gefragt, woraus er letztendlich den Schluss zog, dass er nichts wert sei. Obwohl ich mich sehr um ihn bemüht habe, konnte ich nicht verhindern, dass er wie viele seiner Leidensgenossen auf die schiefe Bahn geriet. Erst im Gefängnis, mit über zwanzig, hat er erstmals eine sinnvolle Förderung erlebt...!

Hatte ich bis dahin geglaubt, dass Ausländerkinder, die sich mit Lesen, Schreiben und Rechnen schwertun, die größten Schulprobleme haben, wurde ich einige Jahre darauf eines Besseren belehrt. Als Mutter eines intellektuell hochbegabten und eines hochsensiblen Kindes begann ich mich auch für andere solche Kinder zu engagieren. Was ich dabei erlebt habe, würde Bände füllen... Kurz zusammengefasst musste ich einsehen, dass es nicht, wie offiziell immer wieder behauptet wird, um die Kinder geht, sondern in erster Linie um das System: Die Kinder haben sich der Schule anzupassen, nicht die Schule den Kindern. Und wenn Kinder zu langsam, zu schnell, zu widerspenstig, zu aufgeweckt, zu apathisch oder zu sensibel sind, um diese Anforderung zu erfüllen, wird IHNEN die Diagnose lernschwach, krank (ADHS etc.) oder schwer erziehbar ausgestellt.

Was tun? Ich hatte das Glück, von Brigitte Kraft, einer lieben Freundin, die viele Jahre als Krankenschwester auf einer Kinderpsychiatrie arbeitete, bevor sie Mutter von zwei auf ganz unterschiedliche Weise hochbegabten Kindern wurde, den „begabenden Umgang“ mit besonderen Kindern vorgelebt zu bekommen: Bei der Betreuung ihrer geistig schwer gestörten kleinen

Patienten hatte sie gelernt, mit seismografischer Aufmerksamkeit die besonderen Bedürfnisse jedes einzelnen Kindes wahrzunehmen. Und genau das brauchen auch hochbegabte und hochsensible Kinder dringend! Gibt man ihnen die Möglichkeit, ihren inneren Impulsen zu folgen und ihren Interessen in ihrem eigenen Tempo nachzugehen, können sie nicht nur staunenswerte Leistungen vollbringen, sondern entwickeln sich vor allem zu einfühlsamen, freundlichen und sozialen Mitmenschen.

Als Brigittes eigene Kinder erwachsen waren, gelang es mir mit Hilfe meiner Freundin Sibylle Eisenburger, einen privaten Sponsor für ein Forschungsprojekt namens MEHRSTERN zu finden: Jeden Freitag Nachmittag unternimmt seither eine Gruppe intellektuell unterforderter Kinder zwischen sechs und dreizehn Jahren eine Exkursion, liebevoll betreut von Brigitte, die mit ihnen gemeinsam die Ziele auswählt und jeden Ausflug sorgfältig vor- und nachbereitet. Schon nach wenigen Monaten zeigten sich die segensreichen Auswirkungen dieses Projekts: Dank des regelmäßigen Zusammenseins mit Gleichgesinnten hörten die Kinder auf, sich wie Aliens zu fühlen. Sie mussten auch nicht mehr ständig durch Verhaltensauffälligkeiten die Aufmerksamkeit auf sich lenken, weil sie sich darauf verlassen konnten, in ihrer Einzigartigkeit gesehen und anerkannt zu werden. Dazu kommen die vielfältigen Anregungen, die sie auf ihren Ausflügen in Gärten, Werkstätten, Forschungsinstitute, Produktionsstätten, Museen, Theater usw. wie die Schwämme aufsaugen und mit ihren Freunden in und außerhalb der Gruppe teilen.

Meine Erlebnisse mit Kindern, die es aus verschiedenen Gründen in der Schule schwer hatten, haben mich im Lauf der Jahre immer deutlicher erkennen lassen, dass von Natur aus jedes Kind auf seine Art hochbegabt ist. Dabei denke ich vor allem an ein Mädchen, das wegen Dyslexie, Dyskalkulie etc. zur Sonderschülerin erklärt wurde, während ihre ganz ungewöhnlichen sprachlichen und sensitiven Begabungen unentdeckt geblieben wären, hätte die Kleine den Schulbesuch nicht irgendwann einfach verweigert. Ob sich individuelle Begabungen, egal welcher Art, entfalten können, liegt in der Hand der Menschen, die das Kind begleiten, denn jedes von ihnen hat ganz spezielle Bedürfnisse, die erkannt und beachtet werden müssen. Wie soll das im derzeitigen Schulsystem machbar sein? In einer Schulklasse haben sich alle zur gleichen Zeit für das Gleiche zu interessieren. Um die Fragen der Kinder geht es nur selten, in der Regel werden die Fragen von den Lehrern vorgegeben und die einzig richtigen Antworten gleich mitgeliefert. Der Stellenwert eines Schulkindes in unserem Unterrichtssystem hängt davon ab, wie gut es sich diese vorgefertigten Antworten merken kann und wie fügsam es sich den jeweiligen Verhaltensre-

geln unterordnet. Diese beiden Faktoren bestimmen, wie seine Zeugnisse aussehen, und von diesen Zeugnissen wiederum hängt seine Zukunft ab, wie ihm immer wieder eingeschärft wird: Von Erwachsenen, die diesen als Schulbildung bezeichneten Normierungsprozess ebenfalls durchlaufen haben und es nur gut meinen mit dem Kind.

Ach, wie schön wäre es doch, wenn alle Kinder immer und überall so ernst genommen würden wie die „Mehrsternchen" an Freitagnachmittagen, dachte ich mir oft! Dieses Ideal teile ich mit den so genannten Freilernern, von denen einige in diesem Buch zu Wort kommen. Sie selbst mögen das Etikett „Freilerner" übrigens gar nicht, weil auch dieser Begriff leicht als Methode oder neue Ideologie missverstanden werden könnte, was ihnen allen fern liegt! Sie treten dafür ein, dass jeder Mensch von Geburt an seinen eigenen Weg gehen darf, also wollen sie sicher niemandem Ratschläge geben, sondern höchstens andere durch ihr Beispiel dazu inspirieren, ähnlich vertrauensvoll zu sich selbst und ihren Kindern zu stehen.

Die Begegnung mit diesen Menschen hat meinem Leben eine neue Richtung gegeben. Es ist mir ein Herzensanliegen, mich für die Anerkennung ihrer Lebensform einzusetzen, so sehr bewundere ich sie für ihren Mut, ihren Einsatz und ihre Friedfertigkeit. In einigen Beiträgen dieses Buches ist wunderschön beschrieben, dass der wesentliche erste Schritt ihrer persönlichen Entwicklung darin bestand, ihre eigenen Bedürfnisse wahr- und ernst zu nehmen. Erst das hat die Autorinnen und Autoren dieses Buches befähigt, die natürlichen Impulse anderer, vor allem die der ihnen anvertrauten Kinder, ebenso klar wahrzunehmen und zu befolgen. Trotz aller äußeren Widerstände und zeitweiligen inneren Zweifel sind sie als Eltern deshalb bereit, sich ihr Leben so einzurichten, dass sie die „Bildungspflichten" nicht an eine Institution delegieren müssen. Es sei denn, ihr Kind äußert selbst den Wunsch, zur Schule zu gehen – dann wird auch dieser Wunsch respektiert, wiewohl er häufig nicht lange anhält…

Seit kurzem wird auch mit dem Freilernen in Gruppen experimentiert: Es entstehen Freilernerzentren wie der Colearning Space Wien, von dem Aki in diesem Buch erzählt. Engagierte Eltern, Kinder und Lernbegleiter suchen dort gemeinsam nach neuen Wegen des Zusammenlebens und -lernens. Dabei verstehen sie sich jedoch nicht als LEHRENDE, sondern vielmehr als LERNENDE ORGANISATION: Die Erwachsenen lassen sich ganz bewusst auf das herausfordernde Abenteuer ein, gemeinsam mit den Kindern zu wachsen und unter Einbeziehung möglichst vieler Außenstehender zu dem „Dorf" zu werden, das, wie ein afrikanisches Sprichwort sagt, die notwendige Voraussetzung für die Entwicklung eines Kindes ist.

Echtes Freilernen, das in den angelsächsischen Ländern als heiliges, demokratisches Recht den besonderen Schutz des Gesetzgebers genießt, ist in Deutschland seit 1938 jedoch überhaupt verboten und wird in Österreich auf häuslichen Unterricht reduziert (siehe dazu S. 137, „Wie dürfen Kinder lernen?"). Ich finde es empörend, dass Eltern behördlich verfolgt und zu Strafzahlungen verurteilt werden, nur weil sie ihrem Gewissen folgen und den freien Willen ihrer Kinder respektieren! In Österreich wurde manchen Freilernereltern sogar widerrechtlich mit Entzug der Obsorge gedroht, obwohl die eingeschalteten Jugendämter nur bestätigen konnten, dass es den Kindern an nichts fehlt. Nicht einmal dieser massive Einschüchterungsversuch konnte die Eltern von ihren Überzeugungen abbringen – sie gehen ohne Groll und Feindseligkeit ihren Weg weiter. Keine/r von ihnen verschwendet seine Zeit damit, das Schulsystem anzugreifen. Darum möchte ich, als selbst ernannte Anwältin dieser friedlichen Widerstandskämpfer, zum Abschluss noch einige Dinge zur Sprache bringen, die mir in Gesprächen mit Außenstehenden schon oft zu denken gegeben haben – und die uns in der Kritik an diesem Buch sicher wieder begegnen werden!

So habe ich zum Beispiel eine merkwürdige Beobachtung gemacht: Sehr viele Leute (egal ob sie selbst Eltern, Lehrer oder gar nicht persönlich betroffen sind) schimpfen bei jeder Gelegenheit über die Schule, die Lehrer, die Pisa-Tests, das ganze System mit all seinen alten und neuen Mängeln. Konfrontiert man diese Leute aber mit der alternativen Möglichkeit des Freilernens, vollführen sie plötzlich eine Kehrtwende um 180 Grad: Ihre Argumente hören sich nun auf einmal an wie Zitate aus dem Werbeprospekt einer konservativen Schule! Was passiert da? Als erschütterndstes Beispiel für einen solchen, offenkundig unbewussten Reflex fallen mir die Mütter und Großmütter in manchen islamischen Ländern ein, die als Kinder selbst verstümmelt wurden, sich später aber erbittert zur Wehr setzten gegen humanitäre Initiativen, die ihre Töchter und Enkelinnen vor der grausamen Beschneidung bewahren wollten!

Auch wenn es mich natürlich irritiert, wenn meine gerade noch so kritischen Gesprächspartner sich plötzlich in hektische Verteidiger des Schulsystems verwandeln, so kann ich sie, wenn ich ehrlich bin, doch gut verstehen: Eine Situation, die wir für alternativlos halten, prinzipiell in Frage zu stellen, können wir Menschen uns psychisch nämlich „gar nicht leisten", denn das würde die angeblich unveränderliche Lage ja noch schwerer erträglich machen. Also schützt uns davor offenbar ein instinktiver Selbsterhaltungstrieb! Ich kann mich gut erinnern, dass ich mich zu der Zeit, als ich vom Freilernen noch nichts wusste oder es nur für einen schönen Traum hielt, immer wieder bemüht habe, Argumente FÜR den „unausweichlichen" Schulbesuch zu finden, um meine Söhne und Nachhilfeschüler irgendwie bei der Stange zu halten. Erst seitdem André Stern und die Pionierinnen und Pioniere des freien Lernens den praktischen Beweis dafür erbracht haben, dass mein Traum tatsächlich realisierbar ist, gelingt es mir, den folgenden Fakten klar ins Auge zu schauen, ohne in Depression und Verzweiflung zu verfallen:

1. Gehirnforscher können heute unbestreitbare Beweise für eine alte Erkenntnis der Verhaltensforschung vorlegen: Unter Druck und Stress ist Lernen unmöglich, in einer Atmosphäre emotionaler Geborgenheit dagegen ist es gar nicht aufzuhalten.

2. Psychologische Experimente zeigen, dass das Konkurrenzverhalten unter Gleichaltrigen besonders hohen Stress erzeugt, deutlich mehr als in altersgemischten Gruppen.

3. Nach den Erkenntnissen der Chronobiologie wird jeder Organismus von wechselnden biologischen Rhythmen gesteuert. Starre Zeitpläne verhindern die natürliche Anpassung an diese Rhythmen, was vor allem in der Entwicklungsphase – also bei Kindern und Jugendlichen – zu schweren körperlichen und seelischen Schäden führen kann.

4. Statistisch gesehen ist jeder fünfte Lehrer am Ende seiner Kräfte. Burnout und Depressionen nehmen unter Lehrern wie Schülern stetig zu.

5. Unter dem in Schulen weit verbreiteten Mobbing leiden zahlreiche Schüler. Bei hochsensiblen Kindern, die schon mit dem normalen Schulalltag emotional überfordert sind, führt Mobbing häufig zum Zusammenbruch.

6. Trotz ständig steigender Kosten bleiben die Ergebnisse unseres Bildungssystems immer weiter hinter den Erwartungen zurück. Der Bildungsgrad hängt nachweislich vor allem vom Elternhaus ab.

7. Deutsche Universitäten und Betriebe klagen über ein erschreckendes Ansteigen der Wissenslücken bei Studienanfängern und Lehrlingen. In Österreich kann jeder vierte Absolvent der Pflichtschule nicht einmal sinnerfassend lesen.

8. Es existieren bisher kaum wissenschaftliche Studien darüber, wie viel von dem oft unter großen Anstrengungen und Kosten erworbenen Schulwissen nach dem Abitur „hängen bleibt". Allein die Tatsache, dass eine so entscheidende Frage offenkundig ausgeblendet wird, spricht Bände! Junge Menschen aus meinem Bekanntenkreis, die ich dazu befragte, meinten: maximal zehn Prozent. Diese Einschätzung deckt sich ziemlich genau mit meiner eigenen.

Die Liste ließe sich noch lange fortsetzen, doch die angeführten Punkte genügen, hoffe ich, um zu zeigen, dass es gute Gründe gibt, nach Alternativen zum System Schule zu suchen, das jahrhundertelang eine wichtige Rolle gespielt hat, nun aber möglicherweise bald in eine existenzielle Krise schlittern wird. Und es zeigt, hoffe ich, wie ungerecht die Forderungen sind, die an Freilerner gestellt werden: Würden ihre Leistungen, insbesondere die NACHHALTIGKEIT DES ERLERNTEN, an den Maßstäben der schulischen REALITÄT gemessen statt an rein theoretischen Bildungs-IDEALEN, müsste Vater Staat den Eltern dankbar zumindest die Summe auszahlen, die er sich durch deren Verzicht auf einen Schulplatz für ihre Kinder erspart! Und würden Erziehungswissenschaftler sich endlich systematisch mit frei lernenden Kindern beschäftigen, könnten sie staunend beobachten, dass Kinder zum Lernen weder eine vorbereitete Umgebung noch besondere Anregungen brauchen.

Alle Freilernerkinder, die ich kennenlernen durfte, sind auffallend bescheiden. Sie sehnen sich weder nach teurem Spielzeug noch nach extremen Erfahrungen, weil sie überall, wo sie sind, tagtäglich neue Entdeckungen machen dürfen: Mit der ungebrochenen Begeisterung von Kleinkindern erforschen sie ihre Umwelt. Da sie nicht auf das „spätere Leben“ (!) vorbereitet werden, sondern von Anfang an mit Eltern, Geschwistern, Verwandten, Nachbarn und Freunden mit-leben, mit-denken, mit-tun, erfahren sie ihr gesamtes Dasein als spannendes, unvorhersehbares Abenteuer! Ein Abenteuer, zu dem natürlich auch Langeweile, Nöte, Schicksalsschläge, Tod und Leid dazu gehören: Auch damit lernt jedes einzelne Kind nach dem Drehbuch seines Lebens Schritt für Schritt angstfrei umzugehen, wenn niemand den unsinnigen Versuch unternimmt, es davor „bewahren“ zu wollen und ihm eine Sicherheit vorzugaukeln, die es nicht gibt.

So sind frei aufwachsende Kinder für das praktische Leben gut gerüstet. Sie machen sich keine Illusionen über die von nationalen, ideologischen und ökonomischen Wettkämpfen verwüstete Welt, die sie umgibt. Aber sie wachsen in dem Bewusstsein auf, in dieser Welt ihren besonderen, nur für sie bestimmten Platz zu haben, weshalb sie sich für deren Zukunft auch mitverantwortlich fühlen.

Ich hoffe, die Beiträge überzeugen die Leserinnen und Leser dieses Buches davon, dass die aktiven Verteidiger der natürlichen Entfaltung des Kindes eine wichtige Pionierleistung auf dem Weg zu einer freien und friedlichen Menschheitsfamilie vollbringen: Sie geben nicht vor, zu wissen, was ein Kind ist und was es braucht, damit „etwas“ (ein Ding, ein Objekt?!) aus ihm wird. Sie stehen vielmehr staunend vor dem Wunder des Lebens, das in jedem Kind auf einzigartige Weise Gestalt angenommen hat, und lassen sich von dessen allmählicher Entfaltung überraschen wie ein begeisterter Gärtner, der aufmerksam das Wachstum einer noch unbekannten Pflanze beobachtet, um ihre Bedürfnisse zu erraten und erfüllen zu können. Die Einsichten und Erkenntnisse der „Open Source Learner", wie manche sie heute nennen, werden früher oder später der Schule und allen aufgeschlossenen Menschen zugute kommen – auf lange Sicht könnten sie unsere naturferne Gesellschaftsordnung grundlegend verändern.

> **Andere grundlegende Institutionen mögen von Land zu Land verschieden sein: Familien, Parteien, Kirche oder Presse. Das Schulwesen hat aber überall die gleiche Struktur, und überall hat sein verborgenes Curriculum die gleiche Wirkung. Es prägt unweigerlich den Verbraucher, der institutionelle Waren höher schätzt als die unfachmännischen Dienste seines Nachbarn.**
>
> *Ivan Illich (1926-2002), Priester, Philosoph, Natur- und Sozialwissenschaftler*

JAN ENGELBERGER

Ich bin Vater von drei freilernenden Kindern, Jurist, Taiji-Lehrer und Mitgestalter eines gemeinschaftlichen Wohnprojekts. Ich liebe das Meer, insbesondere die Nordsee, das Reisen, die Freiheit. Seit ich Vater bin hinterfrage ich mehr und mehr Konventionen und wage Neues zu denken, wobei ich mich von den Taiji-Prinzipien leiten lasse.

http://taiji.engelberger.org/

DANIELA FANCOJ

Mutter von zwei Kindern und in stetiger Veränderung. Nach 23 erfolgreichen Jahren als Bankangestellte in Wien, arbeite ich heute glücklich und zufrieden als Köchin und Ernährungsberaterin in einer kleinen Gemeinschaft am Wallersee. Anfangs begeisterte Freilerner sind meine Kinder - Romina (10) und Tobias (8) - heute Teil einer kleinen Schulgemeinschaft auf einem Arche-Biobauernhof in Salzburg.

NADJA HANETSEDER

Ich bin nicht mehr die Sechzehnjährige von damals als ich meinen Text schrieb, ich bin nun eine Achtzehnjährige, die auf ihren eigenen Füßen steht. Auch wenn meine Eltern mich super vorbereitet haben auf mein zukünftiges Leben, ist es für mich nicht leicht eine eigene Wohnung zu finanzieren, und meinen Schulabschluss nachzuholen, um eine Lehre zu beginnen. Aber ich muss sagen, dass ich es ziemlich gut meistere. Ich will weiterhin eine Make-up Artistin werden, und studieren irgendwann. Eines kann ich euch sagen: man weiß nie was die Zukunft einem bringt und wir sollten alles annehmen, was auf uns zukommt.

ANNA HARSCH

Es gefällt mir, Kinder denken „zu sehen“. Es gefällt mir, ihren authentischen Bedürfnissen zu folgen. Es gefällt mir, ihre Fragen zu beantworten. Ausbildung: Fachakademie für Sozialpädagogik. AMI-Montessori-Diplom. Sommerkurse von Rebeca und Mauricio Wild. Fortbildungen der Internationalen Pikler-Stiftung. Ich befasse mich aktiv mit der Jacoby-Arbeit, spiele meine Musik auf verschiedenen Instrumenten, singe und praktiziere Yoga. Ich gebe Seminare für Eltern und PädagogInnen.

DORIS HAUBENBERGER

Jahrgang 1942, verheiratet, Mutter einer Tochter und zweier Söhne sowie Großmutter von vier Enkelsöhnen. Als mein erster Enkelsohn vor fast 21 Jahren geboren wurde, fand ich wieder zu meinem Hobby, dem Fotografieren. Ab dieser Zeit fotografiere ich bei jedem Familienfest, bei gegenseitigen Besuchen und so entsteht seit damals über unsere Familie ein fotografisches Tagebuch, in dem ich immer wieder gerne blättere.

SIGRID HAUBENBERGER-LAMPRECHT

„Was brauche ich zum Glücklich-Sein?" Die Suche nach Antworten auf diese Frage führt mich immer zu meinen Begeisterungen und damit zu mir selbst. Durch meine beiden Söhne und meinen Mann habe ich außerdem gelernt, wie wichtig mir eine entspannte und wertfreie Umgebung ist. Dies versuche ich im Zusammenleben mit meiner Familie und darüber hinaus u.a. in meinem Malort zu leben. So bin ich dankbar für das, was ist, und neugierig auf alles, was noch gelebt werden will.

www.malort-wien.at

MELANIE HETTERICH

Es gibt so viel zu entdecken auf dieser Welt. Oft fehlt es uns an Zeit, um uns mit unseren Vorlieben zu beschäftigen. Unsere Vorlieben sind ein Kompass, sie führen uns zielsicher zu unserer Berufung und zu einer glücklichen Lebensführung. Kinder wissen noch ganz genau, was ihnen gefällt und was sie wollen. Von meinen vier Kindern habe ich gelernt, mir meine Zeit zu nehmen. Das ist meine wertvollste und schönste Erfahrung!

CLAUS HOLLWECK

„Wie kann Lernen gelingen? Wie kann ich einen Zugang zu Kindern erhalten? Was braucht es damit sie an sich glauben und ihre Talente entfalten?" Diese Fragen stelle ich mir in meinem Leben und Arbeiten als Vater und Mathe-Lehrer täglich und erfahre so ständig neue, wertvolle und bereichernde Einsichten.

AKI KARJALAINEN

geb. 2004 in Wien, Externistenschüler, bereitet sich im Co-Learning Wien auf die Prüfungen vor, liest und schreibt am liebsten Gruselgeschichten und Krimis.

MICHAEL KARJALAINEN-DRÄGER

geb. 1966 in Wien, Trainer und Supervsior für PädagogInnen aller Richtungen, Begründer des 4i-Mentorings und von „derBildungsRaum – Lernen ohne Schule", Reisender, Blogger sowie Autor (M.A. Karjalainen) von Kurzgeschichten, Haikus und Kinderbüchern („Olli und der Weihnachtsmann")

HEIDRUN KRISA

Als Biologin sehe ich: Es ist höchste Zeit, dass wir wieder MIT UNSERER NATUR leben! Wir sind es uns, unseren Nachkommen und diesem Planeten schuldig. Daran mitzuwirken und die Nachhaltigkeit natürlicher Lernprozesse aufzuzeigen ist für mich eine sinnstiftende Tätigkeit. Ich möchte keinen anderen Alltag mehr leben!

RICHARD LAMPRECHT

Als Architekt ist mir das Erkennen von Potenzialen und die Nutzung von Bestehendem ein Anliegen. Diese Haltung setze ich auch in anderen Lebensbereichen um. Viele unterschiedliche Aktivitäten und Tätigkeiten sowie Austausch und Kooperation mit unterschiedlichsten Menschen summieren sich zu meinem erfüllten Leben. In Anbetracht meiner zurückliegenden persönlichen Entwicklung bleibe ich offen und gespannt auf das Kommende.

VANESSA LANGKAMP

Wach und aufmerksam durchs Leben! Alles hinterfragen, es gibt nichts, was es nicht zu hinterfragen gibt. Das bestimmt den Alltag mit meinen Kindern. Jeder Tag bringt neue Entdeckungen und Fragen. Die Antwortfindung dauert oft Tage oder ein ganzes Leben und gemeinsam haben wir uns auf diese Reise begeben. Bei meinen Klienten bin ich diejenige, die die Fragen stellt, um Denk- und Handlungsmuster aufzuzeigen und aufzulösen.

JOYA MARSCHNIG

Ich bin … jeden Tag neu und anders als gestern, immer weiter lernend, forschend, mich selbst entfaltend und mit anderen mich verbindend. Diese (wiedererlangte) Freude an meiner Gegenwärtigkeit habe ich unter anderem meiner Tochter zu verdanken, die mir eine neue Sicht auf mein eigenes Lernen und Leben geschenkt hat. Derzeit lebe und wirke ich auf einer zauberhaften Waldlichtung in der Südsteiermark und lade herzlich ein, das eine oder andere meiner Herzensprojekte zu besuchen!

www.gruenhexenland.net, www.mitananda.info

LISA MARSCHNIG

Das freie Lernen zuhause hat mir geholfen, meine wahren Interessen zu entdecken und nun ist es an der Zeit, meine Talente und Begeisterungen auszuschöpfen und weiter an ihnen zu wachsen. Ich muss noch herausfinden, was ich in meinem Leben erreichen will und mit anderen teilen kann. Glücklich sein ist mein Ziel und der Weg dorthin soll aufregend und lehrreich sein.

BRIGITTE MOSER

ist ewig Wachsende, bietet in Eltern-Kind Gruppen den Rahmen für Spiel und Beobachtung in Freiheit und Verbundenheit, begleitet Menschen einzeln und in Gruppen auf ihrem Weg zu sich selbst.

www.eltern-kind-spielraum.at, www.brigittemoser.com

NORA PTACEK

Sinnlichkeit und Achtsamkeit im Alltag zu leben und meinen spontanen Impulsen zu folgen sind zentrale Elemente meines Leben. Ich liebe den Ausdruck über den Körper, tanze, male, nähe und genieße Verbundenheit, gegenseitiges Inspirieren und habe Neugier auf das, was durch jede/n von uns ins Leben kommen will. In meinem Malort begleite ich Menschen dabei, ihrem spontanen Spiel zu folgen.

DANIEL SCHACHL

Mit 14 hatte ich zum ersten Mal den Traum Buchautor zu sein. Mit Lernen Ist Wie Atmen erfüllt er sich ein bisschen, zum ersten Mal erscheinen meine Worte in einem Buch. Ich studiere Umwelt- und Bioressourcenmanagement an der Universität für Bodenkultur Wien, halte Workshops für Gewaltfreie Kommunikation, unterrichte Physik als Tutor auf der Uni, leite Sporteinheiten in Kindergärten und wenn Zeit bleibt reim ich für meine zwei Musikprojekte BeatThatMessage und Herzwort neue Songtexte.

KARIN SIAKKOS

Das Thema Bildung begleitet mich durch alle Entwicklungsstadien meines bisherigen Lebens, sei es als Schülerin, Lehrerin, Mutter und Freilernerin. Das Frei-sich-bilden ist für uns als Familie eine Lebenseinstellung, die uns gemeinsam oft über uns hinaus wachsen lässt. Wir staunen miteinander über die Wunder unserer Welt und lernen voneinander, der Natur und unserer Umwelt. Die Freiheit, die uns dieses Leben ermöglicht hat, ist das größte Geschenk. Das Vertrauen in uns und unsere Kinder ist gleichzeitig das Einfachste und Schwierigste, aber für uns der Schlüssel zum Glück.

http://www.mitanandahof.com/

ANTONIA STÄNGL

Seit der Geburt meiner Ältesten beschäftigt mich vor allem die Frage, wie Menschen im Gleichgewicht aufwachsen können, oder anderes formuliert, wie wir unseren Kindern ihr ganzes Potential erhalten können, anstatt sie zu verstören. Da mein Herz für die 0-3 jährigen schlägt, begleite ich vor allem Familien in dieser Phase- in Seminaren, Elterncoachings und im SpielRaum.

www.antoniastaengl.at

ALEXANDRA TERZIC-AUER

Alexandra Terzic-Auer, geb. 1952. Nach interdisziplinären, nie abgeschlossenen Studien war ich viele Jahre als Verlagslektorin und Übersetzerin tätig. Kinder - meine eigenen und viele andere - haben meine Weltsicht nachhaltig erweitert, ebenso wie die Arbeit mit Kinesiologie und systemischen Aufstellungen. In der Freilerner-Bewegung sehe ich den Beginn eines Bewusstseinwandels, den ich mit meinem Projekt „Scholé - Muße für Herz und Geist" freudig unterstütze, so gut ich kann.

www.schole.at

GUDRUN TOTSCHNIG

Ich habe von meinen Kindern gelernt, meiner Begeisterung zu vertrauen und mich von ihr tragen zu lassen. Dadurch entdecke ich nach und nach, was (in) mir liegt, mir Freude bereitet, und leicht von der Hand geht. Zum Beispiel dieses Buch herausgeben oder an Projekten mitwirken, in denen ich mich als Freilernerin erfahren kann:

www.tau-magazin.net, www.wohnprojekt-hasendorf.at, www.freilerner.at

HERTA VÖLK

Was ist wirklich wichtig in meinem Leben? Die Antwort entfaltete sich durch meine Kinder Elisabeth und Magdalena – durch mein Mutter-Sein: mich wertschätzen und mir vertrauen. Wertschätzung und Vertrauen spannen den Bogen zum respektvollen, liebevollen Miteinander, das mein Leben durchdringt: vom Geburtshaus in Wien-Nussdorf über mein Montessori-, Waldorf- und Pikler-Dasein bis zu meinen vielfältigen Erfahrungen in meinem Eltern-Kind-Freiraum, der mich sehr erfüllt und mein Herz zum Klingen bringt.

www.eltern-kind-freiraum.at

DAVID WEINFELD

David Weinfeld lebt seit 2011 mit seiner Frau und den vier Kindern auf Reisen. Gelegentlich arbeitet er als Übersetzer.

LITERATURLISTE ZUM THEMA FREILERNEN - EIN AUSZUG:

Aldort, Naomi: **Von der Erziehung zur Einfühlung.** Wie Eltern und Kinder gemeinsam wachsen können. Arbor Verlag. Freiburg 2008

Bauer, Joachim: **Prinzip Menschlichkeit.** Warum wir von Natur aus kooperieren. Hoffmann und Campe. Hamburg 2006

Bauer, Joachim: **Das Gedächtnis des Körpers – Wie Beziehungen und Lebensstile unsere Gene steuern.** Eichborn. Frankfurt am Main 2002

Gatto, John Taylor: **Verdummt noch mal! Dumbing us down.** Der unsichtbare Lehrplan oder Was Kinder in der Schule wirklich lernen. Genius Verlag. Bremen 2009

Gray, Peter: **Befreit lernen:** Wie Lernen in Freiheit spielend gelingt. Drachenverlag. Klein Jasedow 2015

Greenberg, Daniel: **Endlich frei!** Leben und Lernen an der Sudbury-Valley-Schule. Arbor Verlag. Freiburg 2004

Gronemeyer, Marianne: **Wer arbeitet, sündigt... Ein Plädoyer für gute Arbeit.** Primusverlag. Darmstadt 2012

Harrison, Steven: **Das glückliche Kind.** Erziehung durch Freiheit. Edition Spuren. Winterthur 2004

Holt, John & Farenga, Patrick: **Bildung in Freiheit.** Genius Verlag. Bremen 2009

Hüther, Gerald: **Bedienungsanleitung für ein menschliches Gehirn.** Vandenhoeck & Ruprecht. Göttinger 2006

Hüther, Gerald und Hauser, Uli: **Jedes Kind ist hochbegabt.** Knaus. München 2012

Hüther, Gerald: **Etwas mehr Hirn, bitte:** Eine Einladung zur Wiederentdeckung der Freude am eigenen Denken und der Lust am gemeinsamen Gestalten. Vandenhoeck & Ruprecht Verlag. Göttingen 2016

Illich, Ivan: **Entschulung der Gesellschaft.** Eine Streitschrift. C.H. Beck Verlag. München 2013

Juul, Jesper: **Dein kompetentes Kind.** Auf dem Weg zu einer neuen Wertgrundlage für die ganze Familie. Rowohlt. Reinbek 2009

Kabat-Zinn, Myla & Jon: **Mit Kindern wachsen.** Die Praxis der Achtsamkeit in der Familie. Arbor Verlag. Freiburg 1998

Keller, Olivier: **Denn mein Leben ist Lernen.** Wie Kinder aus eigenem Antrieb die Welt erforschen. Arbor Verlag. Freiburg 1999

Kern, Matthias (Hrsg.): **Selbstbestimmte und selbstorganisierte Bildung versus Schulpflicht.** Tologo Verlag. Leipzig 2016

Lindmayer, Lini: **Geht's auch ohne Schule?** Auf den Spuren der Freilerner. Edition Riedenburg. Salzburg 2016

Llewellyn, Grace: **Das Teenager-Befreiungshandbuch.** Glücklich und erfolgreich ohne Schule. Genius Verlag. Bremen 2008

Mohsennia, Stefanie: Schulfrei. **Lernen ohne Grenzen.** Tologo Verlag Edition Anahata. Königslutter 2004

Neufeld, Gordon und Maté, Gabor: **Unsere Kinder brauchen uns!** Die entscheidende Bedeutung der Kind-Eltern-Bindung. Genius Verlag. Bremen 2006

Pikler, Emmi: **Friedliche Babys - zufriedene Mütter.** Pädagogische Ratschläge einer Kinderärztin. Verlag Herder. Freiburg 1982

Spitzer, Manfred: **Lernen.** Gehirnforschung und die Schule des Lebens. Spektrum Akademischer Verlag. Heidelberg, Berlin 2002

Stern, André. **... und ich war nie in der Schule.** Geschichte eines glücklichen Kindes. Verlag Zabert Sandmann. München 2009

Stern, André: **Spielen, um zu fühlen, zu lernen und zu leben.** Elisabeth Sandmann Verlag. München 2016.

Stern, Betrand: **Schluss mit Schule.** Tologo Verlag. Leipzig 2006

Thomas, Alan: **Bildung zu Hause.** Eine sinnvolle Alternative. Tologo Verlag. Leipzig 2007

Thomas, Alan und Pattison, Harriet: **Informelles Lernen:** Wie Kinder zu Hause lernen. Tologo Verlag. Leipzig 2016

Tolle, Eckhart: **Eine neue Erde: Bewusstseinssprung anstelle von Selbstzerstörung.** Goldmann Verlag. München 2005

Wild, Rebeca: **Entwicklungsetappen.** Montessori Stiftung. Herisau 2016

Wild, Rebeca: **Lebensqualität für Kinder und andere Menschen.** Erziehung und der Respekt für das innere Wachstum von Kindern und Jugendlichen. Beltz Verlag. Weinheim und Basel 2001

Gebetsberger, Sarah: **Lernen als konstruktivistischer und selbstgesteuerter Prozess.** Master Thesis. Donauuniversität. Krems 2014 *(https://freilerner.at/2017/10/31/gebetsberger-sarah-lernen-als-konstruktivistischer-und-selbstgesteuerter-prozess/)*

Rauch, Julia: **Braucht es Schule zum Lernen?** Die Alternativen Homeschooling und Unschooling im Vergleich. Bachelorarbeit. Pädagogische Hochschule Tirol 2017 *(https://freilerner.at/wp-content/uploads/2017/08/Bachelorarbeit-Julia-Rauch.pdf)*

weitere, auch internationale, wissenschaftliche Publikationen: *https://freilerner.at/2016/12/03/wissenschaftliche-publikationen/*

Zeitschriften:

„Mit Kindern wachsen" Neue Perspektiven & Wege im Leben mit Kindern. *www.mit-kindern-wachsen.de*

„Oya. anders denken. anders leben." *www.oya-online.de*

„unerzogen Magazin", *www.tologo.de*

Links:

Netzwerk der Freilerner – Verein zur Förderung freier und selbstbestimmter Bildung. *www.freilerner.at*

BILDNACHWEIS:

Wenn nicht anders angegeben stammen die Bilder in den Beiträgen von den jeweiligen Autorinnen und Autoren.

S. 68: Aki im Gespräch beim Wandern: Stefan Leitner-Sidl
S. 69: Aki beim Theaterspielen: Simon Rainsborough
S. 104,105,107: Fotos aus dem Eltern-Kind Spielraum: Karin Kreuzer

S. 167: Portraitfoto Sigrid Haubenberger-Lamprecht: Magdalena Liedl
S. 169: Portraitfoto Brigitte Moser: Angela Althaler
S. 171: Portraitfoto Gudrun Totschnig: Maria Noisternig
S. 171: Portraitfoto Herta Völk: Brigitte Bouroyen

FUßNOTEN:

[1] (auf S. 69) Der Colearning Space (Verein Colearning Wien) exisitiert seit 2015 mit einem Lernzentrum und seit 2017 findet er im Markhof sein neues Zuhause. Neben dem Lernzentrum gibt es einen Coworkingspace, sowie Kreativ- und Bewegungsräume und Seminarräume. Menschen unterschiedlichsten Alters treffen hier aufeinander. Kinder und Jugendliche lernen hier täglich von Montag bis Donnerstag im organisierten Heimunterricht. Am Ende des Schuljahres legen die Kinder des Pflichtschulbereiches eine Externistenprüfung ab. Im Unterschied zu den Freilernern gibt es im Colearning Space ein pädagogisches Konzept, das von einem pädagogischen Team erarbeitet und begleitet wird. Die Lerninhalte sind einerseits vorgegeben durch den österreichischen Schul-Lehrplan. Andererseits bietet der Markhof mit seiner Vielfalt an Räumen und Menschen aus den unterschiedlichtsten Bereichen ein breites Spektrum an zusätzlichen Lernfeldern. Gelernt wird bei den Kindern und Jugendlichen in Kleingruppen hauptsächlich nach montessorischen Prinzipien und der Methode „Schaubildarbeit".

[2] (auf S. 75) Land, George: Break-Point and Beyond, Mastering the Future Today. (http://www.amazon.de/Break-Point-Beyond-Mastering-Future-Today/dp/B0006S0I9Y/ref=tmm_hrd_swatch_0?_encoding=UTF8&qid=&sr= und http://www.foerster-kreuz.com/finde-es-selbst-heraus/)

[3] (auf S. 95) Lernwerkstatt im Wasserschloß Pottenbrunn, Initiative für aktives und offenes Lernen

[4] (auf S. 95) Zeitschrift für freie Pädagogik, herausgegeben von der Lernwerkstatt

[5] (auf S. 102) Ute Strub, geboren 1933, ist Krankengymnastin und Schülerin der Bewegungspädagogin Elfriede Hengstenberg. 1996 gab sie den Impuls für die Spielraumbewegung, arbeitete eng mit Emmi Pikler und jetzt mit Anna Tardos, Kinderpsychologin. Ihr Anliegen ist es, Erwachsenen die Bedeutung des Spielens durch eigenes Erleben bewusst zu machen. Sie lädt ein, Kinder interessiert im Spiel zu beobachten und ein zu tauchen in ihre Freude am Tun und Sein. 2006 war Ute Strub Mitbegründerin des Emmi Pikler Hauses (http://www.emmi-pikler-haus.de/), in welchem traumatisierte und verhaltensauffällige Kinder therapeutisch wirksam in familienähnlicher Lebensgemeinschaft betreut werden. Dort arbeitete sie selbst drei Jahre lang als Betreuerin. 2010 eröffnete sie in Berlin-Schöneberg das Strandgut (http://spielraum-strandgut.de/), in dem Stadtkinder in verschiedenen Räumen mit Sand und Küchenutensilien spielen und sich im Stroh tummeln können.

[6] (auf S. 102) Die ungarische Kinderärztin Emmi Pikler machte in den 1930er-Jahren eine Entdeckung, die damals schon einen Bewusstseinswandel in der Pädagogik einleitete: Kinder brauchen Freiraum und Zeit für selbstbestimmtes Lernen in ihrem individuellen Rhythmus sowie die achtsame Berücksichtigung ihrer Bedürfnisse, um sich körperlich und psychisch gut entwickeln zu können.

[7] (auf S. 102) Die Berliner Bewegungspädagogin Elfriede Hengstenberg, eine Schülerin von Elsa Gindler, arbeitete ebenfalls mit Kindern und beschäftigte sich mit deren Spannkraft, Balance und Bewegungsfreude. Die beiden Frauen trafen sich in Budapest und bereicherten einander wechselseitig. In den Pikler- und Pikler-Hengstenberg-Spielraum-Gruppen lernen Eltern, wie sie die Bedürfnisse ihrer Kinder erkennen und sie in ihrer Entwicklung verstehen und begleiten können, indem sie den Kindern Raum zur Entfaltung geben. Einander kennenlernen bedeutet auch, sich füreinander zu interessieren und aneinander zu freuen – die beste Grundlage für gute Beziehungen. www.pikler-hengstenberg.at

[8] (auf S. 137) Elective Home Education – Guidelines for Local Authorities: https://www.gov.uk/government/uploads/system/uploads/attachment_data/file/288135/guidelines_for_las_on_elective_home_educationsecondrevisev2_0.pdf. In deutscher Übersetzung von Heidrun Krisa und Susanne Sommer unter www.freilerner.at.

[9] (auf S. 154) Hüther, Gerald. Freude am Lernen- ein Leben lang. In: Natur & Heilen. 09/2014.